DE L'IMPRIMERIE DE J. TASTU,

RUE DE VAUGIRARD, N° 36.

NOTICE

SUR LA VIE

DE MADAME CAMPAN.

On aime à lire la vie privée des princes. Trop de gêne et d'apprêt se mêle à leurs actions publiques, pour qu'on y puisse démêler le secret de leurs penchans et de leur caractère. Il faut dissiper cet éclat qui nous éblouit, écarter la pompe qui les environne, pour arriver jusqu'à eux ; la fortune les élève si haut, qu'on les croirait presque au-dessus de l'humanité, sans les indiscrétions de ceux qui les entourent. Souvent un sentiment jaloux sert encore d'aiguillon à la curiosité. Les princes ont besoin d'avoir des goûts, des passions, des travers qui les rapprochent de nous, pour se faire pardonner leur grandeur : l'amour-propre humilié se venge de leur rang sur leurs faiblesses.

Les Mémoires sur Marie-Antoinette n'exciteront ni la malignité ni l'envie. Est-il quelques sentimens ennemis que ne désarme le souvenir de ses malheurs ? A peine la voit-on paraître et briller un moment, qu'on est forcé de la plaindre. Le cœur est séduit par ses grâces, et presque aussitôt touché de ses peines : on ne jouit point de ses momens heureux. Au milieu des fêtes que lui prodigue la

MÉMOIRES

SUR LA VIE PRIVÉE

DE MARIE-ANTOINETTE,

REINE DE FRANCE ET DE NAVARRE;

SUIVIS

DE SOUVENIRS ET ANECDOTES HISTORIQUES SUR LES RÈGNES
DE LOUIS XIV, DE LOUIS XV ET DE LOUIS XVI.

PAR Mme CAMPAN,

LECTRICE DE MESDAMES,

ET PREMIÈRE FEMME DE CHAMBRE DE LA REINE.

TOME PREMIER.

Deuxième Édition.

PARIS.

BAUDOUIN FRÈRES, LIBRAIRES,

RUE DE VAUGIRARD, N° 36.

1823.

COLLECTION
DES MÉMOIRES
RELATIFS
A LA RÉVOLUTION FRANÇAISE.

MÉMOIRES
(INÉDITS)
DE MADAME CAMPAN.

France, de cette cour dont elle reçoit les hommages, de ces jardins qui plaisent à la simplicité de ses goûts, l'imagination reste frappée du sort qui l'attend : des salons de Versailles, ou des bosquets de Trianon, l'on croit apercevoir déjà les tours du Temple. S'il était possible qu'une inflexible sévérité conçût l'idée des plus légers reproches, ils viendraient presque aussitôt expirer sur les lèvres, au milieu des regrets et des accens de la douleur.

L'ouvrage de madame Campan ne laissera point d'autre impression. Elle avait de nombreux ennemis. A la cour, où l'envie suit de près la faveur, son sort avait fait des jaloux; on la punit, à l'époque de la révolution, des bontés dont la reine l'avait honorée. Ceux qui ne sentirent point, comme elle, la pointe de l'épée sur leur poitrine, à la journée du 10 août, lui reprochèrent d'avoir manqué de courage; ceux qui, comme elle, n'allèrent point se jeter aux pieds de Pétion, pour partager la dangereuse captivité de Marie-Antoinette, ont soupçonné sa fidélité. Après avoir calomnié sa conduite, on dénonçait d'avance l'esprit de ses Mémoires : je jouis, en les publiant, de la confusion qu'éprouvera la méchanceté déçue. Madame Campan n'a point voulu lui ménager un triomphe : un fragment de ses manuscrits contient ce passage :

« Je dirai ce que j'ai vu. Je ferai connaître le caractère
» de Marie-Antoinette, ses habitudes privées, l'emploi
» de son temps, son amour maternel, sa constance en
» amitié, sa dignité dans le malheur. J'ouvrirai en quel-
» que sorte la porte de ses cabinets intérieurs, où j'ai passé
» tant de momens près d'elle, dans les plus belles comme
» dans les plus tristes années de sa vie. »

Puis, dans un autre passage inédit, elle ajoute : « J'ai
» beaucoup vécu ; la fortune m'a mise à portée de voir et
» de juger les femmes célèbres de plusieurs époques. J'ai
» fréquenté de jeunes personnes, dont les grâces et l'aima-
» ble caractère seront connus long-temps après elles. Ja-
» mais dans aucun rang, dans aucun âge, je n'ai trouvé
» de femme d'un naturel aussi séduisant que Marie-Antoi-
» nette ; à qui l'éclat éblouissant de la couronne laissât un
» cœur aussi tendre ; qui, sous le poids du malheur, se
» montrât plus compatissante aux malheurs d'autrui : je
» n'en ai pas vu d'aussi héroïque dans le danger, d'aussi
» éloquente dans l'occasion, d'aussi franchement gaie dans
» la prospérité. »

Ces mots suffisent. On connaît à présent l'esprit de l'ouvrage, le vif intérêt qui l'anime, les sentimens qui l'ont dicté. J'en ai quelques regrets pour les ennemis de madame Campan ; elle ne satisfera ni leur haine ni leur espoir : ses Mémoires sont piquans sans le secours du scandale, et pour être touchante, il lui a suffi d'être vraie (1).

Jetons un coup-d'œil sur sa famille et sur ses premières années.

---

(1) Un mot d'explication sur la notice qu'on va lire me paraît nécessaire. Aucun des passages, aucune des anecdotes qu'elle contient ne se retrouve dans les Mémoires. Je dois les anecdotes aux souvenirs des parens, des amis, des élèves de madame Campan. La lecture de ses manuscrits, de sa correspondance, de tous ses papiers, m'a procuré des fragmens intéressans que je n'ai point hésité à mettre en œuvre. Ils donnent aux moindres détails, comme aux faits les plus importans, un ton de vérité qui doit attacher et plaire. Ces fragmens ont d'autant plus de prix, qu'ils sont écrits en entier de la main de madame Campan : chaque fois que je les citerai, j'aurai soin d'en prévenir le lecteur.

Jeanne-Louise-Henriette Genet était née à Paris, le 6 octobre 1752. M. Genet, son père, devait à son mérite, autant qu'à la protection de M. le duc de Choiseul, l'emploi de premier commis au ministère des affaires étrangères. Les lettres qu'il avait cultivées avec succès dans sa jeunesse, occupaient encore ses loisirs (1). Entouré de nombreux enfans, il cherchait un délassement à ses travaux, dans les soins qu'exigeait leur éducation : rien ne fut négligé de ce qui pouvait la rendre brillante. Dans l'étude de la musique ou des langues étrangères, les progrès de la jeune Henriette Genet surprenaient les meilleurs maîtres ; le célèbre Albanèze lui avait donné des leçons de chant, et Goldoni lui montra l'italien. Bientôt le Tasse, Milton, Dante, Shakespeare même lui étaient devenus familiers. On l'exerçait surtout à l'art difficile de bien lire. En parcourant tour à tour de la prose ou des vers, une ode, une épître, une comédie, un sermon, il fallait qu'elle changeât sur-le-champ, de ton, d'inflexions et de débit. Rochon de Chabannes, Duclos, Barthe, Marmontel, Thomas, se plaisaient à lui faire réciter les plus belles scènes de Racine. A quatorze ans sa mémoire et son esprit les charmaient. Ils le disaient dans le monde, et peut-être un peu trop ; une jeune personne paie toujours assez cher la célébrité qu'elle obtient : belle, toutes les femmes deviennent ses rivales ; a-t-elle de l'esprit, des talens ? Beaucoup d'hommes ont encore la faiblesse d'en être jaloux.

On parla de mademoiselle Genet à la cour. Des femmes

---

(1) On trouvera dans les *Souvenirs* de madame Campan des détails intéressans, écrits par elle sur l'éducation, les ouvrages, les aventures et le mariage de son père.

d'un haut rang, qui s'intéressaient à sa famille, sollicitèrent pour elle la place de lectrice de Mesdames : huit jours après elle quitta la maison paternelle pour habiter le château de Versailles. La cour, une robe à queue, des paniers, peut-être même du rouge, quel changement! quelle joie! Sa présentation et les circonstances qui la précédèrent avaient laissé de vives impressions dans son esprit. « J'avais alors quinze ans, dit-elle dans un écrit qu'elle ne destinait point à l'impression ; mon père éprouvait quelques regrets de me livrer si jeune à la malignité des courtisans. Le jour où, revêtue pour la première fois de l'habit de cour, je vins l'embrasser dans son cabinet, des larmes s'échappèrent de ses yeux, et vinrent se mêler à l'expression de sa joie. Je joignais quelques talens agréables à l'instruction qu'il avait pris plaisir à me donner. Il me fit l'énumération de tous mes petits avantages, pour me mieux faire connaître les chagrins qu'ils ne manqueraient pas de m'attirer. « Les princesses, me dit-il,
» vont se plaire à faire usage de vos talens: les grands ont
» l'art de louer avec grâce et toujours avec excès. Que ces
» complimens ne vous procurent pas un plaisir bien vif;
» qu'ils vous mettent plutôt en défiance. Chaque fois que
» vous recevrez ces témoignages flatteurs, vous aurez
» quelques ennemis de plus. Je vous préviens, ma fille,
» des peines inévitables attachées à votre nouvelle carrière, et je vous proteste, dans ce jour où vous jouissez
» avec transport de votre heureuse fortune, que si j'avais
» pu vous établir autrement, jamais je n'aurais livré ma
» fille chérie aux tourmens et aux dangers des cours. »

» On croirait à ce langage, ajoute madame Campan, qui écrivait ces lignes en 1796, à Saint-Germain, sous le directoire, on croirait que mon père avait dans son cœur un principe de républicanisme; on se tromperait : il était royaliste par opinion politique, mais il connaissait et craignait le séjour de la grandeur. On peut être royaliste et philosophe, comme il arrive d'être républicain intrigant et ambitieux (1). »

Mademoiselle Genet, à quinze ans, était un peu moins *philosophe* que son père à quarante. Ses yeux furent éblouis de l'éclat dont brillait Versailles. « La reine Marie
» Leckzinska, femme de Louis XV, venait de mourir, dit-
» elle, lorsque j'y fus présentée. Ces grands appartemens
» tapissés de noir, ces fauteuils de parade élevés sur plu-
» sieurs marches, et surmontés d'un dais orné de pana-
» ches; ces chevaux caparaçonnés; ce cortége immense
» en grand deuil; ces énormes nœuds d'épaules brodés
» en paillettes d'or et d'argent qui décoraient les habits
» des pages, et même ceux des valets de pied; tout cet
» appareil enfin produisit un tel effet sur mes sens, que
» je pouvais à peine me soutenir, lorsqu'on m'introduisit
» chez les princesses. Le premier jour où je fis la lecture
» dans le cabinet intérieur de madame Victoire, il me fut
» impossible de prononcer plus de deux phrases; mon
» cœur palpitait, ma voix était tremblante et ma vue trou-
» blée. Magie puissante de la grandeur et de la dignité
» qui doivent entourer les souverains, que vous étiez
» bien calculée! Marie-Antoinette, vêtue en blanc avec
» un simple chapeau de paille, une légère badine à la
» main, marchant à pied suivie d'un seul valet, dans les
» allées qui conduisaient au Petit-Trianon, ne m'aurait
» pas fait éprouver un pareil trouble; et cette extrême

---

(1) Fragment manuscrit.

» simplicité fut, je crois, le premier et peut-être le seul
» des torts qu'on lui reproche (1). ».

Ce prestige une fois dissipé, mademoiselle Genet vit mieux sa position : elle n'avait rien d'attrayant. La cour de Mesdames, éloignée des plaisirs bruyans et licencieux que recherchait Louis XV, était grave, méthodique et sombre. Madame Adélaïde, l'aînée des princesses, vivait beaucoup dans son intérieur : madame Sophie était fière; madame Louise était dévote. Les tristes plaisirs de l'orgueil, ou les pratiques d'une dévotion minutieuse, ont peu d'attrait pour la jeunesse. Mademoiselle Genet cependant ne quittait pas l'appartement de Mesdames, mais elle s'était plus particulièrement attachée à madame Victoire. Cette princesse avait été belle : sa figure exprimait la bonté, sa conversation était douce, facile et simple. Mademoiselle Genet lui inspirait ce sentiment qu'une femme âgée, mais affectueuse, accorde volontiers aux jeunes personnes qu'elle voit croître sous ses yeux, et qui possèdent déjà des talens utiles. Des journées entières se passaient à lire auprès de la princesse qui travaillait dans son appartement. Mademoiselle Genet y vit souvent Louis XV. Dans le cercle de ses amis intimes, elle aimait à raconter l'anecdote suivante.

« Un jour au château de Compiègne, disait-elle, le roi interrompit la lecture que je faisais à Madame. Je me lève, et je passe dans une autre chambre. Là, seule dans une pièce qui n'avait point d'issue, sans autre livre qu'un Massillon, que je venais de lire à la princesse, légère et

---

(1) Nous placerions ici même une réponse à ce reproche, s'il ne devait se trouver repoussé plus bas dans la Notice, et surtout dans les notes qui accompagnent les Mémoires.

gaie comme on l'est à quinze ans, je m'amusais à tourner sur moi-même, avec mon panier de grand habit, et je m'agenouillais tout-à-coup, pour voir ma jupe de soie rose, que l'air gonflait autour de moi. Pendant ce grave exercice, le roi entre; la princesse le suivait : je veux me lever, mes pieds s'embarrassent, je tombe au milieu de ma robe enflée par le vent. *Ma fille*, dit Louis XV en éclatant de rire, *je vous conseille de renvoyer au couvent une lectrice qui fait des fromages.* »

Cette fois la leçon n'avait rien de sévère. Mais les railleries de Louis XV étaient souvent plus piquantes : mademoiselle Genet en avait fait déjà l'épreuve. Trente ans après, elle ne pouvait conter son aventure, sans un mouvement de surprise et d'effroi, qui semblait durer encore. « Louis XV, disait-elle donc, avait le maintien le plus imposant. Ses yeux restaient attachés sur vous pendant tout le temps qu'il parlait; et malgré la beauté de ses traits, il inspirait une sorte de crainte. J'étais bien jeune, il est vrai, lorsqu'il m'adressa la parole pour la première fois : s'il fut gracieux, vous en allez juger. J'avais quinze ans. Le roi sortait pour aller à la chasse; un service nombreux le suivait. Il s'arrête en face de moi. « Mademoiselle Genet, me dit-il, on m'assure que vous êtes fort instruite; que vous savez quatre ou cinq langues étrangères. — Je n'en sais que deux, Sire, répondis-je en tremblant. — Lesquelles? — L'anglais et l'italien. — Les parlez-vous familièrement? — Oui, Sire, très-familièrement. — En voilà bien assez pour faire enrager un mari. » Après ce joli compliment, le roi continue sa route; la suite me salue en riant, et moi je reste quelques instans étourdie, confondue, à la place où je venais de m'arrêter. »

On aurait désiré que Louis XV ne fît jamais de reparties plus amères. Les rois n'ont pas le droit d'être moqueurs : le persiflage est un genre de combat qui veut des armes égales, et l'on plaisante toujours de mauvaise grâce contre un railleur qui commande à vingt millions d'hommes. Il y a justice à convenir cependant que, souvent agresseur, Louis XV supportait sans humeur la vivacité des représailles. Peut-être même la familiarité imprévue de ces sortes d'attaques, était-elle une nouveauté piquante pour un roi fatigué si long-temps du poids de la grandeur. Ce prince, d'un caractère facile, d'une humeur triste, et d'un esprit satirique; majestueux dans sa cour, irrésolu dans un conseil, aimable, dit-on, dans un souper, n'échappait plus à l'ennui que par l'intempérance ou la débauche. Une femme, dont la prostitution avait profané la jeunesse et les charmes, étonnait alors Versailles du scandale de sa faveur. Madame Du Barry préparait à cette époque le renvoi du ministre qui venait de négocier le mariage du dauphin avec l'archiduchesse Marie-Antoinette d'Autriche. Les intrigues de la favorite, la rivalité du duc de Choiseul et du duc d'Aiguillon, la disgrâce de l'un, l'humiliante élévation de l'autre, ont occupé les derniers momens du règne de Louis XV.

Le duc de Choiseul, léger, fier, emporté, mais aimable, brillant, généreux, avait un esprit actif, de grands talens et des idées vastes. Des changemens devenus nécessaires dans l'armée, des créations dans la marine, des institutions ou des alliances nouvelles, devaient l'aider à relever la France humiliée de ses longs revers. Cherchant un appui dans l'opinion, ami des parlemens, ennemi des jésuites, il tenait le pouvoir d'une main facile et légère. Une résistance, pourvu qu'elle fût ouverte et loyale, ne lui portait point trop d'ombrage : il croyait à la docilité d'une nation que son gouvernement veut rendre heureuse dans l'intérieur, puissante et respectable au dehors. Son orgueil, qui était un défaut, devint une vertu quand il ne sut point s'abaisser jusqu'à flatter de honteux caprices. Aimé quand il était puissant, recherché, j'ai presque dit flatté dans son exil, il inspira aux courtisans le courage inconnu parmi eux de rester fidèle au malheur.

Avec beaucoup d'adresse, d'audace et de constance, d'Aiguillon, dur, ingrat, absolu, tyrannique, ne montra jamais, soit dans son commandement, soit au ministère, de l'autorité que ses rigueurs. On lui crut des talens, parce qu'il avait l'esprit de l'intrigue et beaucoup d'ambition ; mais le partage de la Pologne, exécuté sous ses yeux, a flétri pour jamais sa politique et son nom. Courtisan délié, méchant homme, ministre inhabile, il fut l'objet de la haine publique, qu'il voulut braver, et qui l'accabla.

Le duc d'Aiguillon n'avait pas compris que la force n'est qu'un des moindres ressorts du pouvoir, quand le pouvoir n'est pas soutenu par la confiance que donnent des lumières, de grands services rendus, et surtout des succès éclatans. L'exemple de son grand-oncle le trompait. En opprimant les grands, Richelieu servait la France, son génie faisait excuser son despotisme. L'abaissement de l'Autriche, l'humiliation de l'Espagne, l'ordre violemment rétabli dans l'État, les lettres en honneur, le commerce encouragé, pouvaient absoudre son administration des actes tyranniques dont on a droit de l'accuser. Il donnait aux mesures du gouvernement quelque chose de la hauteur de son caractère. On le craignait sans doute; mais on était forcé de l'admirer; et ce n'est qu'à la gloire qui les éblouit, au bonheur dont on les fait jouir, que les peuples, ou trompés ou reconnaissans, pardonnent les atteintes portées à leurs droits.

On a reproché au duc de Choiseul d'avoir abandonné le système de politique extérieure conçu par le cardinal de Richelieu ; il me semblerait plus juste de reprocher au duc d'Aiguillon d'avoir voulu, plus tard, le suivre sans le comprendre. Depuis Louis XIII, la France et l'Autriche, l'une s'élevant toujours, l'autre s'affaiblissant au contraire, avaient changé de position. La maison de Bourbon, sous Louis XV, régnait à Naples, à Madrid, comme à Versailles. La gloire des armes ou la prévoyance des traités avaient donné successivement à la France l'Alsace, la Franche-Comté, la Flandre et la Lorraine. La magnanime Marie-Thérèse venait à peine de raffermir sur sa tête une couronne mutilée; l'héritière de Rodolphe de Habsbourg avait plié son orgueil jusqu'à flatter la vanité bourgeoise de Jeanne Poisson, marquise de Pompadour, en l'appelant *son amie*. Une puissance guerrière, s'élevant tout-à-coup auprès de l'Autriche, excitait sa jalousie, occupait son attention et ses forces. Le duc de Choiseul, alors ministre, pouvait donc porter plus loin ses regards.

Depuis la bataille de Pultawa, la Russie, reléguée long-temps dans les glaces du Nord, comptait au nombre des États de l'Europe. Quatre femmes, placées successivement sur le trône des czars, avaient consolidé l'ouvrage d'un grand homme. Un système d'agrandissement suivi, et, ce qui est peut-être plus extraordinaire, annoncé sans mystère, se réalisait avec rapidité. Aujourd'hui que la Russie n'a pris des arts et de la civilisation de l'Europe que ce qui peut accroître ses forces militaires, et non ce qui pourrait amollir ses soldats ; aujourd'hui que ses peuples, nés sur un sol ingrat, sous un ciel rigoureux, ont respiré l'air doux et pur de nos contrées ; si ce puissant colosse qui déjà presse l'Europe au centre, pouvait encore, de ses bras étendus, toucher de la Baltique à la Méditerranée, quel refuge, quel rempart resterait à l'indépendance des nations menacées ? elles n'en auraient point d'autres que la coalition des États du Midi ; et c'était là précisément l'objet du *pacte de famille*, conçu avec prudence, consommé avec adresse par le duc de Choiseul, et que fortifiait l'alliance avec l'Autriche. Au lieu d'en accuser la légèreté du ministre, il me semblerait aujourd'hui plus juste d'en faire honneur à sa prévoyance ; cependant l'alliance avec l'Autriche était alors le prétexte accoutumé des attaques dirigées contre lui.

J'aurais voulu éviter ces détails ; mais les divisions qu'enfanta la rivalité des deux ministres tiennent de trop près à l'histoire des temps dont madame Campan va parler. Le duc de Choiseul avait pour lui les parlemens, les philosophes et l'opinion. Le parti du duc d'Aiguillon comptait pour soutien les dévots et madame Du Barry. Les deux factions se disputèrent les dernières volontés de Louis XV expirant ; elles troublèrent les premières années du règne de Louis XVI, et l'on verra bientôt quelle funeste influence la haine du parti *anti-autrichien* exerça sur la destinée de la jeune Marie-Antoinette.

L'idée d'unir la fille de Marie-Thérèse au petit-fils

de Louis XV avait été conçue par le duc de Choiseul, avant sa disgrâce. Il cimentait par ce mariage l'alliance des deux États, et croyait se préparer la faveur d'un nouveau règne. Ainsi se trouvait justifié le sens de ce vers latin, suivant lequel l'Autriche doit plus espérer de l'hymen que des armes (1). L'âge, la beauté, les talens, le caractère de la jeune princesse étaient l'objet de tous les entretiens. En la voyant quitter sa famille pour aller prendre place sur les premiers degrés du trône le plus éclatant de l'Europe, qui eût osé former un doute sur son bonheur? Marie-Thérèse, heureuse et désolée, ne concevait pour sa fille chérie d'autres chragrins que ceux de leur séparation; et pourtant des voix prophétiques semblaient menacer déjà son avenir.

Madame Campan racontait souvent une anecdote que lui avait apprise le gouverneur des enfans du prince de Kaunitz. Il y avait à Vienne à cette époque un docteur, Gassner, qui y était venu chercher un asile contre les persécutions d'un des électeurs ecclésiastiques, son souverain. Gassner, doué d'une imagination très-exaltée, croyait avoir des inspirations. L'impératrice le protégeait, le recevait quelquefois, plaisantait

---

(1) *Bella gerant alii, tu, Felix Austria, nube.*

Je ne crois pas que les Turcs soient grands diseurs de bons mots; mais ils sont peut-être plus instruits qu'on ne le pense généralement, des intérêts des puissances chrétiennes, des vues, des moyens et des ressources de leurs cabinets. On prétend que le grand-seigneur, en recevant le décret de la Convention qui prononça en France l'abolition de la royauté, ne put s'empêcher de dire : *La république du moins n'épousera pas une archiduchesse.* Le mot est bien français pour être turc ; mais il est gai, c'est assez pour qu'on le cite.

de ses visions, et l'écoutait pourtant avec une sorte d'intérêt. «Dites-moi, lui demanda-t-elle un jour, si mon Antoinette doit être heureuse?» Gassner pâlit et garda le silence. Pressé de nouveau par l'impératrice, et cherchant alors à donner une expression générale à l'idée dont il semblait fortement occupé : *Madame*, répondit-il, *il est des croix pour toutes les épaules* (1).

Ces mots suffisaient pour frapper l'imagination des Allemands : des traditions conservées dans le pays, et dont on occupe l'enfance ; un esprit tourné vers la recherche et la croyance de ce qui est vague et mystérieux ; une disposition naturelle à la mélancolie, semblent les préparer à recevoir plus vivement ces impressions de crainte et ces avertissemens secrets. Marie-Antoinette, on le verra dans ces Mémoires, était loin de repousser et de vaincre les mouvemens d'une terreur involontaire. Goëthe, son compatriote, le célèbre auteur de Werther, s'abandonnait, plus encore que tout autre, à l'influence de ces pressentimens dont la raison a souvent peine à triompher. L'arrivée de la jeune princesse en France avait été pour lui l'occasion d'un sinistre présage.

Goëthe, jeune alors, achevait ses études à Strasbourg. On avait élevé, dans une île, au milieu du Rhin, un pavillon destiné à recevoir Marie-Antoinette et sa suite. « J'y fus admis, dit Goëthe dans ses Mémoires. En y
» entrant, mes yeux furent frappés du sujet représenté
» sur la tapisserie qui servait de tenture au pavillon prin-
» cipal. On y voyait Jason, Créüse et Médée, c'est-à-

---

(1) Jean-Joseph Gassner, né à Bratz, sur les frontières du Tyrol, était un thaumaturge célèbre, qui croyait de bonne foi guérir une oule de maladies par la seule imposition des mains.

» dire l'image du plus funeste hymen dont on ait gardé
» la mémoire. A la gauche d'un trône, l'épouse entou-
» rée d'amis, de serviteurs désespérés, luttait contre
» une mort affreuse. Jason, sur l'autre plan, reculait
» saisi d'horreur, à la vue de ses enfans égorgés, et
» la furie s'élançait dans les airs sur son char traîné
» par les dragons (1). »

Sans être superstitieux, on est frappé de cet étrange rapport. L'époux, l'épouse, les enfans furent atteints; la fatale destinée parut s'accomplir en tous points. Marie-Thérèse aurait pu répéter ces beaux vers que le père de Créüse adresse à sa fille expirante, dans la Médée de Corneille :

>Ma fille, c'est donc là ce royal hyménée
>Dont nous pensions toucher la pompeuse journée !
>La parque impitoyable en éteint le flambeau,
>Et pour lit nuptial, il te faut un tombeau!

Si l'on cherchait un funeste augure, il n'en faudrait point d'autre que les fêtes du mariage à Paris. On connaît l'événement de la place Louis XV ; on sait comment l'incendie des échafauds destinés au feu d'artifice, l'imprévoyance des magistrats, la cupidité des malfaiteurs, la marche meurtrière des voitures, préparèrent, augmentèrent le désastre ; comment la jeune dauphine, qui arrivait de Versailles, par le Cours-la-Reine, heureuse, brillante, parée, pour jouir de la joie de tout un peuple, s'enfuit éperdue, les yeux noyés de larmes, poursuivie de cette affreuse image, et croyant toujours entendre les cris des mourans.

---

(1) *Mein Leben.* Ma vie, par Goëthe, publiée à Tubingen, chez Cotta.

Puisque j'ai dû parler de ce cruel événement, qu'on me permette de raconter rapidement une des scènes qu'il présenta. Au milieu de cette foule agitée, pressée en sens contraire, foulée sous les pieds des chevaux, précipitée dans les fossés qui bordaient la rue Royale et la place, se trouvaient un jeune homme et sa maîtresse. Elle était belle ; ils s'aimaient depuis plusieurs années : des raisons de fortune avaient retardé leur mariage ; le lendemain ils devaient être unis. Protégeant son amie, marchant devant elle, la couvrant de son corps, long-temps le jeune homme soutint ses pas et son courage. Mais, de moment en moment, le tumulte, les cris, l'effroi, les périls allaient croissant. Je succombe, dit-elle, mes forces m'abandonnent, je ne saurais avancer plus loin. Il reste encore un moyen, s'écrie l'amant au désespoir : placez-vous sur mes épaules. Il sent qu'on a suivi son conseil, et le désir de sauver ce qu'il aime, double son ardeur et ses forces. Il résiste aux chocs les plus violens. Ses bras roidis devant sa poitrine lui frayent péniblement un passage ; il lutte, il se dégage enfin. Arrivé à l'une des extrémités de la place, après avoir déposé sur un banc son précieux fardeau, haletant, épuisé, mourant de fatigue, mais ivre de joie, il se retourne..... ce n'était pas elle! une autre plus agile avait profité du conseil : son amie n'était plus !

La sensibilité, la bienfaisance de Marie-Antoinette adoucirent les malheurs qu'elle ne pouvait réparer. Madame Campan se trouvait placée dès-lors assez près d'elle pour apprécier tous les mouvemens de son cœur généreux. Les noces du dauphin avaient été célébrées au mois de mai 1770. Aucun des princes ses frères n'étant encore marié, la dauphine n'eut d'abord de société intime que celle de

Mesdames. La plus affable de ces trois princesses était madame Victoire; aussi était-ce chez elle que Marie-Antoinette aimait à venir habituellement. Elle y rencontrait presque toujours mademoiselle Genet; ses talens, joints à la conformité d'âge, attirèrent l'attention de Marie-Antoinette. Souvent mademoiselle Genet l'accompagnait sur la harpe ou sur le piano, quand elle voulait chanter les airs de Grétry. La dauphine assistait aussi fréquemment aux lectures qui se faisaient chez la princesse; elle appréciait déjà l'onction du Petit Carême, où la brillante imagination d'un poëte qui consacra plus tard des vers touchans à ses malheurs.

A la cour, où la faveur conduit à la fortune, on remarqua la bienveillance dont Mesdames et la dauphine honoraient mademoiselle Genet. On parla de l'établir, et bientôt après elle épousa M. Campan, dont le père était secrétaire du cabinet de la reine (1). Louis XV dota la mariée de 5,000 liv. de rentes, et la dauphine, en lui assurant une place de femme de sa chambre, voulut bien

---

(1) MM. Campan, originaires de la vallée de Campan, dans le Béarn, en avaient pris le surnom. Leur nom véritable était Berthollet. Le célèbre chimiste que les sciences viennent de perdre, en 1822, était leur parent. Je trouve dans les manuscrits que j'ai sous les yeux un trait bien honorable pour son caractère,

« Du côté des Berthollet, dit madame Campan à son fils, dans un écrit destiné à son instruction, un des membres les plus distingués de l'Institut doit être de la même famille; mais par dignité et par éloignement pour les gens qui approchaient la cour et qui étaient en faveur, il dit à Paris, en 1788, à plusieurs personnes, qu'il était parent d'un Berthollet Campan, placé près de la reine à Versailles, mais qu'il n'était point disposé à l'aller entretenir de sa parenté, dans la crainte de passer pour un adorateur du crédit et de la fortune. Mon avis, ajoute madame Campan, eût été d'aller au-devant d'un homme qui montrait un carac-

lui permettre de continuer ses fonctions de lectrice auprès de Mesdames.

Ici commencent véritablement les Mémoires de madame Campan, Mémoires dont le premier chapitre, consacré à la peinture de la cour de Louis XV, n'est qu'un piquant avant-propos. Dans un espace de vingt ans, depuis les fêtes du mariage jusqu'à l'attaque du 10 août, madame Campan ne quitta presque point Marie-Antoinette. Du côté de la souveraine, tout était bonté, confiance, abandon : on verra si madame Campan n'y répondit point par une reconnaissance, une fidélité, un dévouement, à l'épreuve du malheur comme au-dessus de tous les périls. En parlant de Marie-Antoinette, elle a peint la haine de ses ennemis, l'avidité de ses flatteurs, et le désintéressement des vrais amis qu'elle pouvait compter quoique assise sur le trône. Toutefois, comme elle se renferme le plus souvent dans le cercle intérieur où se plaisait Marie-Antoinette, il est indispensable de jeter un coup-d'œil sur l'esprit et surtout sur les mœurs de la société à cette époque.

Je ne rappellerai point les scandaleuses années de la régence, temps où la cour, échappant à la contrainte d'une longue hypocrisie, associait aux emportemens de la débauche les sarcasmes de la plus audacieuse impiété. Mais je dois m'arrêter un moment au règne de Louis XV, parce que la corruption y présenta véritablement deux époques distinctes. Richelieu fut le modèle et le héros

---

tère si différent de ce qu'on rencontrait sans cesse dans la position où le sort nous avait placés. »

Le même écrit contient plusieurs détails qu'on ne lira point sans intérêt dans le troisième volume.

de la première époque. S'aimer sans plaisir, se livrer sans combat, se quitter sans regrets, traiter le devoir de faiblesse, l'honneur de préjugé, la délicatesse de fadeur, telles étaient les mœurs du temps : la séduction avait son code, et l'immoralité était réduite en principes. Bientôt on se lassa même de ces succès rapides, peut-être parce que la facilité du triomphe en diminuait trop le mérite. Les gens de cour, les riches financiers entretenaient à grands frais des beautés qu'ils n'étaient pas même obligés de connaître : le vice était un luxe de la vanité; l'état de courtisane menait rapidement à la fortune, j'ai presque dit à la considération.

Dans les années qui précédèrent et qui suivirent l'avénement de Louis XVI au trône, la société présentait un spectacle nouveau. Les mœurs n'étaient pas meilleures, elles étaient différentes. Par un étrange abus, les désordres semblaient trouver une excuse dans les idées philosophiques qui s'accréditaient de jour en jour. Leurs nouveaux partisans débitaient de si nobles maximes, pensaient, discouraient si bien, qu'ils n'étaient pas forcés de bien agir. Il était permis d'être mari volage, épouse infidèle à ceux qui parlaient avec respect, avec enthousiasme, des saints devoirs du mariage. L'amour de la vertu et de l'humanité dispensait d'avoir des mœurs. Les femmes discutaient, au milieu de leurs amans, sur les moyens de régénérer l'ordre social. Il n'y avait pas de philosophe, admis dans un des cercles à la mode, qui ne se comparât modestement à Socrate chez Aspasie ; et Diderot, auteur téméraire des *Pensées philosophiques*, écrivain licencieux des *Bijoux indiscrets*, aspirait à la gloire de Platon, mais ne rougissait pas d'imiter Pétrone.

Non que je veuille assurément jeter du blâme sur les

philosophes : leur conduite était légère, plusieurs de leurs ouvrages sont condamnables, il est vrai ; mais ce qu'il y avait de pur dans leurs doctrines, a passé de leurs écrits dans nos mœurs. Si les liens de la famille se sont resserrés, si nous sommes meilleurs époux, meilleurs pères, et plus hommes de bien ; si le vice est méprisé ; si la jeunesse, avide d'études sérieuses, repousse avec dégoût les ouvrages licencieux qu'accueillait le libertinage de ses pères, nous le devons à un nouvel ordre de choses. En politique, en législation, en finances, les philosophes ont préparé d'utiles réformes. Leurs écrits, mal compris alors, mais lus avec avidité, leur donnaient un grand pouvoir sur l'opinion. La cour, habituée si long-temps à l'influence que lui assuraient l'esprit, la politesse des manières, et l'habitude des grands emplois, ne vit pas sans étonnement cette nouvelle puissance s'élever auprès d'elle. Au lieu de la combattre, on la flatta. L'enthousiasme gagna tous les esprits : c'était à la table, dans le salon des plus grands seigneurs, qu'on traitait hardiment de préjugés les distinctions du rang. Ces principes d'égalité trouvaient souvent dans la noblesse des partisans d'autant plus zélés, qu'en les faisant valoir ils se montraient plus généreux. Il était presque reconnu que le mérite devait l'emporter sur la naissance, et l'on doit ajouter qu'alors, comme de nos jours, la noblesse comptait un grand nombre d'hommes qui n'avaient point à protester contre cette démarcation nouvelle.

Ainsi, tandis que les conditions moyennes s'élevaient fières de leurs connaissances, de leurs talens, de leurs lumières, les hautes classes semblaient aller au-devant d'elles, par un mouvement de curiosité et de bienveillance : la cour subissait encore les lois de l'étiquette, que déjà les distinctions du rang étaient bannies des usages de la société. Par-là, tombe d'elle-même, à mon sens, une accusation que la vanité et l'irréflexion ne cessent de répéter contre Marie-Antoinette. En paraissant à Versailles, elle y trouva tout disposé pour un changement que l'état des mœurs rendait inévitable; et sa beauté, son esprit, ses grâces, la majesté de son maintien lui donnaient assez d'avantages réels pour qu'elle dédaignât la puérile importance du cérémonial.

Qu'est-ce donc en effet que l'étiquette ? Rien qu'une image du respect involontaire que les hommes accordent au courage, au génie, à la gloire, à la vertu. La véritable politesse dédaigne le cérémonial, et la vraie grandeur peut s'en passer. On vantait la noble familiarité d'Henri IV : il est certain qu'il avait fait d'assez grandes choses pour être affable et simple. Le souvenir de ses actions l'élevait, plus encore que son rang, au-dessus des autres hommes ; le roi rappelait sans cesse le chevalier; on lui voyait encore au côté l'épée qu'il portait à Coutras, et tous les Français reconnaissaient la main généreuse qui avait nourri Paris rebelle. Les prestiges de l'étiquette étaient nécessaires à Louis XV ; Louis XIV eût pu s'en passer : assez de gloire environnait un trône resplendissant de l'éclat des armes, des lettres et des beaux-arts. Mais il voulait être encore plus qu'un grand roi : ce demi-dieu, violemment ramené par ses revers et ses infirmités, aux douleurs de la condition humaine, s'efforça de cacher les outrages de la maladie, de la fortune, et des ans, sous la pompe vaine du cérémonial. Il faut bien pardonner aux princes d'être les régulateurs de l'étiquette, puisqu'ils en sont les premiers esclaves.

En France, depuis le berceau jusqu'à la tombe, malades ou bien portans, à table, au conseil, à la chasse, à l'armée, au milieu de leur cour, ou dans leur intérieur, les princes étaient soumis au cérémonial. Ses lois indiscrètes les suivaient jusque dans les mystères du lit nuptial. Qu'on juge ce qu'une princesse, élevée dans la simplicité des cours d'Allemagne, jeune, vive, aimante et franche, devait éprouver d'impatience contre des usages tyranniques qui, ne lui permettant pas un seul instant d'être épouse, mère, amie, la réduisaient au glorieux ennui d'être toujours reine! La femme respectable, que sa charge plaçait auprès d'elle comme un ministre vigilant des lois de l'étiquette, au lieu d'en alléger le poids, lui en rendait le joug insupportable. Encore n'était-ce que demi-mal, quand ces lois vénérables n'atteignaient que les personnes du service : la reine prenait le parti d'en rire. Je veux laisser madame Campan raconter, à ce sujet, une anecdote qui la concerne.

« Madame de Noailles, dit-elle dans un fragment manuscrit, était remplie de vertus : je ne pourrais prétendre le contraire. Sa piété, sa charité, des mœurs à l'abri du reproche, la rendaient digne d'éloges, mais l'étiquette était pour elle une sorte d'atmosphère : au moindre dérangement de l'ordre consacré, on eût dit qu'elle allait étouffer, et que les principes de la vie lui manquaient.

» Un jour je mis, sans le vouloir, cette pauvre dame dans une angoisse terrible; la reine recevait je ne sais plus qui : c'était, je crois, de nouvelles présentées; la dame d'honneur, la dame d'atours, le palais était derrière la reine. Moi j'étais auprès du lit avec les deux femmes de service. Tout était bien, au moins, je le croyais. Je vois tout-à-coup les yeux de madame de Noailles attachés sur les miens. Elle me fait un signe de la tête, et puis ses deux sourcils se lèvent jusqu'au haut de son front, redescendent, remontent ; puis de petits signes de la main s'y joignent. Je jugeais bien, à toute cette pantomime, que quelque chose n'était pas comme il fallait ; et tandis que je regardais de côté et d'autre, pour me mettre au fait, l'agitation de la comtesse croissait toujours. La reine s'aperçut de tout ceci, elle me regarda en souriant ; je trouvai moyen de m'approcher de S. M., qui me dit alors à mi-voix : *Détachez vos barbes, ou la comtesse en mourra.* Tout ce mouvement venait des deux épingles maudites qui retenaient mes barbes, et l'étiquette du costume disait : *Barbes pendantes.* »

Ce fut cependant ce dédain des graves inutilités de l'étiquette qui devint le prétexte des premiers reproches adressés à la reine. De quoi n'était pas capable, en effet, une princesse qui pouvait se résoudre à sortir sans paniers, et qui, dans les salons de Trianon, au lieu de discuter la question de la chaise et du tabouret, invitait tout le monde à s'asseoir (1)? Le parti *anti-autrichien*, toujours mécontent, toujours haineux, surveillait sa conduite, grossissait ses plus légers torts, et calom-

---

(1) On ne pardonnait pas même à la reine la suppression des usages les plus ridicules. Les respectables douairières, qui avaient passé leur innocente jeunesse à la cour de Louis XV, et même sous la régence, voyaient un outrage aux mœurs dans l'abandon des paniers. Madame Campan elle-même dit quelque part dans ses Mémoires, et presque avec regret, que les grandes fraises et les vertugadins, en usage à la

niait ses plus innocentes démarches. « Ce qui au pre-
» mier coup-d'œil, (dit Montjoye, dont certes les opi-
» nions ne sont pas suspectes), semble inexplicable,
» et navre de douleur, c'est que les premiers coups
» portés à la réputation de la reine sont sortis du sein
» de la cour. Quel intérêt des courtisans pouvaient-ils
» avoir à désirer sa perte, qui entraînait celle du
» roi; et n'était-ce pas tarir la source de tout le bien
» dont ils jouissaient, et de celui qu'ils pouvaient es-
» pérer ? »

Mais ces biens, ces faveurs n'étaient plus l'héritage exclusif de quelques familles puissantes. La reine, dans leur distribution, s'était cru permis de consulter quelquefois ses affections et d'autres droits que ceux d'une antique origine. « Qu'on juge, ajoute Montjoye, du dépit et de

---

cour des derniers Valois, n'étaient point adoptés sans motif; que ces ajustemens, indifférens en apparence, éloignaient bien réellement toute idée de galanterie.

Quoiqu'une semblable précaution puisse paraître au moins singulière à la cour dissolue d'Henri III, je ne prétends pas nier l'efficacité des vertugadins. Je citerai seulement sur ce sujet une petite anecdote rapportée par La Place.

« M. de Fresne Forget, étant chez la reine Marguerite, lui dit un jour qu'il s'étonnait comment les hommes et les femmes, avec de si grandes fraises, pouvaient manger du potage sans les gâter, et surtout comment les dames pouvaient être galantes avec leurs grands vertugadins. La reine alors ne répondit rien; mais quelques jours après, ayant une très-grande fraise et de la bouillie à manger, elle se fit apporter une cuiller qui était fort longue, de façon qu'elle mangea sa bouillie sans salir sa fraise. Sur quoi, s'adressant à M. de Fresne : « Eh bien, lui dit-elle en riant, vous voyez bien qu'avec un peu d'intelligence on trouve remède à tout. —Oui da! Madame, lui répondit le bon homme; quant au potage, me voilà satisfait. » (*Tom. II, pag.* 350 *du recueil de La Place.*)

» la fureur des grands de cette classe, lorsqu'ils voyaient
» la reine répandre sur autrui des grâces qu'ils voulaient
» n'être dues qu'à eux seuls, et l'on n'aura nulle peine à
» comprendre comment elle a trouvé des ennemis im-
» placables parmi ceux qui l'approchaient. » La haine et
la calomnie allaient bientôt avoir un nouveau prétexte.

Déjà, pour compromettre le nom le plus auguste et déshonorer celui d'un cardinal, se préparait ce complot obscur et scandaleux, conçu par une intrigante, ayant pour principal personnage un faussaire, et qui, secondé par une courtisane, fut dévoilé par un minime et raconté par un jésuite. Comme si les plus singuliers rapprochemens devaient, dans ce procès fameux, se trouver à côté des plus odieux contrastes, le nom de Valois, retombé depuis long-temps dans l'oubli, figurait à côté des noms de Rohan, d'Autriche et de Bourbon ; et quand tout se réunissait pour accuser un prêtre libertin et crédule, un grand seigneur ruiné avec huit cent mille livres de rentes, un prince de l'Église, dupe à la fois d'un escroc, d'une femme galante et d'un charlatan, ce fut la souveraine qu'offensait sa crédulité, et peut-être son coupable espoir, ce fut Marie-Antoinette qu'on osa soupçonner. La cour, le clergé, les parlemens se liguèrent pour humilier le trône et la princesse qui s'y trouvait assise. Au lieu de la plaindre on la blâmait : on ne lui pardonnait pas même de laisser éclater la douleur et l'indignation d'une femme, d'une épouse et d'une reine outragée.

On sait l'issue de ce procès fameux. Le cardinal fut absous. Mme de Lamotte condamnée, flétrie, mais fugitive, se hâta de publier le plus odieux pamphlet contre la reine. Depuis cet instant funeste pour Marie-Antoinette, jusqu'à celui de sa fin, ce genre d'attaques ne cessa plus un moment d'être dirigé contre elle. L'esprit de parti ne tarda point à s'en emparer : la presse ou le burin servaient également la fureur de ses ennemis. Gravures obscènes, vers licencieux, libelles impurs, accusations atroces, *j'ai tout vu, j'ai tout lu*, et je voudrais pouvoir ajouter comme l'infortunée princesse, dans une des plus honorables circonstances de sa vie : *J'ai tout oublié.* La lecture, la vue de ces monumens d'une haine implacable, laissent une impression de tristesse et de dégoût qu'on ne peut vaincre, et qu'accroît encore l'idée des maux accumulés, par la calomnie, sur la tête de Marie-Antoinette.

N'anticipons point sur les événemens : ce n'est point ici qu'on trouvera le tableau des derniers malheurs de la reine. Sa prison, ses fers, son dénuement; les coups dont son cœur est brisé ; la force d'ame qui la soutient, l'amour maternel qui l'attache encore à la vie, la religion qui la console : tous ces détails touchans ou sublimes d'une scène que termine une si tragique catastrophe, appartiennent à d'autres Mémoires; mais il est une réflexion que cette fin funeste provoque involontairement.

Quand le terrible Danton s'écriait : *Les rois de l'Europe nous menacent, c'est à nous de les braver; jetons-leur pour défi la tête d'un roi!* ces détestables paroles, suivies d'un si cruel, d'un si déplorable effet, annonçaient encore une effrayante combinaison politique. Mais la reine ! Quelle farouche raison d'État Danton, Collot-d'Herbois, Robespierre pouvaient-ils invoquer contre elle? Où avaient-ils vu que ces Grecs, ces Romains dont nos soldats rappelaient les vertus guerrières, égorgeassent des êtres faibles et sans défense? Quelle féroce grandeur trouvaient-ils à soulever tout un peuple pour se venger d'une femme? Que lui restait-il de son pouvoir passé? Le 10 août n'avait-il pas déchiré sur son front le bandeau royal? Elle était captive; elle était veuve; elle tremblait pour ses enfans! Dans ces juges qui outragent à la fois la pudeur et la nature; dans ce peuple dont les plus vils rebuts poursuivent de cris forcenés la victime jusqu'au pied de l'échafaud, qui reconnaîtrait ces Français affables, aimans, sensibles, généreux? Non, de tous les forfaits qui souillèrent si malheureusement la révolution, aucun ne fait mieux connaître à quel point l'esprit de parti, quand il a fermenté dans les cœurs les plus corrompus, peut dénaturer le caractère d'une nation.

La nouvelle de ce coup affreux vint frapper, dans la retraite obscure qu'elle avait choisie, la femme qui pleurait le plus amèrement les malheurs de sa bienfaitrice. Madame Campan, qui n'avait pu partager la captivité de la reine, s'attendait d'un moment à l'autre à partager son sort. Échappée comme par miracle au fer des Marseillais, repoussée par Pétion, quand elle implorait la faveur d'être enfermée au Temple, dénoncée, poursuivie par Robespierre, devenue, par la confiance entière du monarque et de la reine, dépositaire des papiers les plus importans, elle était allée cacher son secret et sa douleur à Coubertin, dans la vallée de Chevreuse. Madame Auguié, sa sœur, venait de se donner la mort, au moment même de son arrestation (1). L'échafaud attendait

---

(1) L'amour maternel l'emporta sur ses sentimens religieux : elle voulut conserver les débris de sa fortune à ses enfans. Un jour plus

madame Campan, quand le 9 thermidor lui rendit la vie, mais ne lui rendit pas le plus constant objet de ses pensées, de son zèle et de son dévouement.

Une carrière nouvelle s'ouvre ici pour madame Campan. L'instruction, les talens qu'elle possède, vont lui devenir utiles. A Coubertin, entourée de ses nièces, elle aimait à diriger leurs études, autant pour se distraire un moment de ses peines, que pour former leur esprit et leur raison. Cette occupation maternelle avait ramené ses idées vers l'éducation, et réveillé les premiers penchans de sa jeunesse.

Les goûts, le caractère se trahissent dès l'enfance. Je me souviens qu'en écrivant la Notice sur la vie de madame Roland, c'était pour moi un spectacle plein d'intérêt, que celui des premiers mouvemens d'une âme intrépide qu'échauffait, dès l'âge le plus tendre, l'enthousiasme des vertus antiques. Je ne voyais pas sans surprise une jeune fille, à cette époque de la vie où les plaisirs, la parure, sont les plus grandes occupations de son sexe, rêver dans la solitude qu'elle était Clélie fendant les eaux du Tibre, ou Cornélie qui se parait des Gracques aux yeux des dames romaines.

Les circonstances développent et révèlent tout-à-coup les inclinations naissantes. A douze ans, Mlle Genet ne rencontrait point, à la promenade ou dans les rues, de pensions de petites filles, qu'elle n'ambitionnât le rang, le titre et l'autorité de leur maîtresse. Le séjour de la cour avait détourné, mais non changé ses idées et ses goûts. Plus âgée, capable d'étendre le cercle de ses pro-

---

tard elle était sauvée : la charrette qui conduisait Robespierre au supplice arrêta la marche de son convoi.

jets, et de placer plus haut le but de ses espérances, elle enviait à madame de Maintenon, parvenue au degré le plus élevé du pouvoir, non les succès de son ambitieuse hypocrisie, non ces grandeurs dont elle avait sitôt senti le vide et la lassitude, non l'honneur mystérieux d'un hymen royal et clandestin, mais la gloire d'avoir fondé Saint-Cyr.

On va voir bientôt que pour réaliser ses projets, madame Campan ne disposait ni de l'autorité, ni des trésors de Louis XIV. « Un mois après la chute de Robespierre, dit-elle dans un écrit du plus haut intérêt, je pensai qu'il fallait vivre et faire vivre une mère âgée de soixante-dix ans, mon mari malade, mon fils âgé de neuf ans, et une partie de ma famille ruinée. Je n'avais plus rien au monde qu'un assignat de 500 francs. J'avais signé pour trente mille francs de dettes pour mon mari. Je choisis Saint-Germain pour y établir une pension : cette ville ne me rappelait pas, comme Versailles, et les temps heureux et les premiers malheurs de la France, et m'éloignait de Paris où s'étaient passés nos horribles désastres, et où résidaient des gens que je ne voulais pas connaître. Je pris avec moi une religieuse de l'Enfant-Jésus, pour donner la garantie non douteuse de mes principes religieux (1). Je n'avais pas le moyen de faire imprimer mon prospectus ; j'en écrivis cent, et les envoyai aux gens de ma connaissance qui avaient survécu à nos affreuses crises.

« Au bout d'un an j'avais soixante élèves ; bientôt

---

(1) La maison d'éducation de Saint-Germain fut la première dans laquelle on osa se permettre d'ouvrir un oratoire. Le directoire, mécontent, ordonna qu'il fût fermé sur-le-champ.

après cent. Je rachetai des meubles ; je payai mes dettes. J'étais heureuse d'avoir trouvé cette ressource, si éloignée de toute intrigue (1). »

Aux talens, à l'expérience, aux excellens principes de madame Campan, appartiennent sans doute les succès brillans et rapides qu'obtint l'institution de Saint-Germain. Toutefois on doit convenir qu'elle était merveilleusement favorisée par l'opinion. Rechercher, accueillir, seconder tous ceux qui avaient approché de la cour, c'était alors braver, humilier le pouvoir régnant ; et l'on sait si l'on s'est refusé jamais un pareil plaisir en France. J'étais bien jeune alors, et cette disposition des esprits, dans ceux qui m'entouraient, ne m'échappait point. Toutes les fortunes avaient changé de mains, tous les rangs se trouvaient confondus par l'effet des secousses de la révolution : la société était comme une bibliothèque dont on aurait replacé les livres au hasard, après en avoir arraché les titres. Le grand seigneur, ruiné, dînait à la table de l'opulent fournisseur, et la marquise, brillante d'esprit et de grâce, était assise au bal à côté de l'épais parvenu. A défaut des distinctions et des dénominations anciennes que proscrivait le directoire, l'élégance des manières et la politesse du langage formaient une espèce d'aristocratie peu commune. La maison de Saint-Germain, dirigée par une femme qui avait le ton, le maintien, les habitudes et la conversation de la meilleure société, devenait, pour les jeunes

---

(1) Ce fragment est extrait d'un Mémoire dont Napoléon, dans les cent jours, a ordonné le dépôt aux archives du ministère des relations étrangères.

personnes, autant l'école du monde que l'école du savoir.

« Un homme de lettres, ami de madame de Beauhar» nais, continue madame Campan dans le manuscrit que
» j'ai sous les yeux, lui parla de ma maison. Elle m'a» mena sa fille Hortense de Beauharnais, et sa nièce
» Émilie de Beauharnais. Six mois après elle vint me
» faire part de son mariage avec un gentilhomme corse,
» élève de l'École militaire et général. Je fus chargée
» d'apprendre cette nouvelle à sa fille qui s'affligea long» temps de voir sa mère changer de nom. J'étais aussi
» chargée de surveiller l'éducation du jeune Eugène de
» Beauharnais, placé à Saint-Germain dans la pension
» où était mon fils.

» Mes nièces, mesdemoiselles Auguié, étaient avec
» moi, logées dans la même chambre que mesdemoi» selles de Beauharnais. Il s'établit une grande intimité
» entre ces jeunes personnes. Madame de Beauharnais
» partit pour l'Italie, en me laissant ses enfans. A son
» retour, après les conquêtes de Bonaparte, ce général
» fut très-content des progrès de sa belle-fille, m'invita
» à dîner à la Malmaison, et vint à deux représentations
» d'Esther à ma maison d'éducation (1). »

Une anecdote qui est presque historique, et que je tiens des amis de madame Campan, se lie au souvenir d'une de ces représentations. Madame la duchesse de Saint-Leu représentait Esther : le rôle d'Élise était rempli par l'intéressante et malheureuse madame de Broc. Comme dans la pièce de Racine, même conformité

---

(1) Autre fragment du même Mémoire.

d'âge et de penchans, même amitié les unissaient. Napoléon, alors consul, ses capitaines, les ministres, les premiers personnages de l'État, se trouvaient à cette représentation. On y remarquait aussi le prince d'Orange que l'espoir de revoir la Hollande, et de faire revivre les droits de sa maison, avait, à cette époque, conduit en France. La tragédie d'Esther était exécutée par les élèves, avec les chœurs en musique : on sait que dans ceux qui terminent le troisième acte, les jeunes Israélites se félicitent de rentrer un jour dans la terre natale.

Une jeune fille dit :

Je reverrai ces campagnes si chères.

Une autre ajoute :

J'irai pleurer au tombeau de mes pères.

A ces mots, des sanglots éclatent : tous les yeux se portent vers un des points de la salle ; la représentation est un moment interrompue. Napoléon, placé sur le premier rang, se penche vers madame Campan qui était derrière lui, et lui demande la cause de cette agitation. « Le prince d'Orange est ici, lui dit-elle ; il a vu, dans les vers qu'on vient de chanter, un rapport touchant avec sa situation et ses vœux, et n'a pu retenir ses larmes. Le consul avait déjà d'autres vues : *Vraiment*, dit-il, *ce n'est pas le cas de se retourner.* »

Jamais l'établissement de Saint-Germain n'avait été dans une situation plus prospère. Que pouvait désirer de plus madame Campan? Sa fortune était honorable : ses occupations, ses devoirs, s'accordaient avec ses goûts. Elle ne voyait autour d'elle qu'attachement et reconnaissance; elle ne trouvait dans le monde qu'estime, bienveillance et considération. Souveraine dans sa maison, son sort paraissait à l'abri des faveurs et des caprices du pouvoir. Mais l'homme qui disposait alors des destinées de la France, et qui réglait avec l'épée celles de l'Europe, allait bientôt en décider autrement.

Un décret, daté pour ainsi dire du champ de bataille, assurait de nouvelles récompenses; offrait de nouveaux encouragemens à la bravoure des vainqueurs d'Austerlitz. L'État se chargeait d'élever, à ses frais, les sœurs, les filles, les nièces de ceux que décorait la croix d'honneur. Les enfans des guerriers, blessés ou morts en combattant avec gloire, devaient retrouver les soins de la maison paternelle dans l'antique demeure des Montmorency et des Condé : ces héros eux-mêmes n'auraient pu lui trouver de plus noble destination. Habitué à rapprocher de lui toutes les supériorités, n'en redoutant aucune, Napoléon chercha la personne que son expérience, son nom, ses talens, pouvaient placer à la tête de la maison d'Écouen ; ce fut madame Campan qu'il désigna.

Elle allait recueillir les fruits d'une expérience acquise pendant dix ans à Saint-Germain. L'établissement d'Écouen était à créer tout entier : madame Campan commença donc ce grand ouvrage. L'élève, l'ami, le rival de Buffon, M. le comte de Lacépède, alors grand-chancelier de la Légion-d'Honneur, la dirigeait de ses conseils éclairés. La surveillance qu'exigent la santé, l'instruction, et jusqu'aux jeux de trois cents jeunes personnes ; les devoirs religieux qui servent de base à leur éducation; la distribution de leur temps, l'emploi méthodique et gradué des forces de leur intelligence ; l'accord de leurs principes et de leurs connaissances, avec leur fortune et le rang qu'elles doivent occuper un jour dans le monde; l'art difficile, qui saisit les principaux traits d'un caractère, démêle les bonnes qualités des mauvaises, détruit le germe des unes, encourage les autres, et parmi tant d'élèves, d'âge, de goûts et d'esprit différens, maintient l'ordre et favorise l'émulation sans exciter l'orgueil: tous ces soins d'une administration compliquée, tous ces détails d'un emploi si délicat, paraissaient simples, faciles et naturels, quand on voyait madame Campan les remplir. C'est un témoignage que ses ennemis même ne pouvaient lui refuser. A toute heure elle était accessible pour tout le monde; écoutant avec une grande égalité de caractère, décidant avec une rare présence d'esprit, toutes les questions qu'on lui soumettait ; adressant toujours à propos, un conseil, un reproche, un encouragement. L'homme qui descendait facilement des plus hautes pensées politiques à l'examen des moindres détails ; qui inspectait un pensionnat de jeunes personnes, comme s'il eût passé la revue des grenadiers de sa garde; auquel aucune connaissance, aucun soin ne semblait étranger, qu'on ne pouvait tromper et qui n'était pas fâché de reprendre, Napoléon, en visitant la maison d'Écouen, fut forcé de dire : *Tout est bien* (1).

---

(1) Napoléon avait voulu connaître tout ce qui concernait l'ameublement, le régime, l'ordre de la maison, l'instruction et l'éducation des élèves. Les réglemens intérieurs lui furent soumis. Un des projets rédigés par madame Campan portait que les élèves entendraient la messe les dimanches et les jeudis. Napoléon écrivit en marge, de sa main, *tous les jours.*

Les *Lettres de deux jeunes amies,* ouvrage de madame Campan, contiennent des détails curieux sur une visite de Napoléon à Écouen.

Une seconde maison s'était formée à Saint-Denis, sur le modèle de la maison d'Écouen. Peut-être madame Campan pouvait-elle espérer un titre auquel de longs travaux lui donnaient droit ; peut-être la surintendance des deux maisons n'eût-elle été qu'un juste prix de ses services : mais ses années de bonheur étaient écoulées ; son sort allait dépendre des plus importans événemens. Napoléon avait élevé si haut sa puissance, que lui seul en Europe pouvait la renverser : le conquérant semblait se plaire, en lui, à détruire l'œuvre de l'homme d'État. Satisfaite de trente ans de victoires, en vain la France demandait du repos et regrettait la liberté. L'armée qui avait triomphé dans les sables de l'Égypte, sur le sommet des Alpes, dans les marais de la Hollande, va périr victorieuse, au milieu des neiges de la Russie. Les rois et les peuples se liguent contre un seul homme. Le territoire est envahi. Des fenêtres du château qui leur servait d'asile, les orphelines d'Écouen voient au loin dans la plaine les feux des bivouacs russes, et pleurent une seconde fois la mort de leurs pères. Paris capitule. La France salue le retour des petits-fils d'Henri IV; ils remontent au trône occupé si long-temps par leurs ancêtres, et que la sagesse d'un prince éclairé raffermit sur l'empire des lois.

Ce moment, où la joie éclatait parmi les serviteurs fidèles de la famille royale, où des récompenses étaient accordées à leur dévouement, fut marqué pour madame Campan par des chagrins amers. La haine de ses ennemis s'était réveillée. La suppression de la maison d'Écouen lui avait enlevé sa place : les calomnies les plus absurdes la suivirent encore dans sa retraite : on soupçonnait son attachement pour la reine; on l'accusait,

non pas seulement d'ingratitude, mais de perfidie. « Et
» l'objet de ces calomnies, disait à cette époque un
» noble écrivain qui semble porter encore dans les sen-
» timens de l'amitié la chaleur éloquente dont s'animait
» sa piété filiale ; l'objet de ces calomnies est la sujette
» la plus fidèle, qui, pendant vingt-quatre ans, ne
» cessa d'être attachée à la famille royale de France :
» la lectrice et la première femme de l'infortunée reine,
» la confidente non moins intime de l'infortuné roi ;
» qui, pendant leur trop long martyre, a risqué bien
» plus que sa vie pour ses augustes maîtres ; n'a rien
» dit, n'a rien fait que par leurs ordres, mais a dit et
» fait tout ce qu'ils lui ont ordonné, quel qu'en fût le
» danger. L'objet de ces calomnies, c'est madame Cam-
» pan, en faveur de qui Marie-Antoinette a écrit, en
» 1792, une disposition de volonté dernière extrême-
» ment honorable pour le dévouement de la sujette et
» pour la bonté de la souveraine ; c'est madame Cam-
» pan, à qui Louis XVI, en 1792, a confié les papiers
» les plus secrets, les plus périlleux; pour qui Louis XVI,
» dans la cellule des Feuillans, le 10 août 1792, a dé-
» taché deux mèches de ses cheveux, lui en donnant
» une pour elle, une autre pour sa sœur, tandis que
» la reine, jetant alternativement ses bras autour de
» leur cou, leur disait : *Malheureuses femmes ; vous ne*
» *l'êtes qu'à cause de moi : je le suis plus que vous !* (1) »

---

(1) Extrait d'un Mémoire manuscrit relatif à madame Campan.

S'il fallait invoquer encore un témoignage bien respectable, nous citerions la lettre suivante, écrite à madame Campan, le 27 avril 1816, par madame la duchesse de Tourzel.

« Je comprends parfaitement, Madame, la peine que vous éprouvez

La calomnie n'affecte point la jeunesse, tout l'avenir qu'elle se promet lui reste pour en triompher : sur le déclin de l'âge ses traits ont un venin qui tue; les chagrins qui pèsent alors sur le cœur en rouvrent toutes les blessures. Celles que madame Campan avait reçues étaient profondes. Sa sœur, madame Auguié, s'était donné la mort; M. Rousseau, son beau-frère, avait péri victime de la terreur. En 1813, un accident affreux l'avait privée de sa nièce, madame de Broc, l'une des plus aimables et des plus touchantes créatures qui aient orné ce monde : madame Campan semblait destinée à voir ceux qu'elle aimait descendre avant elle au tombeau. Dans le cimetière du Père-Lachaise, parmi ces mausolées fas-

---

» de tout ce qui peut tendre à jeter des doutes sur votre attachement
» et votre fidélité à l'auguste princesse à laquelle vous aviez l'hon-
» neur d'être attachée, dans les fonctions que vous remplissiez auprès
» d'elle.

» C'est avec grand plaisir, Madame, que je vous rendrai la justice que
» pendant les trois ans où ma place m'a donné de fréquens rapports
» avec notre grande et trop malheureuse reine, je vous ai toujours vue
» empressée de lui témoigner votre respect et votre attachement. J'ai
» été témoin qu'elle vous avait donné des marques de confiance toute
» particulière, et de votre discrétion et de votre fidélité dans ces di-
» verses circonstances. Vous lui en donnâtes des preuves dans ce mal-
» heureux voyage de Varennes, et les délations faites à ce sujet sur
» votre compte ont été de toute injustice. Je vous ai vue aux Feuillans,
» la nuit du 10 août, présenter à la reine l'hommage de votre douleur,
» quoique vous ne fussiez pas en ce moment dans votre mois de service.
» C'est un hommage que je rends à la vérité, et je m'estimerais heu-
» reuse si ma lettre pouvait apporter quelques consolations aux amer-
» tumes dont votre cœur est accablé.

» Je suis, Madame, etc.

» Croy d'Havré, duchesse de Tourzel. »

tueux, chargés le plus souvent d'épitaphes mensongères, à côté de ces monumens qui semblent élevés la plupart, moins pour honorer les cendres qu'ils renferment que pour flatter l'orgueil des vivans, il est une sépulture modeste qui la vit bien des fois répandre des larmes. Aucun marbre ne la décore, on n'y lit aucune inscription : d'autant plus remarquable qu'elle est plus simple, le gazon qui la couvre, en trahissant une douleur qui se cache, pourrait seul révéler le secret de la tombe.

Après tant de chagrins, madame Campan cherchait une paisible retraite. Paris, séjour des indifférens ou des ambitieux, des méchans qui calomnient, et des sots qui les croient; Paris, qu'habite cette foule d'hommes toujours prêts à flatter le puissant du jour, comme à déchirer celui qu'ils encensaient la veille ; Paris, sa frivolité, ses plaisirs bruyans, son égoïsme, lui étaient depuis quelques années devenus insupportables. Une de ses élèves les plus chéries, Mlle. Crouzet, s'était mariée à Mantes avec un médecin, homme habile, plein de savoir, de franchise et de cordialité (1). Madame Campan vint voir son élève. Mantes est une jolie petite ville. Les bois de Rosny qui l'entourent, la Seine qui la baigne de ses eaux, des îles plantées de hauts peupliers, et dont les allées promettent la solitude sous de

---

(1) M. Maignes, médecin distingué des hospices de Mantes. Madame Campan trouvait en lui, dans ses peines comme dans ses souffrances, un ami, un consolateur dont elle appréciait le mérite et l'affection. Les soins, qu'il ne cessa de lui donner dans le cours de sa maladie, l'ont déterminé à en écrire une relation, qui est d'un excellent physiologiste, et dans laquelle il a fidèlement recueilli les derniers entretiens de madame Campan. Je dois à la communication de cet écrit plusieurs particularités intéressantes : je me fais un plaisir d'en remercier l'auteur.

frais ombrages, rendent le séjour de Mantes agréable et riant. Cette habitation lui plut. Bientôt elle vint s'y établir. Un petit nombre d'amis intimes lui composait une société dont elle goûtait la douceur. Elle s'étonnait de retrouver un peu de calme après de si longues agitations. Le soin de revoir ses Mémoires, de mettre en ordre les anecdotes piquantes dont se devaient composer ses Souvenirs, apportait seul quelque distraction au sentiment puissant qui l'attachait à la vie.

Elle ne vivait que pour son fils ; pour lui seul elle aurait ambitionné la faveur ou les richesses : il était sa consolation, son bien, son espoir ; elle avait rassemblé sur lui tous les penchans d'un cœur souvent déçu dans ses affections. M. Campan fils méritait la tendresse de sa mère. Aucun sacrifice n'avait été négligé pour son éducation. Son esprit était orné ; il avait du goût, et faisait des vers agréables. Après avoir suivi la carrière qui a fourni, sous l'empire, des hommes d'un mérite éminent, il attendait du temps et des circonstances une occasion de consacrer ses services à son pays. Quoique sa santé fût languissante, rien n'annonçait une fin rapide et prématurée : en quelques jours cependant il fut ravi à sa famille. Comment l'apprendre à sa mère? Comment lui porter ce coup funeste? M. Maignes, dans une relation qu'il a bien voulu nous confier, a décrit ce triste moment avec la plus douloureuse vérité.

« Je n'ai jamais été témoin, dit-il, d'une scène aussi
» déchirante que celle qui se passa lorsque madame la
» maréchale Ney, sa nièce, et madame Pannelier, sa
» sœur, vinrent lui annoncer ce malheur. Au moment
» où elles entrèrent dans sa chambre, elle était encore
» au lit. Toutes trois poussèrent à la fois un cri per-

» çant. Ces deux dames se jetèrent à genoux, et bai-
» saient ses mains qu'elles mouillaient de leurs larmes.
» Elles n'eurent le temps de lui rien dire : elle lut sur
» leurs visages qu'elle n'avait plus de fils. A l'instant
» ses grands yeux, découverts jusqu'au blanc, s'éga-
» rèrent. Sa figure devint pâle, les traits altérés, les
» lèvres décolorées. La bouche ne proférait que des pa-
» roles entrecoupées, accompagnées de cris aigus. Les
» mouvemens étaient désordonnés, la raison suspendue.
» Chaque partie de son être souffrait. La respiration
» suffisait à peine aux efforts que faisait cette malheu-
» reuse mère pour exprimer sa douleur, et la porter au
» dehors. Cet état d'angoisse et de désespoir ne com-
» mença à se calmer que lorsque les larmes vinrent à
» couler. Je n'ai vu de ma vie rien de si triste et de si
» imposant : l'impression que j'éprouvai ne s'effacera
» jamais de ma mémoire. »

L'amitié, les plus tendres soins purent un moment calmer sa douleur, mais non l'affaiblir : son cœur avait trop souffert. Cette crise violente avait troublé son organisation tout entière. Une maladie cruelle, et qui exige une opération plus cruelle encore, ne tarda pas à se manifester. La présence de sa famille, un voyage qu'elle fit en Suisse, son séjour aux eaux de Bade, et surtout la vue, les entretiens pleins de douceur et de charme d'une personne dont elle était tendrement aimée, don-nèrent quelques distractions à son esprit, mais n'apportèrent que de bien faibles adoucissemens à ses maux. Elle revint à Mantes, décidée à subir l'opération; et dès-lors, loin d'éprouver un instant de faiblesse ou d'hésitation, elle pressait elle-même le moment qui devait lui rendre, disait-elle, l'espoir et la santé. A la force d'ame qui brave la douleur, elle joignit cette puissance de volonté qui la maîtrise. Pas un cri, pas un geste ne lui échappèrent. Tant de courage étonnait de vieux guerriers habitués au spectacle des champs de bataille, et surprenait les gens de l'art eux-mêmes (1). Un instant avant d'être opérée, madame Campan causait avec eux d'un esprit libre et calme. Les douleurs, après l'opération, ne semblaient pas avoir altéré sa sérénité. *Messieurs*, disait-elle en plaisantant à ses médecins, *j'aime bien mieux vous entendre parler que vous voir agir.*

L'opération avait été faite, avec une rare promptitude et le plus heureux succès, par M. Voisin, très-habile chirurgien de Versailles. Aucun symptôme fâcheux ne s'était déclaré : la plaie s'était cicatrisée. On croyait madame Campan rendue à ses amis : mais le mal qui était dans le sang prit un autre cours ; la poitrine s'embarrassa. Dès ce moment, dit M. Maignes, qui suivait son état avec toute la sollicitude de l'amitié, mais avec la triste prévoyance de son art ; dès ce moment, *il me fut impossible de voir madame Campan vivante : elle sentait elle-même qu'elle n'était déjà plus.*

En songeant à sa famille, à ses amis de Mantes, à tous ceux qui lui portaient une vive affection, son cœur s'amollissait, et dans ces instants d'une faiblesse touchante : N'est-ce pas, docteur, disait-elle, que je ne mourrai pas ?

Bientôt reprenant son courage, elle donnait aux autres une espérance qu'elle n'avait plus. Elle voyait sans

---

(1) M. le colonel Hemès, l'un des meilleurs officiers de l'ancienne armée, aidait les gens de l'art pendant l'opération.

cesse auprès d'elle une femme qui, depuis quarante ans, ne l'avait pas un moment quittée ; qui avait partagé ses peines, comme ses instans de bonheur ; qui devinait ses pensées, épiait ses moindres désirs, et payait une confiance sans bornes des soins du plus tendre attachement : tous ceux qui ont connu madame Campan nommeront ici madame Voisin. « Du courage, lui disait-elle ; la mort ne séparera point deux amies comme nous (1). »

Elle donnait elle-même l'exemple de la force d'ame qu'elle voulait inspirer aux autres. Tantôt, reportant ses souvenirs vers les années de sa jeunesse, elle revoyait la jeune fille, si vive et si gaie, que Louis XV surprenait au milieu de ses jeux. Tantôt elle se rappelait avec attendrissement les bontés dont Marie-Antoinette payait son dévouement. « L'œil-de-bœuf de Versailles, disait-
» elle, ne me pardonnera jamais d'avoir obtenu la con-
» fiance de la reine et du roi. Les demandes d'un essaim
» de flatteurs étaient souvent injustes ; et quand la reine
» daignait me consulter, j'étais sincère (2). »

Quelquefois le sort de la France l'occupait. Les lumières qui partent du trône la rassuraient seules contre les prétentions exagérées de quelques hommes. « Le
» pouvoir, disait-elle, est aujourd'hui dans les lois.
» Partout ailleurs il serait déplacé. Mais cette vérité

---

(1) *La mort en effet ne les séparera point.* La famille de madame Campan lui a fait élever un tombeau dans le cimetière de Mantes. On lit une épitaphe fort simple sur une colonne de marbre blanc, surmontée d'une urne. Aux quatre côtés du monument sont des touffes de Dalia : au-dessous est le caveau qui renferme ses cendres. L'*amie* qu'elle a laissée reposera près d'elle.

(2) Relation de M. Maignes.

» leur échappe : la poussière des vieux parchemins les
» aveugle (1). »

La veille de sa mort : « Mon ami, disait-elle à son mé-
» decin, je me jette entre les bras de la Providence : c'est
» le seul point d'appui invisible qui nous soutienne. L'i-
» dée en est consolante. J'aime beaucoup la simplicité de
» ma religion, je la révère : je hais tout ce qui sent le fa-
» natisme (2). »

Quand on lui présenta son codicile à signer, sa main
tremblait : « Ce serait dommage, dit-elle en souriant, de
» rester en si beau chemin. »

Le jour de sa mort, on ouvrit sa fenêtre. Le ciel était
pur, l'air vif et frais. « Voilà, dit-elle, l'air et le climat
» de la Suisse. J'y ai passé deux mois d'un bonheur sans
» mélange... Son ame est si belle, et nos cœurs s'enten-
» daient si bien ! »

Chaque instant l'approchait de sa fin. Son esprit n'a-
vait rien perdu de ses forces. « Malgré mon état, disait-
» elle, j'ai besoin d'exprimer mes pensées. » Je m'étais
un peu éloigné de son lit, ajoute son médecin, dont
nous avons cité les paroles. Elle m'appela d'un son
de voix plus élevé que de coutume. J'accourus : se
reprochant alors cette espèce de vivacité : « *Comme*
» *on est impérieux*, dit-elle, *quand on n'a plus le*
» *temps d'être poli.* » Un moment après elle n'était
plus !

Ses amis la virent expirer le 16 mars 1822. La gaieté

---

(1) Relation de M. Maignes.

(2) Relation de M. Maignes. Avant de subir une opération presque
toujours funeste, madame Campan avait scrupuleusement rempli ses
devoirs religieux.

qu'elle montra dans tout le cours de sa maladie, n'offrait rien de contraint ni d'affecté. Son caractère avait naturellement de la force et de l'élévation. A l'approche de la mort, elle montra l'ame d'un sage, sans sortir un moment de son rôle de femme, sans renoncer aux espérances, aux consolations d'une chrétienne. Sa religion penchait vers l'indulgence et la douceur, comme il arrive à tous ceux dont la piété est encore plus de croyance et de sentiment que de pratique. Quoique ayant vécu long-temps dans le grand monde, elle ne méprisait pas trop l'espèce humaine. Les envieux n'avaient pu provoquer dans son cœur un sentiment de haine; l'ingratitude n'avait point lassé sa bienfaisance. Son crédit, son temps, ses démarches appartenaient à ses amis; sa bourse etait ouverte à tous les malheureux.

Un sentiment profond, une constante étude, son attachement pour la reine, et ses travaux sur l'éducation, se sont partagé sa vie. Napoléon lui disait un jour : « Les anciens systèmes d'éducation ne valent rien ; que manque-t-il aux jeunes personnes pour être bien élevées en France? — Des mères, lui répondit madame Campan. — Le mot est juste, reprit Napoléon. Eh bien, Madame, que les Français vous aient l'obligation d'avoir élevé des mères pour leurs enfans. » La réponse de madame Campan renferme l'idée principale de son système d'éducation. Tous les soins de la meilleure institutrice tendaient à mettre ses élèves en état d'être elles-mêmes un jour celles de leurs filles. Les instructions qu'elle lisait les dimanches aux jeunes personnes de Saint-Germain; les petites anecdotes qu'elle composait autant pour leur instruction que pour son amusement; l'ouvrage qu'elle achevait au moment de sa mort, et qui contient le fruit de vingt années d'expérience., sont dirigés vers le même but (1). « Les femmes, disait-elle à ses amis, ont perdu l'empire que leur donnait jadis la galanterie chevaleresque ! Elles dédaigneraient aujourd'hui celui qu'elles obtinrent plus tard dans leur boudoir, ou sur le théâtre brillant de la cour. Ce n'est pas aux dépens des mœurs, mais sur les mœurs que doit être fondé leur

---

(1) Madame Campan a laissé des Nouvelles, et plusieurs comédies manuscrites, dont nous ne citerons que les titres: *La Vieille de la cabane, Arabella ou la Pension anglaise, les Deux Éducations, les Petits Comédiens ambulans, le Concert d'amateurs*, etc. Toutes ont un but d'instruction pour la jeunesse. Elle achevait, à ses derniers momens, un ouvrage d'un ordre plus élevé, intitulé : *De l'Éducation des Femmes.* Nulle ne pouvait mieux qu'elle remplir ce cadre intéressant. Je citerai les premiers mots de ce traité.

« Mon ouvrage sera privé, dit-elle, de l'attrait des fictions presque
» toujours liées aux plans d'éducation, et la quantité de détails que
» j'ai à mettre sous les yeux des lecteurs me cause quelque inquiétude.
» Je crains aussi de me laisser entraîner par mon penchant pour ces
» êtres innocens et gracieux, dont une foule aimable m'entoura pen-
» dant tant d'années, et auxquels j'ai dû de si doux momens ; quelque-
» fois je doute si une certaine lenteur, triste et première infirmité de
» l'âge, n'allonge pas, malgré moi, mes discours ; puis je pense que je
» dédie mon ouvrage à mes anciennes élèves, devenues mères de fa-
» mille : je songe qu'en leur faisant hommage du fruit d'une longue
» expérience, je leur parle de leurs plus chères affections, et je me
» rassure. »

Cet ouvrage pourra paraître aussitôt qu'on aura mis en ordre les différens morceaux qu'avait terminés madame Campan. On y joindra le théâtre.

Outre *les Lettres de deux jeunes amies*, madame Campan avait aussi publié *les Conversations d'une mère avec ses filles*. Ces dialogues ont été traduits en italien et en anglais. Madame Campan savait fort bien cette dernière langue. Elle en avait donné des leçons à la reine, et conserva jusqu'à l'époque où sa maison fut incendiée, au 10 août, des thèmes écrits en anglais de la main de Marie-Antoinette.

nouvel empire. Leurs succès, moins bruyans, seront plus flatteurs et plus durables. Chaque jour ajoute à leur instruction sans nuire aux grâces légères, aux vertus modestes de leur sexe. Mais ce n'est point assez que leur beauté plaise, qu'on soit charmé de leur esprit : il faut que leurs qualités commandent l'estime ; il faut que leurs talens soient destinés à faire le charme de leur intérieur, et que le cercle de leurs obligations devienne aussi celui de leurs plaisirs. »

Entourée des élèves pour qui son entretien était une récompense, qu'elle leur parlât des devoirs de leur sexe, ou des faits les plus intéressans de l'histoire, leur foule curieuse, attentive, se pressait à ses côtés, s'attachait à ses moindres paroles. Quelquefois son esprit judicieux et piquant faisait naître une leçon salutaire, du fond d'une historiette amusante. Souvent elle cherchait, dans les événemens du passé, des traits capables d'éclairer leur esprit et d'élever leur ame. J'en atteste ici toutes les élèves d'Écouen : combien de fois ne leur parla-t-elle pas de Louis IX, de Charles V, de Louis XII, d'Henri IV surtout, et des vertus qu'eux et leurs successeurs avaient fait asseoir sur le trône ? En arrivant aux temps les plus orageux de la révolution, madame Campan les entretenait des atteintes portées à la majesté royale, des descendans des rois vivant sur une terre étrangère, de Louis XVI et de ses infortunes, de la reine et des outrages dont on l'avait abreuvée. Ces récits attendrissaient leurs jeunes cœurs : en l'écoutant parler de la famille royale de France, les filles des guerriers de Napoléon apprenaient ce qu'on doit de respect aux malheurs, et de reconnaissance aux bienfaits.

Hors des murs du château d'Écouen, dans le village

qui l'entoure, madame Campan avait loué une petite maison, où elle aimait à passer quelques heures, solitaire et recueillie. Là, libre de s'abandonner à ses souvenirs, la surintendante de la maison impériale redevenait pour un moment la première femme de chambre de Marie-Antoinette. Elle montrait avec émotion, au petit nombre de ceux qu'elle admettait dans cette retraite, une robe de simple mousseline qu'avait portée la reine, et qui provenait des présens faits par Tippo-Saëb. Une tasse dans laquelle Marie-Antoinette avait bu, une écritoire dont elle s'était servie long-temps, étaient d'un prix inestimable à ses yeux; et souvent on la surprenait assise et baignée de larmes, devant le tableau qui lui retraçait son image.

« Pardonne, ombre auguste, reine infortunée, par-
» donne, dit-elle dans un fragment que je conserve
» écrit de sa main : j'ai ton portrait près de moi au mo-
» ment où j'écris ces paroles. Mon imagination atten-
» drie y reporte à chaque instant mes regards; je cher-
» che à ranimer tes traits; je voudrais y lire si je sers
» ta mémoire en traçant cet ouvrage. Cette tête si noble
» tombée sous le fer cruel des bourreaux, je ne puis la
» considérer sans que les pleurs, en remplissant mes yeux,
» suspendent mon entreprise. Oui, je dirai la vérité,
» sans que ton ombre puisse en souffrir : la vérité doit
» servir celle que le mensonge avait si cruellement ou-
» tragée! »

Qu'ajouterais-je à ces éloquentes paroles? Madame Campan n'est plus : que ceux qui ont calomnié sa vie insultent encore à sa mémoire, ses écrits la défendront mieux que moi.

F. BARRIÈRE.

AVANT-PROPOS

DE L'AUTEUR.

Les planches des bibliothèques plient sous le poids de tout ce qui a été imprimé sur les dernières années du dix-huitième siècle. Quelques esprits supérieurs ont déjà indiqué, avec talent, les grandes causes morales et politiques de nos révolutions. Mais la postérité demandera aussi à connaître les ressorts secrets qui ont dirigé ces événemens. Des Mémoires, écrits par des ministres et des favoris, pourraient seuls satisfaire la curiosité de nos descendans, encore ne serait-ce que jusqu'à un certain point; car les rois n'accordent que bien rarement une confiance entière. Le souverain donne, à un de ceux qui l'entourent, une mission secrète qui ne contrarie point ses opinions connues; il lui dévoile tous les détails d'une affaire d'un haut intérêt. Le courtisan agit, persuadé de son importance; mais quand son orgueil s'applaudit, qu'il se croit sûr que le cœur royal vient de lui être ouvert, aveuglé par sa vanité, il ne se doute pas que ce cœur renferme encore mille replis qui lui seront toujours cachés. Il n'est que la dupe et le jouet de celui dont il se croit le confident. Au même instant, un autre a reçu peut-être une mission opposée, qui, sans doute, ne s'accorde pas davantage avec les véritables projets du prince. Tous deux se croient les seuls dépositaires des pensées du souverain, et sur cette base trompeuse bâtissent l'édifice imaginaire d'un crédit qu'ils n'auront pas.

Ce jeu des cours est surtout en usage quand l'autorité supérieure est forcée de satisfaire ou de calmer des opinions diverses, sans en adopter franchement aucune. Mais avec cette habitude d'éparpiller ainsi les marques d'une confiance illusoire, quand sont venus les temps de troubles et de factions, le souverain finit par ne plus trouver d'appui solide ni d'entier dévouement.

Louis XVI eut une quantité innombrable de confidens, de conseils, de guides : il en prit jusque dans les factions qui l'attaquaient. Il n'a peut-être jamais tout dit à un seul, et n'a parlé sincèrement qu'à bien peu. Il se réservait de tenir le fil de toutes les menées particulières, et de-là provient sans doute le peu d'ensemble et la faiblesse de ses opérations. Il en résultera aussi de grandes lacunes dans l'histoire détaillée de la révolution.

Pour que l'on pût connaître à fond les dernières années du règne de Louis XV, il faudrait avoir des Mémoires du duc de Choiseul, du duc d'Aiguillon, du maréchal de Richelieu (1), du duc de La Vauguyon. Pour le règne malheureux de Louis XVI, il faudrait que le maréchal du Muy, M. de Maurepas, M. de Vergennes, M. de Malesherbes, le duc d'Orléans, M. de La Fayette, l'abbé de Vermond, l'abbé Montesquiou, Mirabeau, la duchesse de Polignac, la duchesse de Luynes, eussent consigné, dans des écrits sincères, toutes les choses auxquelles ils ont eu une part

---

(1) J'ai entendu le maréchal de Richelieu dire à M. Campan, bibliothécaire de la reine, de ne point acheter les Mémoires que sans doute on lui attribuerait après sa mort, que d'avance il les lui déclarait faux; qu'il ne savait pas l'orthographe, et ne s'était jamais amusé à écrire. Peu de temps après la mort du maréchal, un nommé *Soulavie* fit paraître les Mémoires du maréchal de Richelieu.

(*Note de madame Campan.*)

directe (1). Quant au secret des affaires des derniers temps, il a été disséminé entre un bien plus grand nombre de personnes. Quelques ministres ont publié des Mémoires, mais seulement quand ils ont eu à justifier leurs opérations, et ces Mémoires ne traitent que des intérêts de leur propre réputation : sans ce puissant mobile, ils n'eussent probablement rien écrit. En général, les gens les plus rapprochés du souverain, par leur naissance et par leurs emplois, n'ont point laissé de Mémoires; et, dans les monarchies absolues, presque tous les fils des grands événemens se trouvent attachés à des détails que les plus éminens personnages ont seuls pu connaître. Ceux qui n'ont eu le soin que de quelques affaires, n'y voient point le sujet d'un livre; ceux qui ont porté long-temps le fardeau des affaires publiques, se croient par devoir ou par respect pour l'autorité, dans l'impossibilité de tout dire. D'autres conservent des notes avec le projet de les mettre en ordre

---

(1) Rien n'empêche encore que cette supposition ne se réalise en partie. Parmi les personnages que madame Campan cite en cet endroit, nous en connaissons dont les noms pourraient être, d'un moment à l'autre, attachés à des Mémoires d'un haut intérêt.

(*Note de l'édit.*)

quand ils auront atteint l'époque d'un heureux loisir : vaine illusion des ambitieux, qu'ils n'entretiennent, pour la plupart, que comme un voile qui cache à leurs yeux la désolante image de leur inévitable disgrâce! Quand elle est venue, le désespoir leur ôte la force de reporter leur attention sur ces temps d'un éclat qu'ils ne cesseront pas de regretter.

Cependant l'historien, qui est quelquefois embarrassé pour se décider entre les versions opposées que lui fournissent les contemporains, l'est bien davantage si les écrits lui manquent. Alors il s'en rapporte aux traditions, et se fie aux discours populaires ; il trace des portraits sur les caricatures politiques crayonnées par la haine ou la flatterie ; la calomnie se perpétue, et de nobles caractères demeurent noircis à jamais. Une entreprise mal conduite porte le nom de criminelle; un coupable heureux devient un héros. L'histoire n'est plus une leçon : c'est un roman ou un recueil impur et décousu de libelles qui ont peut-être fait sourire de pitié celui-là même qui les écrivait.

Louis XVI avait l'intention d'écrire des Mémoires; ses papiers secrets étaient classés dans un ordre qui indiquait son projet. La reine avait aussi le même dessein : elle a conservé long-temps beaucoup de correspondances et un grand nombre de rapports très-détaillés, faits sur l'esprit et les événemens du temps. Mais après la journée du 20 juin 1792, elle fut forcée d'en brûler la plus grande partie. Quelques-unes de ces correspondances, que gardait la reine, ont été portées hors de France.

D'après le rang et la position des personnes que j'ai citées, comme capables d'éclaircir, par leurs écrits, l'histoire de nos orages politiques, on ne peut pas croire que je veuille me placer sur la même ligne ; mais j'ai passé la moitié de ma vie soit auprès des filles de Louis XV, soit auprès de Marie-Antoinette. J'ai connu le caractère de ces princesses, j'ai su quelques faits curieux dont la publication peut intéresser, et la vérité des détails fera le mérite de mes écrits.

J'étais fort jeune lorsque je fus placée auprès des princesses, filles de Louis XV, en qualité de lectrice. J'ai vu la cour de Versailles avant l'époque du mariage de Louis XVI avec l'archiduchesse Marie-Antoinette.

Mon père, attaché au département des affaires étrangères, jouissait d'une réputation due à ses lumières et à ses utiles travaux. Il avait beaucoup voyagé. Les Français rapportent des pays étrangers un amour encore plus vif pour leur belle patrie, et personne ne fut plus que lui pénétré de ce sentiment qui doit être la première vertu de tout homme en place. Des gens revêtus de titres éminens, des académiciens, des savans français et étrangers, désiraient connaître mon père; ils aimaient à être admis dans son intérieur.

Vingt années avant la révolution, j'entendais déjà dire souvent que l'on ne retrouvait plus dans le palais de Versailles cet imposant aspect de la puissance de Louis XIV; que les institutions de l'ancienne monarchie tombaient d'un mouvement rapide; que le peuple, écrasé d'impôts, était silencieusement misérable; mais qu'il commençait à prêter l'oreille aux discours hardis des philosophes qui proclamaient hautement ses souffrances et ses droits; et qu'enfin le siècle ne s'achèverait pas, sans que quelque grande secousse ne vînt ébranler la France et changer le cours de ses destinées.

Les gens qui parlaient ainsi étaient presque tous partisans du système d'administration de M. Turgot : c'étaient Mirabeau le père, le docteur Quesnay, l'abbé Baudeau, l'abbé Nicoli, chargé des affaires de Léopold, grand-duc de

Toscane, et aussi enthousiaste des maximes des novateurs que l'était son souverain.

Mon père rendait un sincère hommage à la pureté des intentions de ces économistes. Comme eux il reconnaissait beaucoup d'abus dans le gouvernement; mais il n'accordait point aux adeptes de cette secte politique les lumières administratives nécessaires pour diriger une sage réforme. Il leur disait avec franchise que, dans l'art de faire mouvoir la grande machine du gouvernement, le plus savant d'entre eux était inférieur à un bon subdélégué d'intendance, et que, si jamais le timon des affaires était remis entre leurs mains, ils seraient promptement arrêtés, dans l'exécution de leurs projets, par l'immense différence qui existe entre les plus savantes théories et la pratique la plus simple des affaires d'administration.

Dans un de ces entretiens qui, malgré ma grande jeunesse, fixaient mon attention, j'entendis un jour mon père comparer la monarchie française à une belle et antique statue : il convenait que le piédestal, qui la soutenait, était près de s'écrouler; que les formes de la statue disparaissaient cachées sous les plantes parasites dont elle s'était insensiblement couverte; mais il demandait, avec le sentiment d'une douloureuse appréhension, quel serait l'architecte assez habile pour reconstruire le socle sans ébranler la statue? De tels ouvriers ne se sont point trouvés; les essais de réforme n'ont fait que hâter la ruine. L'orage des passions est venu à éclater; le monument tout entier s'est écroulé, et sa chute a ébranlé l'Europe.

MÉMOIRES

DE

MADAME CAMPAN.

CHAPITRE I.

Cour de Louis XV. — Goût du roi pour la chasse. — Son caractère. — Il vend des propriétés sous le seul nom de Louis de Bourbon. — Le *débotter* du roi. — Singuliers noms d'amitié qu'il donnait à ses filles. — Leur éducation tout-à-fait négligée. — Prières auprès d'un moribond. — Menuet couleur de rose. — Caractère de Mesdames. — Orgueil tempéré par la peur de l'orage. — Retraite de madame Louise aux Carmélites de Saint-Denis. — Madame Campan trouve la princesse faisant la lessive. — Paroles qu'on lui prête à sa mort. — Grave décision sur le maigre. — Abbé qui se permet d'officier comme un prélat. — Chagrins que cause aux filles de Louis XV son attachement pour madame Du Barry. — Elle assiste au Conseil-d'État. — Elle jette au feu tout un paquet de lettres cachetées. — La cour divisée entre le parti du duc de Choiseul et celui du duc d'Aiguillon. — Les filles de Louis XV peu disposées en faveur du mariage du dauphin avec une archiduchesse.

J'avais quinze ans lorsque je fus nommée lectrice de Mesdames. Je dirai d'abord ce qu'était la cour à cette époque.

Marie Leckzinska venait de mourir; la mort du dauphin avait précédé la sienne de trois ans; les jésuites étaient détruits, et la piété ne se trouvait plus guère à la cour que dans l'intérieur de Mesdames; le duc de Choiseul régnait.

Le roi ne pensait qu'au plaisir de la chasse; on aurait pu croire que les courtisans se permettaient une épigramme, quand on leur entendait dire sérieusement, les jours où Louis XV ne chassait pas, *le roi ne fait rien aujourd'hui.*

Les petits voyages étaient aussi une affaire très-importante pour le roi. Le premier jour de l'an il marquait sur son almanach les jours de départ pour Compiègne, pour Fontainebleau, pour Choisy, etc. Les plus grandes affaires, les événemens les plus importans ne dérangeaient jamais cette distribution de son temps.

L'étiquette existait encore à la cour avec toutes les formes qu'elle avait reçues sous Louis XIV; il n'y manquait que la dignité : quant à la gaieté, il n'en était plus question; de lieu de réunion où l'on vit se déployer l'esprit et la grâce des Français, il n'en fallait point chercher à Versailles. Le foyer de l'esprit et des lumières était à Paris.

Depuis la mort de la marquise de Pompadour, le roi n'avait pas de maîtresse en titre; il se contentait des plaisirs que lui offrait son petit sérail du Parc-aux-Cerfs. Séparer Louis de Bourbon du roi de France, était, comme on le sait, ce que le monarque trouvait de plus piquant dans sa royale existence (1). *Ils l'ont voulu ainsi; ils ont pensé que c'était pour le mieux.* C'était sa façon de parler quand les opérations des ministres n'avaient pas de succès. Le roi aimait à traiter lui-même la honteuse partie de ses dépenses privées. Il vendit un jour à un premier commis de la guerre une maison où il avait logé une de ses maîtresses; le contrat fut passé au nom de Louis de Bourbon; l'acquéreur porta lui-

---

(1) Tout ce que madame Campan dit ici de Louis XV s'accorde parfaitement avec le portrait que la Biographie universelle a tracé de ce prince :

« Il conservait dans son palais, dit l'article qui lui est consacré, la magnificence de Louis XIV, mais n'y mêlait aucun caractère de grandeur. Il subissait, comme un esclave résigné, l'ennui d'étiquettes qu'il n'avait point inventées, et qui n'étaient de nul usage pour sa politique : l'insupportable ennui qu'il en ressentait irritait son goût pour les plaisirs clandestins. Tout son bonheur était de se réfugier dans ses petits appartemens, et d'échapper furtivement à son rôle de roi. Ce goût devint en lui si vif, ou du moins si habituel, qu'il en vint presque à se considérer comme un particulier dispensé de tout devoir envers l'État. De-là ce trésor particulier qu'il aimait à se former, et qu'il grossissait par des spéculations sur les grains; de-là ces bizarres distractions qu'il portait jusque dans le conseil; la déplorable promptitude avec laquelle il abandonnait un avis qu'il avait judicieusement énoncé; enfin cet égoïsme paresseux qui lui faisait dire beaucoup de mots tels que ceux-ci : « Si j'étais lieutenant de police, je défendrais les cabriolets. » En public, son maintien était froid, son esprit un peu sec. Dans le commerce privé, c'était un homme aimable, un maître obligeant, facile, plein de compassion, un Français habitué à observer envers les femmes les prévenances de la galanterie les plus délicates, et richement doué de l'esprit vif de sa nation. »

(*Note de l'édit.*)

même au roi, dans son cabinet particulier, un sac contenant en or le prix de la maison.

Louis XV voyait très-peu sa famille; il descendait, tous les matins, par un escalier dérobé, dans l'appartement de madame Adélaïde (1). Souvent il y apportait et y prenait du café qu'il avait fait lui-même. Madame Adélaïde tirait un cordon de sonnette qui avertissait madame Victoire de la visite du roi; madame Victoire en se levant pour aller chez sa sœur, sonnait madame Sophie, qui, à son tour, sonnait madame Louise. Les appartemens des princesses étaient très-vastes. Madame Louise logeait dans l'appartement le plus reculé. Cette dernière fille du roi était contrefaite et fort petite; pour se rendre à la réunion quotidienne, la pauvre princesse traversait, en courant à toutes jambes, un grand nombre de chambres, et, malgré son empressement, elle n'avait souvent que le temps d'embrasser son père qui partait de-là pour la chasse.

---

(1) Louis XV sembla reporter vers madame Adélaïde la tendresse qu'il avait eue pour la duchesse de Bourgogne, sa mère, qui périt si subitement sous les yeux et presque dans les bras de Louis XIV.

La naissance de madame Adélaïde, le 23 mars 1732, fut suivie de celle de madame Victoire-Louise-Marie-Thérèse, le 11 mai 1733.

Louis XV eut encore six filles : mesdames Sophie et Louise, dont il est parlé dans ce chapitre; les princesses Marie et Félicité, mortes en bas-âge; madame Henriette, morte à Versailles, en 1752, âgée de 24 ans; et enfin madame la duchesse de Parme, qui mourut également à la cour. (*Vie de Marie Leckzinska*, par l'abbé Proyart.)

(*Note de l'édit.*)

CHAPITRE I.

Tous les soirs à six heures, Mesdames interrompaient la lecture que je leur faisais, pour se rendre avec les princes chez Louis XV : cette visite s'appelait *le débotter du roi*, et était accompagnée d'une sorte d'étiquette. Les princesses passaient un énorme panier qui soutenait une jupe chamarrée d'or ou de broderie ; elles attachaient autour de leur taille une longue queue, et cachaient le négligé du reste de leur habillement, par un grand mantelet de taffetas noir qui les enveloppait jusque sous le menton. Les chevaliers d'honneur, les dames, les pages, les écuyers, les huissiers portant de gros flambeaux, les accompagnaient chez le roi. En un instant tout le palais, habituellement solitaire, se trouvait en mouvement ; le roi baisait chaque princesse au front, et la visite était si courte, que la lecture, interrompue par cette visite, recommençait souvent au bout d'un quart-d'heure : Mesdames rentraient chez elles, dénouaient les cordons de leur jupe et de leur queue, reprenaient leur tapisserie, et moi mon livre....

Pendant l'été, le roi venait quelquefois chez les princesses avant l'heure de son débotter : un jour il me trouva seule dans le cabinet de madame Victoire, et me demanda où était *Coche :* et comme j'ouvrais de grands yeux, il renouvela sa question, mais sans que je le comprisse davantage. Quand le roi fut sorti, je demandai à Madame de qui il avait voulu parler. Elle me dit que c'était d'elle, et m'expliqua d'un grand sang-froid qu'étant la plus grasse de ses filles, le roi lui avait donné le nom d'amitié de *Coche ;* qu'il appelait madame Adélaïde *Loque*, madame Sophie *Graille*, madame Louise *Chiffe.* Le piquant des contrastes pouvait seul faire trouver au roi quelque gaieté dans l'emploi de mots semblables. Les gens de son intérieur avaient remarqué qu'il en savait un grand nombre, et on pensait qu'il les apprenait avec ses maîtresses ; peut-être aussi s'était-il amusé à les chercher dans les dictionnaires. Si ces façons de parler triviales trahissaient ainsi les habitudes et les goûts du roi, ses manières ne s'en ressentaient nullement ; sa démarche était aisée et noble ; il portait sa tête avec beaucoup de dignité ; son regard, sans être sévère, était imposant ; il joignait à une attitude vraiment royale une grande politesse, et saluait avec grâce la moindre bourgeoise que la curiosité attirait sur son passage.

Il était fort adroit à faire certaines petites choses futiles sur lesquelles l'attention ne s'arrête que faute de mieux ; par exemple, il faisait très-bien sauter le haut de la coque d'un œuf d'un seul coup de revers de sa fourchette : aussi en mangeait-il toujours à son grand couvert, et les badauds qui venaient le dimanche y assister, retournaient chez eux, moins enchantés de la belle figure du roi, que de l'adresse avec laquelle il ouvrait ses œufs.

Dans les sociétés de Versailles, on citait avec plaisir quelques réponses de Louis XV qui prouvaient la finesse de son esprit et l'élévation de ses

CHAPITRE I.

sentimens. Elles ont été placées dans des recueils d'anecdotes, et sont généralement connues.

Ce prince était encore aimé; on eût désiré qu'un genre de vie, convenable à son âge et à sa dignité, vînt enfin jeter un voile sur les égaremens du passé, et justifier l'amour que les Français avaient eu pour sa jeunesse. Il en coûtait de le condamner sévèrement. S'il avait établi à la cour des maîtresses en titre, on en accusait l'excessive dévotion de la reine. On reprochait à Mesdames de ne point chercher à prévenir le danger de voir le roi se composer une société intime chez quelque nouvelle favorite. On regrettait madame Henriette, sœur jumelle de la duchesse de Parme; cette princesse avait eu de l'influence sur l'esprit du roi; on disait que, si elle eût vécu, elle se serait occupée de lui procurer des amusemens au sein de sa famille; qu'elle aurait suivi le roi dans ses petits voyages, et aurait fait les honneurs des petits soupers qu'il aimait à donner dans ses appartemens intérieurs.

Mesdames avaient trop négligé les moyens de plaire au roi, mais on pouvait en trouver la cause dans le peu de soins qu'il avait accordés à leur jeunesse.

Pour consoler le peuple de ses souffrances et fermer les yeux sur les véritables déprédations du Trésor, les ministres faisaient de temps en temps peser, sur la maison du roi et même sur les dépenses personnelles, les réformes les plus exagérées.

Le cardinal de Fleury, qui, à la vérité, eut le mérite de rétablir les finances, poussa ce système d'économie au point d'obtenir du roi de supprimer la maison et l'éducation des quatre dernières princesses. Elles avaient été élevées, comme simples pensionnaires, dans un couvent, à quatre-vingts lieues de la cour. La maison de Saint-Cyr eût été plus convenable pour recevoir les filles du roi; le cardinal partageait probablement quelques-unes de ces préventions qui s'attachent toujours aux plus utiles institutions, et qui, depuis la mort de Louis XIV, s'étaient élevées contre le bel établissement de madame de Maintenon. Il aima mieux confier l'éducation de Mesdames à des religieuses de province. Madame Louise m'a souvent répété qu'à douze ans elle n'avait point encore parcouru la totalité de son alphabet, et n'avait appris à lire couramment que depuis son retour à Versailles.

Madame Victoire attribuait des crises de terreur panique qu'elle n'avait jamais pu vaincre, aux violentes frayeurs qu'elle éprouvait à l'abbaye de Fontevrault, toutes les fois qu'on l'envoyait par pénitence prier seule dans le caveau où l'on enterrait les religieuses. Aucune prévoyance salutaire n'avait préservé ces princesses des impressions funestes que la mère la moins instruite sait éloigner de ses enfans.

Un jardinier de l'abbaye mourut enragé; sa demeure extérieure était voisine d'une chapelle de l'abbaye où l'on conduisit les princesses réciter les prières des agonisans. Les cris du moribond interrompirent plus d'une fois ces prières.

Les gâteries les plus ridicules se mêlaient à ces pratiques barbares. Madame Adélaïde, l'aînée des princesses, était impérieuse et emportée; les bonnes religieuses ne cessaient de céder à ses ridicules fantaisies. Le maître de danse, seul professeur de talent d'agrément qui eût suivi Mesdames à Fontevrault, leur faisait apprendre une danse alors fort en vogue, qui s'appelait le *menuet couleur de rose*. Madame voulut qu'il se nommât le *menuet bleu*. Le maître résista à sa volonté, il prétendit qu'on se moquerait de lui à la cour, quand Madame parlerait *d'un menuet bleu*. La princesse refusa de prendre sa leçon, frappait du pied, et répétait *bleu, bleu; rose, rose*, disait le maître. La communauté s'assembla pour décider de ce cas si grave; les religieuses crièrent *bleu* comme Madame; le menuet fut débaptisé, et la princesse dansa. Parmi des femmes si peu dignes des fonctions d'institutrices, il s'était cependant trouvé une religieuse qui, par sa tendresse éclairée, et par les utiles preuves qu'elle en donnait à Mesdames, mérita leur attachement et obtint leur reconnaissance : c'était Madame de Soulanges qu'elles firent depuis nommer abbesse de Royal-Lieu (1). Elles s'occupèrent aussi

---

(1) Cette femme vertueuse mourut victime des fureurs révolutionnaires. Elle et ses nombreuses sœurs furent conduites le même jour à l'échafaud. En partant de la prison, sur la fatale charrette,

de l'avancement des neveux de cette dame; ceux de la mère Mac-Carthy qui les avait lâchement gâtées, portèrent long-temps le mousqueton de garde-du-roi à la porte de Mesdames, sans qu'elles songeassent à leur fortune.

Quand Mesdames, encore fort jeunes, furent revenues à la cour, elles jouirent de l'amitié de monseigneur le dauphin, et profitèrent de ses conseils. Elles se livrèrent avec ardeur à l'étude, et y consacrèrent presque tout leur temps; elles parvinrent à écrire correctement le français et à savoir très-bien l'histoire. Madame Adélaïde, surtout, eut un désir immodéré d'apprendre; elle apprit à jouer de tous les instrumens de musique, depuis le cor (me croirat-on ?) jusqu'à la guimbarde. L'italien, l'anglais, les hautes mathématiques, le tour, l'horlogerie, occupèrent successivement les loisirs de ces princesses. Madame Adélaïde avait eu un moment une figure charmante; mais jamais beauté n'a si promptement disparu que la sienne. Madame Victoire était belle et très-gracieuse; son accueil, son regard, son sourire étaient parfaitement d'accord avec la bonté de son ame. Madame Sophie était d'une rare laideur;

---

toutes entonnèrent le *Veni creator*. Arrivées au lieu du supplice, elles n'interrompirent point leurs chants : une tête tombait, et cessait de mêler sa voix à ce chœur céleste; mais les chants continuaient. L'abbesse périt la dernière, et sa voix restée seule, toujours plus sonore, fit toujours entendre le pieux verset. Elle cessa tout-à-coup; c'était le silence de la mort.

(*Note de madame Campan.*)

je n'ai jamais vu personne avoir l'air si effarouché ; elle marchait d'une vitesse extrême, et pour reconnaître, sans les regarder, les gens qui se rangeaient sur son passage, elle avait pris l'habitude de voir de côté, à la manière des lièvres. Cette princesse était d'une si grande timidité, qu'il était possible de la voir tous les jours, pendant des années, sans l'entendre prononcer un seul mot. On assurait cependant qu'elle montrait de l'esprit et même de l'amabilité dans la société de quelques dames préférées ; elle s'instruisait beaucoup, mais elle lisait seule ; la présence d'une lectrice l'eût infiniment gênée. Il y avait pourtant des occasions où cette princesse, si sauvage, devenait tout-à-coup affable, gracieuse et montrait la bonté la plus communicative ; c'était lorsqu'il faisait de l'orage : elle en avait peur, et tel était son effroi, qu'alors elle s'approchait des personnes les moins considérables ; elle leur faisait mille questions obligeantes ; voyait-elle un éclair, elle leur serrait la main ; pour un coup de tonnerre elle les eût embrassées ; mais le beau temps revenu, la princesse reprenait sa roideur, son silence, son air farouche, passait devant tout le monde sans faire attention à personne, jusqu'à ce qu'un nouvel orage vînt lui ramener sa peur et son affabilité.

Mesdames avaient trouvé dans un frère chéri, dont les hautes vertus sont connues de tous les Français, un guide pour tout ce qu'exigeait une éducation trop négligée dans leur enfance. Elles eurent dans leur auguste mère, Marie Leckzinska, le plus noble modèle de toutes les vertus pieuses et sociales; par ses éminentes qualités, par sa modeste dignité, cette princesse voilait les torts que trop malheureusement on était autorisé à reprocher au roi; et tant qu'elle vécut elle conserva, à la cour de Louis XV, cet aspect digne et imposant qui seul entretient le respect dû à la puissance. Les princesses ses filles furent dignes d'elle, et, si quelques êtres vils essayèrent de lancer contre elles les traits de la calomnie, ils tombèrent aussitôt repoussés par la haute idée qu'on avait de l'élévation de leurs sentimens et de la pureté de leur conduite.

Si Mesdames ne s'étaient pas imposé un grand nombre d'occupations, elles eussent été très à plaindre. Elles aimaient la promenade et ne pouvaient jouir que des jardins publics de Versailles : elles auraient eu du goût pour la culture des fleurs, et n'en pouvaient avoir que sur leurs fenêtres.

La marquise de Durfort, depuis duchesse de Civrac (1), avait procuré à madame Victoire les douceurs d'une société aimable. La princesse passait presque toutes ses soirées chez cette dame, et avait fini par s'y croire en famille.

Madame de Narbonne s'était de même empressée

---

(1) La duchesse de Civrac, grand'mère de deux héros de la Vendée, Lescure et La Roche-Jaquelin, par le mariage de sa fille aînée avec M. d'Onissan; et de l'infortuné Labédoyère, par le mariage de sa seconde fille avec M. de Chastellux.

(*Note de madame Campan.*)

de rendre sa société intime agréable à madame Adélaïde.

Depuis plusieurs années, madame Louise vivait très-retirée ; je lui faisais la lecture cinq heures par jour ; souvent ma voix se ressentait des fatigues de ma poitrine ; la princesse me préparait de l'eau sucrée, la plaçait auprès de moi, et s'excusait de me faire lire si long-temps sur la nécessité d'achever un cours de lecture qu'elle s'était prescrit.

Un soir, pendant que je lisais, on vint lui dire que M. Bertin, ministre des parties casuelles, demandait à lui parler ; elle sortit précipitamment, revint, reprit ses soies, sa broderie, me fit reprendre mon livre, et, quand je me retirai, elle m'ordonna d'être, le lendemain à onze heures du matin, dans son cabinet. Quand j'arrivai, la princesse était partie ; j'appris que le matin à sept heures elle s'était rendue au couvent des Carmélites de Saint-Denis où elle voulait prendre le voile ; je me rendis chez madame Victoire. Là j'appris que le roi seul avait connu le projet de madame Louise, qu'il en avait fidèlement gardé le secret, et qu'après s'être long-temps opposé à son désir, il lui avait envoyé la veille seulement son consentement ; qu'elle était entrée seule dans le couvent où elle était attendue ; que quelques instans après elle avait reparu à la grille, pour montrer à la princesse de Guistel, qui l'avait accompagnée, et à son écuyer, l'ordre du roi de la laisser dans le monastère.

A la nouvelle du départ de sa sœur, madame

Adélaïde avait eu de violens emportemens; elle avait adressé au roi des reproches fort durs sur le secret qu'il avait cru devoir en garder.

Madame Victoire perdait la société de la sœur qu'elle préférait; elle se contenta de verser en silence des larmes sur son abandon. La première fois que je revis cette excellente princesse, je me jetai à ses pieds, je baisai une de ses mains, et je lui demandai, avec la confiance de la jeunesse, si elle nous quitterait comme avait fait madame Louise? Elle me releva, m'embrassa et me dit, en me montrant la bergère à ressort dans laquelle elle était étendue: Rassurez-vous, mon enfant, je n'aurai jamais le courage qu'a eu Louise, j'aime trop les commodités de la vie; *voici un fauteuil qui me perd.* Aussitôt que j'en eus obtenu la permission, je fus à Saint-Denis voir mon auguste et sainte maîtresse; elle voulut bien me recevoir à visage découvert dans son parloir particulier; elle me dit qu'elle venait de quitter la buanderie, qu'elle était chargée ce jour-là de couler la lessive. « J'ai beaucoup
» abusé de vos jeunes poumons, deux ans avant
» d'exécuter mon projet, ajouta-t-elle; je savais
» que je ne pourrais plus lire ici que des li-
» vres destinés à notre salut, et je voulais re-
» passer tous les historiens qui m'avaient inté-
» ressée. »

Elle me raconta qu'on lui avait apporté l'agrément du roi pour se rendre à Saint-Denis pendant que je lui faisais la lecture; elle se flattait avec raison d'être rentrée dans son cabinet sans la moindre marque d'agitation, quoiqu'elle en éprouvât une si vive, me dit-elle, qu'elle avait de la peine à se rendre jusqu'à son fauteuil. Elle ajouta que les moralistes avaient raison lorsqu'ils disaient que le bonheur n'habite point dans les palais; qu'elle en avait acquis la certitude; que, si je voulais être heureuse, elle me conseillait de venir jouir d'une retraite où l'activité des idées pouvait se satisfaire en s'élevant vers un monde meilleur. Je n'avais point à faire à Dieu le sacrifice d'un palais et des grandeurs de la terre, mais celui de l'intérieur d'une famille bien unie; et c'est là que les moralistes qu'elle me citait ont justement placé le vrai bonheur. Je lui répondis que dans la vie privée l'absence d'une fille aimée, chérie, se faisait trop cruellement sentir à sa famille. La princesse n'ajouta rien à ce qu'elle m'avait dit (1).

---

(1) Les *Souvenirs de Félicie* contiennent aussi le récit d'une visite faite à Saint-Denis, par madame de Genlis. Comme les détails en sont intéressans, on nous saura gré de les citer ici.

« J'ai passé toute ma matinée à Saint-Denis. Madame la duchesse de Chartres allait aux Carmélites faire une visite à madame Louise; j'ai désiré la suivre, elle a bien voulu m'y mener. De tout temps, les personnes qui ont assez de force dans le caractère pour renoncer au faste et à la grandeur, ont excité l'admiration et la curiosité de tous les hommes. Il y a dans les *abdications* une sorte de magnanimité qui frappe et qui console le vulgaire : on aime à voir mépriser le rang où l'on ne peut atteindre. Il n'a fallu souvent que de l'audace et du bonheur pour s'élever au trône; mais pour en descendre volontairement, pour le quitter

On attribua la vocation de madame Louise à différens motifs : on eut l'injustice d'en supposer un dans le déplaisir d'être, pour le rang, la dernière des princesses. Je crois avoir pénétré la véritable cause.

Son ame était élevée, elle aimait les grandes choses; il lui était souvent arrivé d'interrompre ma lecture pour s'écrier : Voilà qui est beau! voilà qui est noble! Elle ne pouvait faire qu'une seule

───────────────────────────

avec calme et réflexion, il faut une ame peu commune et une véritable philosophie. Et quelle *abdication* que celle de la fille d'un souverain, d'un roi de France, quittant, sans retour, le palais de Versailles, pour habiter, jusqu'au tombeau, une cellule!...... Mon imagination me présentait tous les détails de ce sacrifice, et je ne pouvais concevoir qu'une personne de trente-cinq ans, élevée dans la pompe et dans la mollesse, pût supporter le genre de vie de ces austères recluses. Ces pensées m'occupaient sur la route de Saint-Denis, et je suis entrée avec émotion dans le parloir des Carmélites. Un instant après, le rideau de la grille a été tiré, et madame Louise a paru. Je ne puis exprimer la surprise que j'ai éprouvée en jetant les yeux sur elle. Madame Louise, qui était si maigre et si pâle, est extrêmement engraissée ; elle a le teint le plus frais, et les couleurs très-vives....... O paix de l'ame! doux accord des opinions et des sentimens avec les actions, la conduite et le genre de vie! C'est vous qui formez le bonheur; c'est vous qui donnez cette sérénité céleste qui maintient l'équilibre de nos forces, qui conserve le mouvement égal et salutaire des ressorts de notre existence! Lorsque rien de ce qu'on voit et de ce qu'on entend ne peut blesser et contrarier, que tout ce qui nous entoure est en harmonie avec nous, que nulle discordance, nulle opposition, ne trouble le calme de nos pensées, que tout doit fixer notre imagination et nos regards sur l'objet qui nous touche et sur le but vers lequel nous courons ; lorsqu'enfin l'exemple universel nous soutient dans notre marche, n'est-on

action d'éclat; quitter un palais pour une cellule, de riches vêtemens pour une robe de bure. Elle l'a faite.

Je vis encore madame Louise deux ou trois fois à sa grille. Ce fut Louis XVI qui m'apprit sa mort. « Ma
» tante Louise, me dit-il, votre ancienne maîtresse,
» vient de mourir à Saint-Denis, j'en reçois à l'instant
» la nouvelle; sa piété, sa résignation ont été ad-
» mirables, cependant le délire de ma bonne tante
» lui avait rappelé qu'elle était princesse, car ses

---

pas aussi heureux qu'on peut l'être sur la terre? Madame Louise permet les questions et y répond brièvement, mais avec bonté. Je désirais savoir quelle est la chose à laquelle, dans son nouvel état, elle a le plus de peine à s'accoutumer. Vous ne le devineriez jamais, a-t-elle répondu en souriant : c'est de descendre seule un petit escalier. Dans les commencemens, a-t-elle ajouté, c'était pour moi le précipice le plus effrayant; j'étais obligée de m'asseoir sur les marches et de me traîner, dans cette attitude, pour descendre.

» En effet, une princesse qui n'avait descendu que le grand escalier de marbre de Versailles, en s'appuyant sur le bras de son *chevalier d'honneur*..... et entourée de ses pages, a dû frémir en se trouvant livrée à elle-même sur le bord d'un escalier bien roide, en colimaçon. Elle connaissait long-temps d'avance toutes les austérités de la vie religieuse; pendant dix ans elle en avait secrètement pratiqué la plus grande partie dans le château de Versailles, mais elle n'avait jamais pensé aux *petits escaliers*. Ceci peut fournir le sujet de plus d'une réflexion sur l'éducation ridicule, à tant d'égards, que reçoivent en général les personnes de ce rang, qui, dès leur enfance, toujours suivies, aidées, escortées, sifflées, prévenues, sont ainsi privées de la plus grande partie des facultés que leur a données la nature *. » (*Note de l'édit.*)

* Les princes, aujourd'hui, sont mieux élevés, surtout en Angleterre, en Prusse, etc.; mais l'auteur écrivait ceci en 1773.

(*Note de madame de Genlis.*)

» dernières paroles ont été : *Au paradis, vite, vite,*
» *au grand-galop.* » Sans doute qu'elle croyait encore donner des ordres à son écuyer (1).

Madame Victoire, bonne, douce, affable, vivait avec la plus aimable simplicité dans une société qui la chérissait : elle était adorée de sa maison. Sans quitter Versailles, sans faire le sacrifice de sa moelleuse bergère, elle remplissait avec exactitude les devoirs de la religion, donnait aux pauvres tout ce qu'elle possédait, observait rigoureusement les jeûnes et le carême. Il est vrai qu'on reprochait à la table de Mesdames d'avoir acquis pour le maigre une renommée que portaient au loin les parasites assidus à la table de leur maître-d'hôtel. Madame Victoire n'était point insensible à la bonne chère, mais elle avait les scrupules les plus religieux sur les plats qu'elle pouvait manger au temps de pénitence. Je la vis un jour très-tourmentée de ses doutes sur un oiseau d'eau qu'on lui servait souvent pendant le carême. Il s'agissait de décider irrévocablement si cet oiseau était maigre ou gras. Elle consulta un évêque qui se trouvait à son dîner : le prélat prit aussitôt le son de voix positif, l'attitude grave d'un juge en dernier ressort. Il répondit à la princesse qu'il

---

(1) Puisque madame Campan rapporte cette anecdote, je ne la révoquerai point en doute ; mais elle paraît s'accorder peu avec les sentimens pieux et les discours toujours réservés de Louis XVI. (*Note de l'édit.*)

avait été décidé, qu'en un semblable doute, après avoir fait cuire l'oiseau, il fallait le piquer sur un plat d'argent très-froid ; que si le jus de l'animal se figeait dans l'espace d'un quart d'heure, l'animal était réputé gras; que si le jus restait en huile, on pouvait le manger en tout temps sans inquiétude. Madame Victoire fit aussitôt faire l'épreuve, le jus ne figea point; ce fut une joie pour la princesse qui aimait beaucoup cette espèce de gibier. Le maigre qui occupait tant madame Victoire l'incommodait, aussi attendait-elle avec impatience le coup de minuit du samedi-saint; on lui servait aussitôt une bonne volaille au riz, et plusieurs autres mets succulens. Elle avouait avec une si aimable franchise son goût pour la bonne chère et pour les commodités de la vie, qu'il aurait fallu être aussi sévère en principes, qu'insensible aux excellentes qualités de cette princesse, pour lui en faire un crime.

Madame Adélaïde avait plus d'esprit que madame Victoire; mais elle manquait absolument de cette bonté qui, seule, fait aimer les grands : des manières brusques, une voix dure, une prononciation brève, la rendaient plus qu'imposante. Elle portait très-loin l'idée des prérogatives du rang. Un de ses chapelains eut le malheur de dire *Dominus vobiscum* d'un air trop aisé : la princesse l'apostropha rudement après la messe pour lui dire de se souvenir qu'il n'était pas évêque, et de ne plus s'aviser d'officier en prélat.

Mesdames vivaient entièrement séparées du roi. Depuis la mort de madame de Pompadour, le roi vivait seul. Les ennemis du duc de Choiseul ne savaient donc dans quel salon, ni par quelle voie ils pourraient préparer et amener la chute de l'homme qui les importunait. Le roi n'avait de relations qu'avec des femmes d'une classe si vile, qu'on ne pouvait s'en servir pour une intrigue de longue suite; d'ailleurs, le Parc-aux-Cerfs était un sérail dont les beautés se renouvelaient souvent (1) : on voulut donner au roi une maîtresse qui pût avoir un cercle, et dans le salon de qui on pût triompher, par la puissance des insinuations journalières, de l'ancien attachement du roi pour le duc de Choiseul. Il est vrai qu'on choisit madame Du Barry dans une classe bien vile. Son origine, son éducation, ses habitudes, tout portait en elle un caractère vulgaire et honteux; mais on la fit épouser à un homme qui datait de quatorze cent, et on crut sauver le scandale. Ce fut le vainqueur de Mahon qui conduisit une aussi sale intrigue (2). Cette maîtresse avait été très-habilement choisie pour égayer les dernières années d'un homme importuné des grandeurs,

---

(1) On trouvera, dans le volume qui contient les *anecdotes et souvenirs*, des détails sur le Parc-aux-Cerfs. (*Note de l'édit.*)

(2) Il semblait qu'on eût à cette époque perdu presque tout sentiment de dignité. « Peu de seigneurs de la cour de France, dit un écrivain du temps, se préservèrent de la corruption générale : M. le maréchal de Brissac était un de ces derniers. On le plaisantait sur la rigidité de ses principes d'honneur et de probité ; on

ennuyé des plaisirs, rassasié de volupté. L'esprit, les talens, les grâces de la marquise de Pompadour, sa beauté régulière, et jusqu'à son amour pour le roi, n'auraient plus eu d'empire sur cet être usé.

Il lui fallait une Roxelane d'une gaieté familière, sans respect pour la dignité du souverain. Madame Du Barry porta l'oubli des convenances jusqu'à vouloir un jour assister au conseil-d'État : le roi eut la faiblesse d'y consentir ; elle y resta ridiculement perchée sur le bras de son fauteuil, et y fit toutes les petites singeries enfantines qui doivent plaire aux vieux sultans (1).

Une autre fois elle saisit dans les mains du roi tout un paquet de lettres encore cachetées, parmi lesquelles elle en avait reconnu une du comte de Broglie ; elle dit au roi qu'elle savait que ce vilain Broglie lui disait du mal d'elle, et qu'au moins elle s'assurerait que cette fois il ne lirait rien d'écrit sur son compte. Le roi voulut se saisir du paquet, elle résista, lui fit faire deux ou trois fois le tour de

---

trouvait étrange qu'il se fâchât parce qu'on le croyait, comme tant d'autres, exposé aux disgrâces de l'hymen. Louis XV qui était présent, et qui riait de sa colère, lui dit : « Allons, M. de » Brissac, ne vous fâchez point, c'est un petit malheur, ayez bon » courage. — Sire, répondit M. de Brissac, j'ai toutes les es- » pèces de courage, excepté celui de la honte. »

(*Note de l'édit.*)

(1) Pour éviter d'inutiles répétitions, nous renvoyons le lecteur aux Mémoires du général Dumouriez, qui contiennent, tome Ier, p. 142, de curieux détails sur madame Du Barry. (*Note de l'édit.*)

la table qui était au milieu de la salle du conseil, puis en passant devant la cheminée elle y jeta les lettres qui furent consumées. Le roi devint furieux; il saisit son audacieuse maîtresse par le bras et la mit à la porte sans lui parler. Madame Du Barry se crut disgraciée ; elle rentra chez elle et resta seule pendant deux heures livrée à la plus grande inquiétude. Le roi vint la trouver; la comtesse, en larmes, se précipita à ses pieds, et il lui pardonna.

La maréchale de Beauvau, la duchesse de Choiseul et la duchesse de Grammont avaient renoncé à l'honneur de la société intime du roi, plutôt que de s'y trouver avec madame Du Barry. Mais quelques années après la mort de Louis XV, la maréchale étant seule au Val avec mademoiselle de Dillon, vit la calèche de la comtesse s'abriter dans la forêt de Saint-Germain pendant un violent orage. Elle lui fit offrir d'entrer, et ce fut la comtesse qui raconta ces détails que je tiens de la maréchale de Beauvau (1).

---

(1) Chamfort raconte, avec des circonstances différentes, la visite de madame Du Barry au Val.

« Madame Du Barry, dit-il, étant à Vincennes, eut la curiosité de voir le Val, maison de M. de Beauvau. Elle fit demander à celui-ci si cela ne déplairait pas à madame de Beauvau. Madame de Beauvau crut plaisant de s'y trouver et d'en faire les honneurs. On parla de ce qui s'était passé sous Louis XV. Madame Du Barry se plaignit de différentes choses qui semblaient faire voir qu'on haïssait sa personne. Point du tout, dit madame de Beauvau, nous n'en voulions qu'à votre place. Après cet aveu naïf, on

Le comte Du Barry, surnommé le *roué*, et mademoiselle Du Barry conseillaient ou plutôt sifflaient madame Du Barry, d'après les plans du parti du maréchal de Richelieu et du duc d'Aiguillon. Quelquefois même ils la faisaient agir dans un sens utile à de grands mouvemens politiques. Sous prétexte que le page qui accompagna Charles Ier dans la fuite de ce monarque, était un *Du Barry* ou *Barrymore*, on fit acheter, à Londres, à la comtesse Du Barry, le beau portrait que nous avons à présent dans le Muséum. Elle fit placer le tableau dans son salon, et quand elle voyait le roi incertain sur la mesure violente qu'il avait à prendre pour casser son parlement, et former celui qu'on appela le parlement Maupeou, elle lui disait de regarder le portrait d'un roi qui avait fléchi devant son parlement.

Les ambitieux qui travaillaient à renverser le duc de Choiseul se fortifièrent par leur réunion chez la favorite, et vinrent à bout de leur projet. Les dévots qui ne pardonnaient pas à ce ministre la destruction des jésuites, et qui avaient toujours été opposés au traité d'alliance avec l'Autriche, influen-

---

demanda à madame Du Barry si Louis XV ne disait pas beaucoup de mal d'elle (madame de Beauvau) et de madame de Grammont : « Oh ! beaucoup. — Eh bien, quel mal de moi, par exemple ? — De vous, Madame ? que vous étiez hautaine, intrigante ; que vous meniez votre mari par le nez. » M. de Beauvau était présent : on se hâta de changer de conversation. »

(*Note de l'édit.*)

çaient l'esprit de Mesdames. Le duc de La Vauguyon, gouverneur du jeune dauphin, lui inspirait les mêmes préventions.

Telle était la disposition des esprits, lorsque la jeune archiduchesse Marie-Antoinette arriva dans la cour de Versailles, au moment où le parti qui l'y amenait était près d'être renversé (1).

Madame Adélaïde avouait hautement son éloignement pour une princesse de la maison d'Autriche; et lorsque M. Campan fut prendre ses ordres, au moment de partir avec la maison de la dauphine, pour aller la recevoir aux frontières, elle lui dit : Qu'elle désapprouvait le mariage de son neveu avec une archiduchesse, et que, si elle avait des ordres à donner, ce ne serait pas pour envoyer chercher une Autrichienne.

---

(1) Voyez dans les *Eclaircissemens historiques*, sous la lettre (A), un morceau qui fait connaître la force, les moyens, les projets, les espérances de deux partis qui divisaient, à cette époque, la cour de Louis XV.

Ces *Eclaircissemens* et *Pièces historiques* se partagent en deux classes. Ceux que madame Campan avait pris elle-même le soin de recueillir ou de rédiger, seront imprimés dans le caractère des Mémoires dont ils sont inséparables, et désignés par des astérisques. Des lettres capitales indiqueront les documens que l'éditeur a cru devoir rassembler.

(*Note de l'édit.*)

CHAPITRE II.

Naissance de Marie-Antoinette marquée par un désastre mémorable. — Vers du poëte Métastase. — Pressentimens de l'empereur François Ier. — Un trait du caractère de Marie-Thérèse. — Elle ordonne à l'archiduchesse Josèphe d'aller prier dans le caveau destiné à la famille impériale. — Éducation des archiduchesses. — Charlatanisme employé pour faire croire à des connaissances qu'elles n'avaient pas. — Marie-Antoinette a la bonne foi d'en convenir. — Sa modestie, sa facilité pour apprendre. — Instituteurs que lui avait donnés la cour de Vienne. — Instituteur que lui envoie la cour de France. — L'abbé de Vermond. — Comment il est admis au cercle de la famille impériale. — Rôle équivoque qu'il joue à la cour de France. — Son portrait. — Changement dans le ministère français. — Le cardinal de Rohan remplace le baron de Breteuil comme ambassadeur à Vienne. — Portrait de ce prélat : son luxe, ses prodigalités, ses fautes à la cour de Marie-Thérèse.

MARIE-ANTOINETTE-JOSÈPHE-JEANNE DE LORRAINE, archiduchesse d'Autriche, fille de François de Lorraine et de Marie-Thérèse, naquit le 2 novembre 1755, jour du tremblement de terre de Lisbonne ; et cette catastrophe qui semblait marquer d'un sceau fatal l'époque de sa naissance, sans être pour la princesse un motif de crainte superstitieuse, avait pourtant fait impression sur son esprit. Comme l'impératrice avait déjà un grand nombre de filles, elle désirait vivement avoir encore un fils, et paria, contre son vœu, une discrétion avec le duc de Tarouka qui avait soutenu qu'elle donnerait le jour à un archiduc. Il perdit par la naissance de la princesse, et fit exécuter en porcelaine une figure qui avait un genou en terre, et présentait des tablettes sur lesquelles le célèbre Métastase fit graver les vers suivans (1) :

Jo perdei : l'augusta figlia
A pagar, m'a condannato ;
Ma s'è ver che a voi somoglia,
Tutto il mondo ha guadagnato.

La reine s'entretenait avec plaisir des premières années de sa jeunesse. Son père, l'empereur François, avait fait une profonde impression sur son cœur ; elle le perdit qu'elle avait à peine sept ans. Une de ces circonstances qui se gravent fortement dans la mémoire des enfans, lui rappelait souvent ses dernières caresses. L'empereur partit pour Inspruck ; il était déjà sorti de son palais, lorsqu'il

---

(1) La réputation de Métastase s'étant répandue en Europe, après le succès de son opéra, intitulé : *Didone abbandonata*, l'empereur Charles VI l'appela dans sa cour. Il reçut le titre de *poeta cesareo* avec un traitement de trois mille florins. Ce fut à Vienne, où il vécut aimé, estimé, honoré même de l'impératrice Marie-Thérèse, qu'il composa la plupart de ses chefs-d'œuvre. N'oublions pas que, dans le nombre des poésies légères qui étaient pour sa muse d'agréables délassemens, et qu'il offrait aux jeunes archiduchesses, se trouve une cantate flatteuse pour la nation française.

(*Note de l'édit.*)

donna l'ordre à un gentilhomme d'aller prendre l'archiduchesse Marie-Antoinette et de l'apporter à sa voiture. Quand elle fut arrivée, il tendit les bras pour la recevoir, et dit après l'avoir pressée contre son cœur : « J'avais besoin d'embrasser en- » core cet enfant. » L'empereur mourut subitement pendant ce voyage, et ne revit jamais sa fille chérie.

La reine parlait souvent de sa mère avec un profond respect, mais elle avait formé tous ses projets pour l'éducation de ses enfans d'après les choses essentielles qui avaient été négligées dans la sienne. Marie-Thérèse, imposante par ses grandes qualités, inspirait aux archiduchesses plus de crainte et de respect que d'amour ; c'est au moins ce que j'ai remarqué dans les sentimens de la reine pour son auguste mère ; aussi désirait-elle ne jamais établir entre elle et ses enfans cette distance qui avait existé dans la famille impériale. Elle en citait un effet funeste, et qui lui avait fait une impression si forte que le temps n'avait pu l'effacer. Lorsque l'empereur Joseph II perdit sa femme, elle lui fut enlevée en peu de jours par une petite vérole de la plus mauvaise qualité. Son cercueil venait d'être déposé dans le caveau de la famille impériale. L'archiduchesse Josèphe, accordée au roi de Naples, au moment de quitter Vienne, reçut de l'impératrice l'ordre de ne point partir sans avoir été faire une prière dans le caveau de ses pères ; la jeune archiduchesse, persuadée qu'elle gagnerait la maladie dont sa belle-sœur venait d'être la victime, regarda cet ordre comme son arrêt de mort. Elle aimait tendrement la jeune archiduchesse Marie-Antoinette : elle la prit sur ses genoux, l'embrassa en pleurant, et lui dit qu'elle ne la quitterait pas pour se rendre à Naples, mais bien pour ne la plus revoir; qu'elle allait descendre au caveau de ses pères, mais qu'elle y retournerait bientôt pour y rester. Son pressentiment fut réalisé; une petite vérole confluente l'emporta en peu de jours. Sa sœur cadette monta à sa place sur le trône de Naples.

L'impératrice était trop occupée de grands intérêts politiques, pour pouvoir se livrer aux soins de la maternité. Le célèbre Wanswitten, son médecin, venait visiter tous les matins la jeune famille impériale, se rendait ensuite près de Marie-Thérèse et lui donnait les détails les plus circonstanciés sur la santé des archiducs et des archiduchesses qu'elle ne voyait quelquefois qu'après un intervalle de huit ou dix jours. Aussitôt qu'on avait connaissance de l'arrivée d'un étranger de marque à Vienne, l'impératrice s'environnait de sa famille, l'admettait à sa table, et donnait à croire, par ce rapprochement calculé, qu'elle-même présidait à l'éducation de ses enfans.

Les grandes maîtresses, n'ayant aucune inspection à craindre de la part de Marie-Thérèse, cherchèrent à se faire aimer de leurs élèves en suivant la route si blâmable et si commune d'une indulgence funeste aux progrès et au bonheur futur de l'enfance. Marie-Antoinette fit congédier sa grande maîtresse en avouant à l'impératrice que toutes ses pages d'écriture et toutes ses lettres étaient habituellement tracées au crayon ; la comtesse de Brandès fut nommée pour remplacer cette gouvernante, et s'acquitta de ses devoirs avec beaucoup d'exactitude et de talent. La reine regardait comme un malheur pour elle d'avoir été trop tard confiée à ses soins, et resta toujours en relation d'amitié avec cette dame. L'éducation de Marie-Antoinette fut donc très-négligée (1). Les papiers publics retentissaient cependant de la supériorité des talens de la jeune famille de Marie-Thérèse. On y rendait souvent compte des réponses que les jeunes princesses faisaient en latin aux harangues qui leur étaient adressées ; elles les prononçaient il est vrai, mais sans les comprendre : elles ne savaient pas un mot de cette langue.

On parlait un jour à la reine d'un dessin fait par elle et donné par l'impératrice à M. Gérard, premier commis des affaires étrangères, lorsqu'il avait été à Vienne pour rédiger les articles de son contrat

---

(1) A l'exception de la langue italienne, tout ce qui tient aux belles-lettres, et surtout à l'histoire de son pays même, lui était à peu près inconnu. On s'en aperçut bientôt à la cour de France, et de-là vient l'opinion assez généralement répandue qu'elle manquait d'esprit. On verra dans la suite de ces Mémoires si cette opinion était bien ou mal fondée.

(*Note de madame Campan.*)

de mariage. Je rougirais, répondit-elle, si l'on me présentait cette preuve de la charlatanerie de mon éducation; je ne crois pas avoir une seule fois posé le crayon sur ce dessin. Cependant elle savait parfaitement ce qui lui avait été enseigné. Sa facilité à apprendre était inconcevable, et si tous ses maîtres eussent été aussi instruits et aussi fidèles à leurs devoirs que l'abbé Métastase, qui lui avait enseigné l'italien, elle aurait atteint le même degré de supériorité dans les autres parties de son éducation. La reine parlait cette langue avec grâce et facilité, et traduisait les poëtes les plus difficiles. Elle n'écrivait pas le français correctement, mais elle le parlait avec la plus grande aisance, et mettait même de l'affectation à dire qu'elle ne savait plus l'allemand. En effet, elle voulut essayer, en 1787, d'apprendre sa langue maternelle, et en prit des leçons avec assiduité pendant six semaines; elle fut obligée d'y renoncer, éprouvant toutes les difficultés qu'aurait à vaincre une Française qui se livrerait trop tard à cette étude. Elle abandonna de même l'anglais que je lui avais enseigné pendant quelque temps, et dans lequel elle avait fait des progrès rapides. La musique était le talent qui plaisait le plus à la reine. Elle ne jouait bien d'aucun instrument, mais elle était parvenue à déchiffrer à livre ouvert, comme le meilleur professeur. Elle avait acquis ce degré de perfection en France, cette partie de son éducation ayant été aussi négligée à Vienne que les autres. Peu de jours après son arrivée à Versailles, on lui présenta son maître de chant; c'était La Garde, auteur de l'opéra d'Églé. Elle lui donna un rendez-vous pour un temps assez éloigné, ayant besoin, disait-elle, de se reposer des fatigues de la route et des fêtes nombreuses qui avaient eu lieu à Versailles; mais son motif réel était de cacher à quel point elle ignorait les premiers élémens de la musique. Elle demanda à M. Campan si son fils, qui était bon musicien, pourrait en secret lui donner, pendant trois mois, des leçons : « Il » faut, ajouta-t-elle en souriant, que la dauphine » prenne soin de la réputation de l'archiduchesse. » Les leçons s'établirent secrètement, et, au bout de trois mois de travail constant, elle fit appeler M. La Garde et l'étonna par sa facilité.

Le désir de perfectionner Marie-Antoinette dans l'étude de la langue française fut probablement le motif qui avait déterminé Marie-Thérèse à lui donner pour maîtres et lecteurs deux comédiens français, *Aufresne* pour la prononciation et la déclamation, et un nommé *Sainville* pour le goût du chant français; ce dernier avait été officier en France, et passait pour un mauvais sujet. Ce choix déplut justement à notre cour. Le marquis de Durfort, alors ambassadeur à Vienne, reçut l'ordre de faire des représentations à l'impératrice sur un pareil choix. Les deux acteurs furent congédiés, et cette princesse demanda qu'on lui adressât un ecclésiastique. Ce fut à cette époque que le duc de Choiseul s'occupa de lui envoyer un instituteur. Plusieurs ecclésiastiques distingués refusèrent de se charger de fonctions aussi délicates ; d'autres désignés par Marie-Thérèse (entre autres l'abbé Grisel) tenaient à des partis qui devaient les faire exclure.

M. l'archevêque de Toulouse, depuis archevêque de Sens, entra un jour chez M. le duc de Choiseul, au moment où il était véritablement embarrassé pour cette nomination; il lui proposa l'abbé de Vermond, bibliothécaire du collége des Quatre-Nations. Le bien qu'il dit de son protégé le fit agréer le jour même; et la reconnaissance de l'abbé de Vermond pour le prélat fut bien funeste à la France, puisque, après dix-sept ans d'efforts persévérans pour l'amener au ministère, il parvint à le faire nommer contrôleur-général et chef du conseil.

Cet abbé de Vermond, dont les historiens parleront peu parce que son pouvoir était resté dans l'ombre, déterminait presque toutes les actions de la reine. Il avait établi son influence sur elle dans l'âge où les impressions sont le plus durables, et il était aisé de voir qu'il n'avait cherché qu'à se faire aimer de son élève, et s'était très-peu occupé du soin de l'instruire. On pourrait l'accuser même d'avoir, par un calcul adroit mais coupable, laissé son élève dans l'ignorance. Marie-Antoinette parlait la langue française avec beaucoup d'agrément, mais l'écrivait moins bien. L'abbé de Vermond revoyait toutes les lettres qu'elle envoyait à Vienne.

La fatuité insoutenable avec laquelle il s'en vantait, dévoilait le caractère d'un homme plus flatté d'être initié dans les secrets intimes, que jaloux d'avoir rempli dignement les importantes fonctions d'instituteur.

Son orgueil avait pris naissance à Vienne, où Marie-Thérèse, autant pour lui donner du crédit sur l'esprit de l'archiduchesse, que pour s'emparer du sien, lui avait permis de se rendre tous les soirs au cercle intime de sa famille, où depuis quelque temps la future dauphine était elle-même admise. Joseph II, les archiduchesses aînées, quelques seigneurs honorés de la confiance de Marie-Thérèse, formaient cette réunion; et tout ce qu'on peut attendre de personnes d'un rang élevé, en réflexions sur le monde, sur les cours et sur les devoirs des princes, faisait le sujet habituel de ces entretiens. L'abbé de Vermond, en racontant ces détails, avouait le moyen qu'il avait employé pour être admis dans ce cercle intime. L'impératrice, l'ayant rencontré chez l'archiduchesse, lui demanda s'il avait formé quelques liaisons à Vienne? « Aucune,
» Madame, répondit-il; l'appartement de madame
» l'archiduchesse et l'hôtel de l'ambassadeur de
» France, sont les seuls lieux que doive fréquen-
» ter l'homme honoré du soin de l'éducation de la
» princesse. » Un mois après, Marie-Thérèse, par une habitude assez ordinaire aux souverains, rencontrant l'abbé, lui fit la même question, et sa réponse fut exactement semblable. Le lendemain

il reçut l'ordre de se rendre tous les soirs au cercle de la famille impériale.

Il est très-probable, par les relations constantes et connues de cet homme avec le comte de Mercy, ambassadeur de l'Empire pendant toute la durée du règne de Louis XVI, qu'il était utile à la cour de Vienne (1), et qu'il a souvent déterminé la reine à des démarches dont elle n'appréciait pas les conséquences. [Né dans une classe obscure de la bourgeoisie (2), imbu de tous les principes de la philosophie moderne, et cependant tenant plus qu'aucun ecclésiastique à la hiérarchie du clergé, vain, bavard, fin et brusque à la fois, fort laid et affectant l'homme singulier; traitant les gens les plus élevés comme ses égaux, quelquefois même comme ses inférieurs, l'abbé de Vermond recevait des ministres et des évêques dans son bain; mais disait en même temps que le cardinal Dubois avait été un sot; qu'il fallait qu'un homme de sa sorte, parvenu au crédit, fît des cardinaux et refusât de l'être.

---

(1) Comment supportez-vous ce bavard ennuyeux? disait un jour au comte de Mercy une personne qui avait dîné avec l'abbé de Vermond chez cet ambassadeur.—Comment me le demandez-vous? répondit M. de Mercy; vous pourriez vous-même faire la réponse : c'est que j'en ai besoin.

(*Note de madame Campan.*)

(1) Fils d'un chirurgien de village, et frère d'un accoucheur qui le fut de la reine, l'abbé de Vermond, quand il était chez Sa Majesté, n'appelait jamais son frère que *M. l'accoucheur*, en lui adressant la parole.

(*Note de madame Campan.*)

Enivré de la réception que la cour de Vienne lui avait faite, n'ayant rien vu de grand avant cette époque, l'abbé de Vermond n'admirait et n'estimait que les usages de la famille impériale; il ne cessait de tourner en dérision l'étiquette de la maison de Bourbon; la jeune dauphine était sans cesse excitée par ses sarcasmes à s'en dégager, et ce fut lui qui, le premier, lui fit supprimer une infinité d'usages dont il ne jugeait ni la sagesse ni le but politique. Tel est le portrait exact de cet homme que l'étoile funeste de Marie-Antoinette lui avait réservé pour guider ses premiers pas sur un théâtre aussi éminent et aussi dangereux que celui de la cour de Versailles.

On trouvera peut-être que je peins sévèrement le caractère de l'abbé de Vermond; mais comment pourrais-je voir sous des couleurs favorables un homme qui, après s'être arrogé le rôle important de confident et de conseiller unique de la reine, la dirigea avec si peu de prudence, et nous donna la douleur de voir cette princesse mêler à des qualités qui faisaient le charme de tout ce qui l'environnait, des torts qui nuisaient à sa gloire et à son bonheur? Quand volontairement un homme s'empare de devoirs aussi importans, le succès complet peut seul légitimer son ambition.

Tandis que M. de Choiseul, satisfait du sujet que M. de Brienne lui avait présenté, l'envoyait à Vienne avec tous les éloges faits pour inspirer une confiance illimitée, le marquis de Durfort faisait partir un valet de chambre coiffeur et quelques modes françaises, et l'on crut avoir pris des précautions suffisantes pour former une princesse destinée au trône de France.

Tout le monde sait que le mariage de monseigneur le dauphin avec l'archiduchesse avait été arrêté à l'époque de la puissance du duc de Choiseul. La procuration pour la cérémonie du mariage fut donnée au marquis de Durfort, qui devait remplacer dans l'ambassade de Vienne le baron de Breteuil; mais six mois après le mariage du dauphin, le duc de Choiseul fut disgracié, et mesdames de Marsan et de Guéménée, qui se trouvèrent plus puissantes par la disgrâce du duc, firent donner cette ambassade au prince Louis de Rohan, depuis cardinal et grand-aumonier.

La Gazette de France suffit donc pour répondre aux libellistes ignorans qui ont osé dire que la jeune archiduchesse avait connu le cardinal de Rohan avant l'époque de son mariage. On ne pouvait faire un choix plus mauvais en lui-même et plus désagréable à Marie-Thérèse, qu'en lui envoyant, comme ambassadeur, un homme aussi léger et aussi immoral que l'était le prince Louis de Rohan. Il n'avait que de faibles teintures en tous genres, et ignorait tout ce qui peut servir à la diplomatie. Sa réputation l'avait précédé à Vienne, et sa mission s'entama sous les auspices les plus défavorables. Manquant d'argent, et la maison de Rohan ne pouvant lui faire de grandes avances, il obtint de sa cour un brevet qui l'autorisait à emprunter sur ses bénéfices la somme de 600,000 liv., s'endetta de plus d'un million, et crut éblouir la ville et la cour de Vienne par le luxe le plus indécent et en même temps le plus mal entendu. Il s'était attaché huit ou dix gentilshommes portant d'assez beaux noms, douze pages également bien nés, une foule d'officiers et de valets, une musique de chambre, etc. Mais ce vain éclat ne fut pas de durée; l'embarras et la détresse ne tardèrent pas à se faire remarquer; ses gens n'étant plus payés, abusèrent pour faire de l'argent du privilége des franchises, et firent la contrebande (1) avec tant d'impudeur que Marie-Thérèse, pour la faire cesser et ménager la cour de France, fut obligée de supprimer les franchises de tous les corps diplomatiques, ce qui rendit la personne et la conduite du prince Louis odieuse dans toutes les cours étrangères. Il obtenait rarement des audiences particulières de l'impératrice qui ne l'estimait pas, et s'exprimait sans ménagement sur sa conduite comme évêque et comme ambassadeur (2). Il crut

---

(1) J'ai souvent entendu raconter à la reine qu'il s'était vendu en un an, dans le secrétariat du prince de Rohan, à Vienne, plus de bas de soie qu'à Lyon et à Paris.

(*Note de madame Campan.*)

(2) Ce prélat, vain, léger, dissipateur, avait près de lui, pour conseil et pour secrétaire d'ambassade, un homme capable, adroit, rusé, instruit, laborieux : c'était un jésuite. L'abbé Georgel jouissait de toute la confiance du prince de Rohan, et la méritait par son dévouement et son habileté. Une circonstance singulière,

se mettre en faveur en travaillant au mariage de l'archiduchesse Élisabeth, sœur aînée de Marie-Antoinette, avec Louis XV, affaire qui fut gauchement entreprise, et que madame Du Barry n'eut pas de peine à faire échouer. J'ai cru ne devoir négliger aucun détail sur le caractère moral et politique d'un homme dont l'existence a été dans la suite si funeste à la gloire de Marie-Antoinette.

---

romanesque, et qu'il a racontée lui-même dans des Mémoires un peu longs, mais souvent curieux, lui découvrit les secrets de la cour de Vienne. On trouvera dans les Éclaircissemens le récit de cette anecdote : elle se rattache à l'histoire d'une ambassade qui, quoi qu'en dise ici madame Campan, fut sans dignité peut-être, mais ne fut ni sans adresse ni sans succès dans ce genre de guerre sourde et cachée que se font les diplomates (lettre B). J'y joins un morceau remarquable (lettre C) par les détails qu'il renferme sur les moyens employés autrefois à Vienne, à Londres, à Paris, dans toutes les cours, et surtout par Louis XIV, par Marie-Thérèse et Louis XV, pour gager des espions intelligens, corrompre la fidélité des commis, surprendre le secret des chiffres, et violer celui des lettres : moyens honteux, mais utiles, que la probité repousse, dont les gouvernemens rougissent, sans doute, et qu'ils feraient encore mieux de ne pas employer.

(*Note de l'édit.*)

CHAPITRE III.

Arrivée de l'archiduchesse en France. — Madame de Noailles, sa dame d'honneur.—Comment elle s'attira le surnom de *madame l'Étiquette*.—Brillante réception de la dauphine à Versailles. — Sa beauté, sa franchise; grâce et noblesse de son maintien. — Elle charme Louis XV. — Jalousie de madame Du Barry. — Evénement malheureux de la place Louis XV. — Trait de sensibilité de la dauphine. — Mot spirituel. — Anecdotes. — Elle fait son entrée à Paris. — Enthousiasme des habitans. — Froideur du dauphin. — Intrigues de cour. — Société intime du dauphin, des princes ses frères, et de leurs épouses.—Les trois princesses et les deux frères du dauphin jouent la comédie en cachette.—Singulière circonstance qui interrompt ce genre d'amusement.—Les courtisans se rapprochent de Marie-Antoinette et du dauphin.

On avait préparé, sur les frontières auprès de Kell, un superbe pavillon composé d'un très-vaste salon qui communiquait à deux appartemens : l'un où devaient se tenir les dames et les seigneurs de la cour de Vienne, l'autre destiné à la suite de la dauphine, composée de madame la comtesse de Noailles, sa dame d'honneur; madame la duchesse de Cossé, sa dame d'atours; quatre dames du palais, M. le comte de Saulx-Tavannes, chevalier d'honneur; M. le comte de Tessé, premier écuyer; M. l'évêque de Chartres, premier aumonier, les officiers des gardes-du-corps et les écuyers.

Lorsqu'on eut entièrement déshabillé madame la dauphine, pour qu'elle ne conservât rien d'une cour étrangère, pas même sa chemise et ses bas (étiquette toujours observée dans cette circonstance), les portes s'ouvrirent; la jeune princesse s'avança cherchant des yeux la comtesse de Noailles, puis s'élança dans ses bras, en lui demandant, les larmes aux yeux, et avec une franchise qui partait de son cœur, de la diriger, de la conseiller, d'être en tout son guide et son appui. On ne put qu'admirer cette marche aérienne : on était séduit par un seul sourire; et dans cet être tout enchanteur, où brillait l'éclat de la gaieté française, je ne sais quelle sérénité auguste, peut-être aussi l'attitude un peu fière de sa tête et des épaules, faisait retrouver la fille des Césars.

En rendant justice aux vertus de la comtesse de Noailles, les gens sincèrement attachés à la reine ont toujours regardé comme un de ses premiers malheurs, peut-être même comme le plus grand qu'elle pût éprouver à son entrée dans le monde, de n'avoir pas rencontré, dans la personne naturellement placée pour être son conseil, une femme indulgente, éclairée, et unissant à des avis sages cette grâce qui décide la jeunesse à les suivre. Madame la comtesse de Noailles n'avait rien d'agréable dans son extérieur; son maintien était roide, son air sévère. Elle connaissait parfaitement l'étiquette; mais elle en fatiguait la jeune princesse sans lui en démontrer l'importance. Toutes ces formes étaient gênantes à la vérité; mais elles avaient été calculées sur la nécessité de présenter aux Français tout ce qui peut leur commander le respect, et surtout de garantir une jeune princesse, par un entourage imposant, des traits mortels de la calomnie. Il aurait fallu faire sentir à la dauphine qu'en France sa dignité tenait beaucoup à des usages qui n'étaient nullement nécessaires à Vienne pour faire respecter et chérir la famille impériale par les bons et soumis Autrichiens. La dauphine était donc perpétuellement importunée par les représentations de la comtesse de Noailles, et en même temps excitée par l'abbé de Vermond à tourner en dérision et les préceptes sur l'étiquette et celle qui les donnait. Elle écouta plutôt la raillerie que la raison, et surnomma madame la comtesse de Noailles: *madame l'Étiquette.* Cette plaisanterie fit présumer qu'aussitôt que la jeune princesse agirait selon ses volontés, elle se soustrairait aux usages imposans (1).

---

(1) Madame la comtesse de Noailles, dame d'honneur de la reine, était remplie de vertus; la piété, la charité, des mœurs irréprochables faisaient d'elle une personne vénérable; mais tout ce qu'un esprit exactement borné peut ajouter d'importun, même aux plus nobles qualités, la dame d'honneur en était abondamment pourvue. Il eût fallu à la reine une dame d'honneur qui lui fît bien connaître l'origine de ces étiquettes, à la vérité très-gênantes, mais érigées comme une barrière imposante contre la malveillance. L'usage d'avoir des dames et des chevaliers d'honneur, celui de porter des vertugadins de trois aunes de tour, a sans doute été inventé pour donner à nos jeunes princesses un entourage si respec-

Les fêtes qui eurent lieu à Versailles pour le mariage du dauphin, furent très-brillantes. La dauphine y arriva pour l'heure de sa toilette, après avoir couché à la Muette, où Louis XV avait été la recevoir, et où ce prince, aveuglé par un sentiment indigne d'un souverain et d'un père de famille, avait fait souper la jeune princesse, la famille royale et les dames de la cour avec madame Du Barry.

La dauphine en fut blessée; elle en parlait assez ouvertement dans son intérieur, mais elle sut dissimuler son mécontentement en public, et son maintien fut parfait (1).

---

table que la malicieuse gaieté des Français, leur penchant au dénigrement et trop souvent à la calomnie, ne pussent trouver l'occasion de les attaquer.

La comtesse de Noailles tourmentait sans cesse la reine par mille représentations sur ce qu'elle aurait dû saluer celui-ci de telle façon, celui-là de telle autre. Paris sut que la reine l'avait nommée madame l'Étiquette; selon la disposition des esprits, les uns approuvèrent ce sobriquet, les autres le blâmèrent, mais tous jugèrent les dispositions de la jeune reine à s'affranchir d'entraves fatigantes.

(*Note de madame Campan.*)

(1) Voyez les Mémoires de Weber, T. Ier *. En général, les Mémoires de cet écrivain qui était frère de lait de Marie-Antoinette, complètent ce que madame Campan a dit de cette princesse : les deux ouvrages sont presque inséparables.

(*Note de l'édit.*)

* 2 vol. in-8o qui font partie de la Collection, mais qui se vendent aussi séparément.

CHAPITRE III.

On la reçut à Versailles dans un appartement du rez-de-chaussée, au-dessous de celui de la feue reine, qui ne fut prêt que six mois après le jour de son mariage.

Madame la dauphine, alors âgée de quinze ans, éclatante de fraîcheur, parut mieux que belle à tous les yeux. Sa démarche tenait à la fois du maintien imposant des princesses de sa maison, et des grâces françaises ; ses yeux étaient doux, son sourire aimable. Lorsqu'elle se rendait à la chapelle, dès les premiers pas qu'elle avait faits dans la longue galerie, elle avait découvert, jusqu'à l'extrémité de cette pièce, les personnes qu'elle devait saluer avec les égards dûs au rang, celles à qui elle accorderait une inclination de tête, celles enfin qui devaient se contenter d'un sourire, en lisant dans ses yeux un sentiment de bienveillance fait pour consoler de n'avoir pas de droits aux honneurs.

Louis XV fut enchanté de la jeune dauphiné ; il n'était question que de ses grâces, de sa vivacité et de la justesse de ses reparties. Elle obtint encore plus de succès auprès de la famille royale, lorsqu'on la vit dépouillée de tout l'éclat des diamans dont elle avait été ornée pendant les premiers jours de son mariage. Vêtue d'une légère robe de gaze ou de taffetas, on la comparait à la Vénus de Médicis, à l'Atalante des jardins de Marly. Les poëtes célébrèrent ses charmes, les peintres voulurent rendre ses traits. Il y en eut un dont l'idée ingénieuse fut récompensée par Louis XV. Il avait imaginé de placer le portrait de Marie-Antoinette dans le cœur d'une rose épanouie.

Le roi ne parlait que de la dauphine, et madame Du Barry s'efforçait aigrement de faire tomber son enthousiasme. En s'occupant de Marie-Antoinette, elle faisait remarquer à tout propos l'irrégularité de ses traits; elle critiquait les mots qu'on citait d'elle; elle raillait le roi sur sa prédilection. Madame Du Barry était offensée de ne point obtenir de la dauphine les attentions auxquelles elle prétendait; elle ne cachait point au roi ce grief; elle craignait aussi que les grâces et la gaieté de la jeune princesse ne rendissent l'intérieur de la famille royale plus agréable au vieux souverain, et qu'il ne lui échappât. Mais la haine contre le parti de Choiseul contribuait puissamment à exciter l'inimitié de cette favorite.

On sait que sa honteuse élévation était l'ouvrage du parti anti-Choiseul. La chute de ce ministre eut lieu en novembre 1770, six mois après que sa longue influence dans le conseil eut amené l'alliance avec la maison d'Autriche, et l'arrivée de Marie-Antoinette à la cour de France. Cette princesse, jeune, franche, légère, inexpérimentée, se trouva sans autre guide que l'abbé de Vermond, dans une cour où régnait l'ennemi du ministre qui l'y avait appelée, au milieu de gens qui haïssaient l'Autriche et qui detestaient toute alliance avec la maison impériale.

Le duc d'Aiguillon, le duc de La Vauguyon, le maréchal de Richelieu, les Rohan et beaucoup d'autres familles considérables, qui s'étaient servies de madame Du Barry pour faire tomber le duc, n'avaient pu, malgré leurs puissantes intrigues, penser à faire rompre une alliance solennellement annoncée, et qui touchait à de grands intérêts politiques. Sans renoncer à leurs projets, ils changèrent donc de marche; et l'on verra plus bas comment la conduite du dauphin servit de base à leurs espérances.

Madame la dauphine ne cessait de donner des preuves d'esprit et de sensibilité : quelquefois même elle se laissait entraîner à ces élans de bonté compâtissante, qui ne sont arrêtés ni par le rang, ni par les usages qu'il établit.

Lors de l'événement du feu de la place Louis XV, à l'occasion des fêtes du mariage, le dauphin et la dauphine envoyèrent l'année entière de leurs revenus, pour soulager les familles infortunées qui avaient perdu leurs parens dans cette journée désastreuse.

Cet acte de générosité rentre dans le nombre de ces secours d'éclat qui sont dictés par la politique des princes, au moins autant que par leur compassion; mais la douleur de Marie-Antoinette fut profonde et dura plusieurs jours; rien ne pouvait la consoler de la perte de tant d'innocentes victimes ; elle en parlait, en pleurant, à ses dames, lorsqu'une d'elles, cherchant sans doute à la distraire, lui dit qu'un grand nombre de filous avaient été trouvés parmi les cadavres, que leurs poches étaient remplies

de montres et d'autres bijoux. « Ils ont été au moins
» bien punis, ajouta la personne qui racontait ces
» détails. — Oh! non, non, Madame, reprit la
» dauphine, ils sont morts à côté d'honnêtes gens. »

En passant par Reims, à son arrivée de Strasbourg : « Voilà, dit-elle, la ville de France que je
» désire revoir le plus tard possible. »

La dauphine avait apporté de Vienne une grande quantité de diamans blancs ; le roi y ajouta le don des diamans et des perles de la feue dauphine, et lui remit aussi un collier de perles d'un seul rang dont la plus petite avait la grosseur d'une aveline, et qui, apporté en France par Anne d'Autriche, avait été substitué, par cette princesse, aux reines et dauphines de France (1).

Les trois princesses, filles de Louis XV, se réunirent pour lui offrir de magnifiques présens. Madame Adélaïde donna en même temps à la jeune princesse une clé des corridors particuliers du château, par lesquels, sans aucune suite, et sans être aperçue, elle pourrait parvenir jusqu'à l'appartement de ses tantes, et les voir en particulier. La dauphine leur dit, avec infiniment de grâce, en prenant cette clé, que pour lui faire apprécier toutes les choses superbes qu'elles voulaient bien

---

(1) Je cite particulièrement ce collier, parce que la reine crut devoir, malgré cette substitution, le remettre aux commissaires de l'Assemblée nationale, quand ils vinrent dépouiller le roi et la reine des diamans de la couronne.

(*Note de madame Campan.*)

lui donner, il n'eût pas fallu, en même temps, lui en offrir une d'un prix inestimable, puisqu'elle devrait à cette clé une intimité et des conseils si précieux pour son âge. Elle s'en servit en effet bien souvent; mais madame Victoire seule l'autorisait, tant qu'elle fut dauphine, à rester familièrement chez elle; madame Adélaïde ne pouvait vaincre ses préventions contre les princesses autrichiennes, et était ennuyée de la gaieté un peu pétulante de la dauphine; madame Victoire s'en affligeait, et sentait que leur société et leurs avis eussent été bien utiles à une jeune personne exposée à ne rencontrer que des complaisans ou des flatteurs. Elle chercha même à lui faire trouver de l'agrément dans la société de madame la marquise de Durfort, sa dame d'honneur et sa favorite. On donna plusieurs fêtes agréables chez cette dame : la comtesse de Noailles et l'abbé de Vermond s'opposèrent bientôt à ces réunions.

L'événement arrivé à la chasse, près du village d'Achères, dans la forêt de Fontainebleau, donna à la jeune princesse l'occasion de développer son respect pour la vieillesse et sa sensibilité pour l'infortune. Un paysan très-âgé est blessé par le cerf; la dauphine s'élance hors de sa calèche, y fait placer le paysan avec sa femme et ses enfans, fait reconduire la famille jusqu'à sa chaumière, et la comble de tous les soins et de tous les secours nécessaires. Son cœur était toujours prêt à éprouver les émotions de la compassion; et dans ces circonstances, l'idée de son rang n'arrêtait jamais les effets de sa sensibilité. Plusieurs personnes de son service entraient un soir dans sa chambre, croyant n'y trouver que l'officier de garde (1); elles aperçoivent la jeune princesse assise à côté de cet homme déjà avancé en âge; elle avait placé auprès de lui une jatte pleine d'eau, étanchait le sang qui sortait d'une blessure qu'il avait à la main, après avoir déchiré son mouchoir pour lui faire des compresses, et remplissait enfin auprès de lui toutes les fonctions d'une pieuse fille de la charité. Le vieillard, attendri jusqu'aux larmes, laissait par respect agir son auguste maîtresse. Il s'était blessé en voulant avancer un meuble un peu lourd que la princesse lui avait demandé.

Au mois de juillet 1770, un événement fâcheux, arrivé dans une famille que la dauphine honorait de ses bontés, contribua à montrer encore, non-seulement sa sensibilité, mais la justesse de ses idées. Une de ses femmes avait un fils officier dans les gendarmes de la garde; ce jeune homme se crut offensé par un commis de la guerre; un cartel en forme fut imprudemment envoyé: il tua son adversaire dans la forêt de Compiègne; la famille du jeune homme tué, munie du cartel, demanda justice. Le roi, affligé de plusieurs duels qui venaient d'avoir lieu, avait malheureusement prononcé qu'il

---

(1) On appelait officiers de l'intérieur les valets de chambre et les huissiers. (*Note de madame Campan.*)

n'accorderait point dè grâce, au premier événement de ce genre dont on pourrait donner la preuve; le coupable fut arrêté. Sa mère, dans le désordre de sa plus grande douleur, courut se jeter aux pieds de la dauphine, du dauphin et des jeunes princes; ils obtinrent du roi, après une heure de prière, la grâce tant désirée. Le lendemain, en félicitant madame la dauphine, une grande dame, qui s'était sûrement laissé prévenir contre la mère du gendarme, eut la méchanceté d'ajouter que cette mère n'avait négligé, dans cette circonstance, aucun moyen de réussir; qu'elle avait sollicité, non-seulement la famille royale, mais même madame Du Barry. La dauphine répondit que ce trait justifiait l'opinion favorable qu'elle avait conçue de cette brave femme; que, pour sauver la vie de son fils, rien ne devait coûter au cœur d'une mère; et qu'à sa place, si elle l'eût jugé nécessaire, elle aurait été se jeter aux pieds de Zamore (1).

Quelque temps après les fêtes du mariage, madame la dauphine fit son entrée à Paris; elle y fut reçue avec des transports de joie. Après avoir dîné dans l'appartement du roi, aux Tuileries, elle fut forcée, par les cris multipliés de la foule qui rem-

---

(1) Petit Indien qui portait la queue de la robe de la comtesse Du Barry. Louis XV s'amusait assez souvent de ce petit sapajou; ayant fait la plaisanterie de le nommer gouverneur de Luciennes, on lui donnait 3,000 francs de gratification annuelle.

(*Note de madame Campan.*)

plissait le jardin, de se présenter sur le balcon, en face de la grande allée. Elle s'écria, en voyant toutes ces têtes pressées, les yeux levés vers elle : « Grand Dieu, que de monde ! — Madame, lui » dit le vieux duc de Brissac, gouverneur de » Paris, sans que Monseigneur le dauphin puisse » s'en offenser, ce sont autant d'amoureux (1). » M. le dauphin ne s'offensait ni des acclamations, ni des hommages dont madame la dauphine était l'objet. Une indifférence affligeante, une froideur qui dégénérait souvent en brusquerie, étaient les seuls sentimens que lui montrait alors le jeune prince. Tant de charmes n'avaient même rien obtenu sur ses sens ; il venait, par devoir, se placer dans le lit de la dauphine, et s'endormait souvent sans lui avoir adressé la parole. Cet éloignement qui dura fort long-temps, était, dit-on, l'ouvrage de M. le duc de La Vauguyon. La dauphine n'avait véritablement de sincères amis à la cour que le duc de Choiseul et son parti. Croira-t-on que les projets formés contre Marie-Antoinette allaient jusqu'à voir la possibilité d'un divorce ? Quelques gens,

---

(1) Jean-Paul Timoléon de Cossé, duc de Brissac, et maréchal de France, celui-là même dont nous avons cité en note, pag. 30 de ce volume, une réponse pleine de noblesse. Il offrait à la cour de Louis XV et de Louis XVI un modèle des mœurs, de la galanterie et du courage des anciens chevaliers. Le comte de Charolais le trouvant un jour chez sa maîtresse, lui dit brusquement : Sortez, Monsieur. — Monseigneur, répondit vivement le duc de Brissac, vos ancêtres auraient dit : Sortons. (*Note de l'édit.*)

possédant à la cour des places éminentes, me l'ont assuré, et beaucoup de choses pouvaient confirmer cette opinion. Au voyage de Fontainebleau, l'année du mariage, on gagna les inspecteurs des bâtimens, pour que l'appartement de Monseigneur le dauphin, attenant à celui de la dauphine, ne se trouvât pas achevé, et on lui en fit donner un provisoirement à l'extrémité du château. La dauphine, sachant que c'était le résultat d'une intrigue, eut le courage de s'en plaindre à Louis XV, qui, après de sévères réprimandes, donna des ordres si positifs, que dans la semaine l'appartement se trouva prêt. Tout était employé pour entretenir et augmenter la froideur que le dauphin témoigna long-temps à sa jeune épouse. Elle en fut profondément affligée, mais ne se permit jamais d'articuler la moindre plainte à cet égard. L'oubli, le dédain même pour des charmes qu'elle entendait louer de toutes parts, rien ne lui faisait rompre le silence; et quelques larmes, qui s'échappaient involontairement de ses yeux, étaient les seules traces que son service ait pu voir de ses peines secrètes.

Un seul jour, fatiguée des représentations déplacées d'une vieille demoiselle qui lui était attachée, et qui voulait s'opposer à ce qu'elle montât à cheval, dans la crainte que cela ne l'empêchât de donner des héritiers à la couronne : « Made-
» moiselle, lui dit-elle, au nom de Dieu, laissez-
» moi en paix, et sachez que je ne compromets
» aucun héritier. »

J'ai dû peindre, au commencement de ces Mémoires, l'homme obscurément ambitieux qui dirigea Marie-Antoinette depuis son enfance jusqu'à l'époque fatale de la révolution.

J'ai fait connaître le caractère de la dame d'honneur de la dauphine; j'ai donné quelques détails sur les préventions de madame Adélaïde, fille aînée de Louis XV, contre la maison d'Autriche; j'ai parlé de la bonté extrême de la seconde princesse, madame Victoire; de l'attrait qu'elle avait eu pour Marie-Antoinette; enfin j'ai donné une idée du caractère de madame Sophie, troisième fille de Louis XV, et qui offrait à sa nièce, encore bien moins que Mesdames ses sœurs, les utiles ressources de la société.

Madame la dauphine avait trouvé à la cour de Louis XV, avec les trois princesses, filles du roi, les princes frères du dauphin en éducation; mesdames Clotilde et Élisabeth encore entre les mains de madame de Marsan, gouvernante des enfans de France. L'aînée de ces deux princesses épousa, en 1777, le prince de Piémont, devenu roi de Sardaigne. Cette princesse était, dans son enfance, d'une si énorme grosseur, que le peuple lui avait donné le sobriquet de *gros Madame* (1). La seconde prin-

---

(1) Madame Clotilde de France, sœur du roi, était, en effet, d'un embonpoint extraordinaire pour sa taille et pour son âge. Une des dames de son jeu ayant eu l'indiscrétion de se servir, en sa présence même, du sobriquet qu'on lui donnait, reçut sur-le-champ une réprimande sévère de la comtesse de Marsan qui lui fit enten-

CHAPITRE III.

cesse était la pieuse Élisabeth, victime de son respect et de son tendre attachement pour le roi son frère, et dont les hautes vertus méritent la couronne céleste (1). Elle était encore presqu'à la lisière, à l'époque du mariage du dauphin. La dauphine lui donnait une préférence marquée. La gouvernante, qui cherchait à faire valoir celle des deux princesses que la nature avait traitée moins favorablement, sut mauvais gré à madame la dauphine de son affection particulière pour madame Élisabeth, et, par des plaintes indiscrètes, elle refroidit l'amitié qui

---

dre qu'elle ferait bien de ne pas reparaître aux yeux de la princesse. Madame Clotilde l'envoya chercher le lendemain : Ma gouvernante a fait son devoir, lui dit-elle, et je vais faire le mien ; revenez nous faire votre cour, et ne vous rappelez plus une étourderie que j'ai moi-même oubliée.

Cette princesse, si épaisse de corps, avait un esprit agréable et fin. Son affabilité, ses grâces prévenantes la rendaient chère à tous ceux qui l'approchaient. Un poëte, uniquement occupé du prodigieux embonpoint de madame Clotilde, composa le quatrain suivant, lorsqu'il fut décidé qu'elle épouserait le prince de Piémont.

Pour en saisir l'esprit ou pour mieux dire le sens, il ne faut point oublier que deux princesses de Savoie venaient d'épouser deux princes français.

        Le bon Savoyard qui réclame
        Le prix de son double présent,
        En échange reçoit Madame ;
        C'est le payer bien grassement.

(Note de l'édit.)

(1) Élisabeth-Philippine-Marie-Hélène de France, était née à Versailles le 3 mai 1764. « Madame Élisabeth, dit M. de La Salle, auteur d'un article biographique sur cette intéressante et malheureuse princesse, n'avait pas reçu de la nature, comme madame Clotilde, son auguste sœur, cette douceur et cette flexibilité de

existait cependant entre madame Clotilde et Marie-Antoinette. Il s'éleva même quelque rivalité sur l'article de l'éducation, et on s'expliqua assez haut et très-défavorablement sur celle que l'impératrice Marie-Thérèse avait fait donner à ses filles. L'abbé de Vermond se crut offensé, prit part dans cette querelle, et unit ses plaintes et ses plaisanteries à celles de madame la dauphine sur les critiques de la gouvernante, et s'en permit même à son tour quelques-unes sur l'instruction de madame Clotilde. Tout se sait dans une cour. Madame de Marsan fut à son tour instruite de ce qui s'était dit chez la dauphine, et lui en sut très-mauvais gré. A partir de ce moment, il s'établit un foyer d'intrigues, ou plutôt de commérage, contre Marie-Antoinette, dans la société de madame de Marsan; ses moindres actions y étaient mal interprétées; on lui faisait un crime de sa gaieté et des jeux innocens qu'elle se permettait quelquefois dans son

---

caractère qui rendent les vertus faciles; elle annonçait plus d'un trait de ressemblance morale avec le duc de Bourgogne, l'élève de Fénélon. L'éducation et la piété agirent sur elle comme sur ce prince : les leçons, les exemples dont on l'entoura l'ornèrent de toutes les qualités, de toutes les vertus, et ne lui laissèrent de ses premiers penchans qu'une aimable sensibilité, de vives impressions, une fermeté qui semblait faite pour les malheurs terribles auxquels le ciel la réservait. »

Nous aurons plus d'une fois occasion, dans le cours de ces Mémoires, et dans l'ensemble de cette Collection, de remarquer sa constante amitié, sa touchante résignation, son dévouement sublime, ou son angélique douceur, jusqu'au moment où elle montra le courage héroïque et calme du martyr. (*Note de l'édit.*)

intérieur avec les plus jeunes de ses dames, et même avec des femmes de son service. Le prince Louis de Rohan, placé à l'ambassade de Vienne par cette société, y fut l'écho de ces injustes critiques, et se jeta dans une série de coupables délations qu'il colorait du nom de zèle. Il représentait sans cesse la jeune dauphine comme s'aliénant tous les cœurs par des légèretés qui ne pouvaient convenir à la dignité de la cour de France. Cette princesse recevait souvent de Vienne des remontrances dont la source ne pouvait lui demeurer long-temps cachée, et c'est à cette époque qu'il faut rapporter l'éloignement qu'elle n'a jamais cessé de témoigner au prince de Rohan.

Vers le même temps, la dauphine eut connaissance d'une lettre écrite par le prince Louis à M. le duc d'Aiguillon, dans laquelle cet ambassadeur s'exprimait en termes peu convenables sur l'attitude de Marie-Thérèse, relativement au partage de la Pologne. Cette lettre du prince Louis avait été lue chez la comtesse Du Barry (1); la légèreté de la correspondance de l'ambassadeur blessait à Versailles la sensibilité et la dignité de la dauphine, tandis qu'à Vienne les rapports qu'il faisait à Marie-Thérèse contre la jeune princesse, finirent par lui rendre suspects les motifs de ces interminables plaintes.

---

(1) Voyez les détails piquans relatifs à cette anecdote dans les Mémoires de Weber, tome Ier, pag. 304.

Marie-Thérèse, partageant enfin les mêmes soupçons, prit le parti d'envoyer à Versailles son secrétaire du cabinet, le baron de Neni, qui devait examiner avec attention la conduite de madame la dauphine, et acquérir la mesure juste de l'opinion de la cour et de Paris sur le compte de cette princesse. Le baron de Neni, après y avoir mis le temps et la sagacité convenables, détrompa sa souveraine sur les exagérations de l'ambassadeur français; l'impératrice n'eut pas de peine à remarquer dans les calomnies qu'on avait osé lui faire parvenir, à titre d'intérêt pour son auguste fille, la preuve de l'inimitié d'un parti qui n'avait jamais approuvé l'alliance de la maison de Bourbon avec la sienne (1).

---

(1) L'impératrice Marie-Thérèse connaissait fort bien les personnages de la cour de Louis XV qui pouvaient être favorables ou contraires à Marie-Antoinette. On prétend qu'au moment du départ de cette princesse pour la France, l'impératrice lui remit la note suivante écrite de sa main :

« *Liste des gens de ma connaissance.*

» Les duc et duchesse de Choiseul;
» Les duc et duchesse de Praslin;
» Hautefort;
» Les Du Châtelet;
» D'Estrées;
» D'Aubeterre;
» Le comte de Broglie;
» Les frères de Montazet;
» M. d'Aumont;
» M. Gérard;
» M. Blondel;

A cette époque, madame la dauphine n'ayant encore obtenu aucun pouvoir sur le cœur de son époux, craignant Louis XV, se défiant avec raison de tout ce qui tenait à madame Du Barry et au duc d'Aiguillon, n'avait pas mérité le moindre reproche sur ce genre de légèreté que la haine et ses malheurs ont, par la suite, transformée en crime. Convaincue de l'innocence de Marie-Antoinette, l'impératrice donna l'ordre au baron de Neni de solliciter le rappel de M. le prince de Rohan, et d'instruire le ministre des affaires étrangères de tous les motifs qui le lui faisaient désirer; mais la maison de Rohan se mit entre son protégé et l'envoyé autrichien, et l'on ne répondit que d'une manière évasive.

» La Beauvau, religieuse;

» Sa compagne;

» Les Durfort. C'est à cette famille que vous marquerez en toute occasion votre reconnaissance et attention.

» De même pour l'abbé de Vermond : le sort de ces personnes m'est à cœur. Mon ambassadeur est chargé d'en avoir soin. Je serais fâchée d'être la première à sortir de mes principes qui sont de ne recommander personne; mais vous et moi devons trop à ces personnes pour ne pas chercher en toutes les occasions à leur être utiles, si nous pouvons le faire sans trop d'*impegno*.

» Consultez-vous avec Mercy. Je vous recommande en général tous les Lorrains dans ce que vous pourrez leur être utile *. »

L'existence de cette liste n'a rien d'impossible. Ce qui pourrait la rendre encore plus vraisemblable, c'est un fait curieux rapporté par l'abbé Georgel dans ses Mémoires; mais il ne faut pas perdre de vue, en lisant ce passage, que Georgel, malgré son ap-

* On trouvera dans les éclaircissemens (lettre D) quelques détails relatifs à cette liste.

Ce ne fut que deux mois après la mort de Louis XV, que la cour de Vienne obtint son rappel. Les griefs positivement énoncés, furent : 1º les galanteries publiques du prince Louis avec des femmes de la cour et d'autres d'un genre moins distingué; 2° sa morgue et sa hauteur à l'égard des autres ministres étrangers, ce qui aurait eu des suites majeures, surtout avec les ministres d'Angleterre et de Danemarck, si l'impératrice elle-même ne s'en fût mêlée; 3° son mépris pour les choses de la religion dans le pays où il était le plus nécessaire d'en montrer. On l'avait vu souvent se revêtir d'habits de toutes les couleurs, prenant les uniformes de chasse des

---

parente modération, est un des plus dangereux ennemis de Marie-Antoinette. Nous en prévenons le lecteur.

Georgel, secrétaire de l'ambassade de France en Autriche, tenait d'un mystérieux inconnu, comme on l'a pu voir en lisant la note (B), les secrets les plus importans de la cour de Vienne.

« L'homme masqué me remit un jour, dit-il, deux instructions secrètes envoyées au comte de Mercy pour les remettre lui-même à la reine : la première ostensible au roi; la seconde pour la reine seule. Cette dernière contenait des conseils sur le mode à prendre pour suppléer à l'inexpérience du roi, et profiter de la facilité de son caractère pour influer dans le gouvernement sans avoir l'air de s'en mêler. Cette leçon politique était donnée avec beaucoup d'art à Marie-Antoinette : on lui faisait sentir que c'était la voie la plus sûre pour se faire adorer des Français dont elle pourrait par-là faire le bonheur; et en même temps resserrer les liens qui unissaient les deux maisons d'Autriche et de Bourbon. »

On voit ce que Georgel veut faire entendre; et si la cour de Vienne est habile dans ses leçons, l'abbé l'est aussi dans sa haine.

(*Note de l'édit.*)

différens seigneurs chez qui il allait, avec tant de publicité, qu'un jour de Fête-Dieu, lui et toute sa légation, en uniforme vert, galonné en or, avaient forcé une procession qui les gênait, pour se rendre à une partie de chasse chez le prince de Paar ; 4° des dettes immenses contractées par lui et ses gens, dettes qui ne furent que tardivement et imparfaitement acquittées (1).

Les mariages successifs du comte de Provence et du comte d'Artois avec deux filles du roi de Sardaigne, augmentèrent à Versailles le nombre des princesses de l'âge de Marie-Antoinette, procurèrent à la dauphine une société plus conforme à son âge, et changèrent sa position. D'assez beaux yeux attirèrent à madame la comtesse de Provence, lors de son arrivée à Versailles, les seules louanges qu'il était raisonnablement permis de lui donner.

La comtesse d'Artois, sans difformité dans la taille, était fort petite et avait un très-beau teint ; son visage assez gracieux n'avait cependant rien de remarquable que l'extrême longueur de son nez. Mais, bonne et généreuse, elle fut aimée de ceux qui l'environnaient, et jouit même de quelque crédit, tant qu'elle fut la seule qui eût donné des héritiers à la couronne (2).

---

(1) Voyez dans les pièces, lettre (E), les détails donnés par l'abbé Georgel, secrétaire de l'ambassade de Vienne, sur le rappel du cardinal. (*Note de l'édit.*)

(2) « Madame d'Artois, dit un écrit du temps, a fait son entrée à Paris. Les équipages étaient superbes et aussi élégans que riches ;

Dès ce moment la plus grande intimité s'établit entre les trois jeunes ménages. Ils firent réunir leurs repas, et ne mangèrent séparément que les jours où leurs dîners étaient publics. Cette manière de vivre en famille exista jusqu'au moment où la reine se permit d'aller dîner quelquefois chez la duchesse de Polignac, lorsqu'elle fut gouvernante; mais la réunion du soir pour le souper ne fut jamais interrompue, et avait lieu chez madame la comtesse de Provence. Madame Élisabeth y prit place lorsqu'elle eut terminé son éducation; et quelquefois Mesdames, tantes du roi, y étaient invitées. Cet usage, qui n'avait point eu d'exemple à la cour, fut l'ouvrage de Marie-Antoinette, et elle l'entretint avec la plus grande persévérance.

La cour de Versailles n'éprouva aucun changement d'étiquette pendant la durée du règne de Louis XV. Le jeu se tenait chez madame la dauphine, comme étant la première personne de l'État. Il avait eu lieu, depuis la mort de la reine Marie Leckzinska jusqu'au moment du mariage de monsieur le dauphin, chez madame Adélaïde. Ce changement, suite d'un ordre de préséance qui ne pouvait être

---

elle est venue, selon l'usage, rendre ses actions de grâces dans l'église de Sainte-Geneviève. Cette princesse a une physionomie très-intéressante, et la peau d'une blancheur extrême. On l'a vue avec ce plaisir qui naît du sentiment; de son côté, elle a paru touchée des applaudissemens qu'on lui a prodigués. » (*Correspondance secrète de la cour.*)

(*Note de l'édit.*)

dérangé, n'en avait pas moins désobligé madame Adélaïde qui, ayant établi un jeu séparé dans ses appartemens, ne se rendait presque jamais à celui où devait se réunir non-seulement la cour, mais la famille royale. La visite en grand appareil *au débotter* du roi avait toujours lieu. La messe en musique était entendue tous les jours; les promenades des princesses n'étaient que de rapides courses qu'elles faisaient en berlines, accompagnées de gardes-du-corps, d'écuyers, de pages à cheval. On se rendait au grand galop à quelques lieues de Versailles; les calèches ne servaient que pour suivre la chasse.

Les jeunes princesses voulurent animer leur société intime d'une manière utile et agréable. On forma le projet d'apprendre et de jouer toutes les bonnes comédies du théâtre français; le dauphin était le seul spectateur; les trois princesses, les deux frères du roi, et MM. Campan père et fils composèrent seuls la troupe; mais on mit la plus grande importance à tenir cet amusement aussi secret qu'une affaire d'État : on craignait la censure de Mesdames; et on ne doutait pas que Louis XV n'eût défendu de pareils amusemens, s'il en avait eu connaissance. On choisit un cabinet d'entresol où personne n'avait besoin de pénétrer pour le service. Une espèce d'avant-scène, se détachant et pouvant s'enfermer dans une armoire, formait tout le théâtre : M. le comte de Provence savait toujours ses rôles d'une manière imperturbable; M. le comte d'Artois assez bien; il les disait avec grâce :

les princesses jouaient mal. La dauphine s'acquittait de quelques rôles avec finesse et sentiment. Le bonheur le plus réel de cet amusement était d'avoir tous les costumes très-élégans et fidèlement observés. Le dauphin prenait part aux jeux de la jeune famille, riait beaucoup des figures des personnages, à mesure qu'ils paraissaient en scène, et c'est à dater de ces amusemens qu'on le vit renoncer à l'air timide de son enfance, et se plaire dans la société de la dauphine.

Le désir d'étendre le répertoire des pièces que l'on voulait jouer, et la certitude que ces amusemens seraient entièrement ignorés, avaient fait admettre mon beau-père et mon mari à l'honneur de figurer avec les princes.

Je n'ai su ces détails que long-temps après, M. Campan en ayant fait un secret; mais un événement imprévu pensa dévoiler tout le mystère. La reine ordonna un jour à M. Campan de descendre dans son cabinet pour y chercher quelque chose qu'elle avait oublié; il était habillé en Crispin et avait même son rouge; un escalier dérobé conduisait directement à cet entresol dans le cabinet de toilette. M. Campan crut y entendre quelque bruit, et resta immobile derrière la porte qui était fermée. Un valet de garde-robe, qui en effet était dans cette pièce, avait de son côté entendu quelque bruit, et, par inquiétude ou par curiosité, il ouvrit subitement la porte; cette figure de Crispin lui fit si grande peur, que cet homme tomba à la renverse en criant de toutes ses forces : Au secours ! Mon beau-père le releva, lui fit entendre sa voix, et lui enjoignit le plus profond silence sur ce qu'il avait vu. Cependant il crut devoir prévenir la dauphine de ce qui était arrivé ; elle craignit que quelque autre événement de la même nature ne fît découvrir ces amusemens : ils furent abandonnés.

Cette princesse s'occupait beaucoup, dans son intérieur, de l'étude de la musique et de celle des rôles de comédie qu'elle avait à apprendre ; ce dernier exercice avait eu au moins l'avantage de former sa mémoire et de lui rendre la langue française encore plus familière.

L'abbé de Vermond venait chez elle tous les jours, mais évitait de prendre le ton imposant d'un instituteur, et ne voulait pas même, comme lecteur, conseiller l'utile lecture de l'histoire. Je crois qu'il n'en a pas lu un seul volume, dans toute sa vie, à son auguste élève ; aussi n'a-t-il jamais existé de princesse qui eût un éloignement plus marqué pour toutes les lectures sérieuses.

Tant que dura le règne de Louis XV, les ennemis de Marie-Antoinette n'essayèrent pas de changer l'opinion publique sur son compte. Elle était toujours l'objet des vœux et de l'amour des Français en général, et particulièrement des habitans de Paris qui, privés de la posséder dans leur ville, venaient successivement à Versailles, la plupart attirés par le seul désir de la voir. Les courtisans ne partageaient pas entièrement cet enthousiasme vraiment populaire qu'avait inspiré madame la dauphine : la disgrâce de M. le duc de Choiseul l'avait privée de son véritable appui, et le parti qui dominait à la cour, depuis l'exil de ce ministre, était, par ses opinions politiques, aussi opposé à sa famille qu'à elle-même. La dauphine était donc à Versailles environnée d'ennemis.

Cependant tout le monde cherchait extérieurement à lui plaire : l'âge de Louis XV et le caractère du dauphin avertissaient assez la prévoyante sagacité des courtisans, du rôle important qui était réservé à cette princesse, si, sous le règne suivant, le dauphin finissait par lui être attaché.

CHAPITRE IV.

Maladie de Louis XV.—Tableau de la cour.—Renvoi de madame Du Barry.—Bougie placée sur une fenêtre, et qu'on souffle au moment de la mort du roi.—Les courtisans quittent son antichambre pour se précipiter dans les appartemens de Louis XVI. —Départ de la cour pour Choisy.—Terme de la douleur sur la mort du feu roi.—M. de Maurepas, ministre.—Entretien de la reine avec M. Campan, au sujet du duc de Choiseul.—L'abbé de Vermond en prend ombrage.—Louis XVI l'aimait peu.— Influence de l'exemple sur les courtisans.—Enthousiasme qu'inspire le nouveau règne.—Révérences de deuil à la Muette.— Anecdote à ce sujet.—On donne injustement à la reine le titre de moqueuse.—Premiers couplets contre elle.—Le roi et les princes ses frères se font inoculer.—Séjour à Marly.—La reine désire voir le lever de l'aurore.—Calomnies dont elle est l'objet. —Le joaillier Bœhmer.—Mademoiselle Bertin.—Changement dans les modes.—Hauteur des coiffures.—Étiquettes dont la reine ne peut supporter le joug.—Repas publics servis par des femmes.—Simplicité de la cour de Vienne.—Contributions levées d'une manière touchante par les princes de Lorraine.—Sobriété, décence et modestie extrêmes de Marie-Antoinette.

VERS les premiers jours de mai 1774, Louis XV, annonçant par la force de sa constitution une existence encore assez longue, fut attaqué d'une petite vérole confluente des plus funestes. Mesdames inspirèrent, à cette époque, à madame la dauphine un sentiment de respect et d'attachement, dont elle leur donna des preuves multipliées, lorsqu'elle fut sur le trône. En effet, rien ne fut plus admirable et plus touchant que le courage avec lequel elles affrontèrent la maladie la plus horrible : l'air du palais était infecté ; plus de cinquante personnes gagnèrent la petite vérole pour avoir seulement traversé la galerie de Versailles, et dix en moururent (1).

La fin de ce monarque approchait : son règne, assez paisible, avait conservé une force imprimée par la puissance de son prédécesseur ; d'un autre côté, sa faiblesse avait de même préparé les malheurs de celui qui régnerait après lui. La scène allait changer : l'espoir, l'ambition, la joie, la douleur, tous les sentimens qui s'emparaient diversement des cœurs des courtisans, se déguisaient vainement sous un extérieur uniforme. Il était aisé de démêler les différens motifs qui leur faisaient, à

---

(1) On lit, dans *les Souvenirs de Félicie*, les détails suivans sur la maladie du roi et sur le dévouement de Mesdames :

« Le roi est à toute extrémité : outre la petite vérole ; il a le pourpre ; on ne peut entrer sans danger dans sa chambre. M. de Letorière est mort pour avoir entr'ouvert sa porte afin de le regarder deux minutes. Les médecins eux-mêmes prennent toutes sortes de précautions pour se préserver de la contagion de ce mal affreux, et Mesdames, qui n'ont jamais eu la petite vérole, qui ne sont plus jeunes, et dont la santé est naturellement mauvaise, sont toutes trois dans la chambre, assises près de son lit et sous ses rideaux ; elles passent là le jour et la nuit. Tout le monde leur a fait à ce sujet les plus fortes représentations ; on leur a dit que c'était plus que d'exposer leur vie, que c'était la sacrifier. Rien n'a pu les empêcher de remplir ce pieux devoir. »

(*Note de l'édit.*)

chaque instant, répéter à tous cette phrase : « Comment va le roi? » Enfin, le 10 mai 1774, se termina la carrière de Louis XV (1).

La comtesse Du Barry s'était retirée depuis quelques jours à Ruelle, chez le duc d'Aiguillon ; douze ou quinze personnes de la cour crurent devoir y aller lui faire des visites ; leurs livrées furent remarquées ; et ce fut pendant long-temps un motif de défaveur. J'ai entendu, plus de six ans après la mort du roi, dire, dans le cercle de la famille royale, en parlant d'une de ces personnes-là : « C'était une » des quinze voitures de Ruelle. »

Toute la cour se rendit au château ; l'œil-de-bœuf

---

(1) Louis XV, dès qu'il connut la maladie dont il était attaqué, désespéra de sa guérison. *Je n'entends point*, dit-il, *qu'on renouvelle la scène de Metz*, et il ordonna le renvoi de madame Du Barry. Mais les amis de la favorite n'avaient point encore abandonné la victoire. Les deux partis qui divisaient la cour s'attaquaient avec chaleur au pied du lit sur lequel était étendu Louis XV. On se disputait, pour ainsi dire, encore les derniers soupirs et les volontés incertaines d'un mourant. Louis XV avait à remplir des devoirs religieux. Ce moment, qu'un parti voulait hâter, et que l'autre avait intérêt de suspendre, occasiona les scènes les plus scandaleuses. Dans ce que l'abbé Soulavie en rapporte, tout n'est pas vrai sans doute. Il est difficile, par exemple, de supposer au sévère Christophe de Beaumont d'autres motifs que ses principes rigides, sa piété fervente, et le sentiment des obligations sacrées qu'il avait à remplir. Mais tout n'est pas faux non plus ; et l'on ne peut douter que Soulavie n'ait rapporté un grand nombre de particularités exactes, quand on compare son récit que nous donnons dans les pièces (lettre F) avec le tableau des mêmes scènes, tracé par le baron de Besenval dans ses Mémoires. (*Note de l'édit.*)

se remplit de courtisans, le palais de curieux. Le dauphin avait décidé qu'il partirait avec la famille royale, au moment où le roi rendrait le dernier soupir. Mais dans une semblable occasion, la bienséance ne permettait guère de faire passer de bouche en bouche des ordres positifs de départ. Les chefs des écuries étaient donc convenus avec les gens qui étaient dans la chambre du roi, que ceux-ci placeraient une bougie allumée auprès d'une fenêtre, et qu'à l'instant où le mourant cesserait de vivre, un d'eux éteindrait la bougie.

La bougie fut éteinte : à ce signal les gardes-du-corps, les pages, les écuyers, montèrent à cheval, tout fut prêt pour le départ. Le dauphin était chez la dauphine. Ils attendaient ensemble la nouvelle de la mort de Louis XV. Un bruit terrible et absolument semblable à celui du tonnerre, se fit entendre dans la première pièce de l'appartement : c'était la foule des courtisans qui désertaient l'antichambre du souverain expiré, pour venir saluer la nouvelle puissance de Louis XVI. A ce bruit étrange, Marie-Antoinette et son époux reconnurent qu'ils allaient régner, et, par un mouvement spontané qui remplit d'attendrissement ceux qui les entouraient, tous deux se jetèrent à genoux; tous deux, en versant des larmes, s'écrièrent : *Mon Dieu, guidez-nous, protégez-nous, nous régnons trop jeunes.*

Madame la comtesse de Noailles entra, la salua la première comme reine de France, et demanda à LL. MM. de vouloir bien quitter les cabinets intérieurs pour venir dans la chambre recevoir les princes et tous les grands officiers qui désiraient offrir leurs hommages à leurs nouveaux souverains. Appuyé sur son époux, un mouchoir sur les yeux, et dans l'attitude la plus touchante, Marie-Antoinette reçut ces premières visites : les voitures avancèrent, les gardes, les écuyers étaient à cheval. Le château resta désert ; tout le monde s'empressait de fuir une contagion qu'aucun intérêt ne donnait plus le courage de braver.

En sortant de la chambre de Louis XV, le duc de Villequier, premier gentilhomme de la chambre d'année, enjoignit à M. Andouillé, premier chirurgien du roi, d'ouvrir le corps et de l'embaumer. Le premier chirurgien devait nécessairement en mourir. « Je suis prêt, répliqua Andouillé ; mais, pendant que j'opérerai, vous tiendrez la tête : votre charge vous l'ordonne. » Le duc s'en alla sans mot dire, et le corps ne fut ni ouvert ni embaumé. Quelques serviteurs subalternes et de pauvres ouvriers restèrent près de ces restes pestiférés ; ils rendirent les derniers devoirs à leur maître ; les chirurgiens prescrivirent de verser de l'esprit-de-vin dans le cercueil.

La totalité de la cour partit à quatre heures pour Choisy : Mesdames, tantes du roi, dans leur voiture particulière ; les princesses en éducation, avec madame la comtesse de Marsan et leurs sous-gouvernantes ; le roi, la reine, Monsieur, frère du roi, Madame, le comte et la comtesse d'Artois, réunis dans une même voiture. La scène imposante qui venait de se passer sous leurs yeux, les idées multipliées qu'offrait à leur imagination celle qui s'ouvrait pour eux, les avaient naturellement portés vers la douleur et la réflexion : mais, du propre aveu de la reine, cette disposition, peu faite pour leur âge, cessa en entier vers la moitié de la route : un mot plaisamment estropié par madame la comtesse d'Artois, fit éclater un rire général, et de ce moment les larmes furent essuyées. La circulation entre Choisy et Paris était immense : jamais on ne vit plus de mouvement dans une cour. Quelle sera l'influence de Mesdames tantes? de la reine? Quel sort réserve-t-on à la comtesse Du Barry? Quels ministres le jeune roi va-t-il choisir? — Toutes ces questions furent décidées en peu de jours. Il fut arrêté que l'âge du roi exigeait qu'il eût près de lui une personne de confiance; qu'il y aurait un premier ministre, et les yeux se fixèrent sur MM. de Machault et de Maurepas, tous deux fort âgés : le premier, retiré dans sa terre auprès de Paris; le second, à Pontchartrain, où il avait été très-anciennement exilé. La lettre pour rappeler M. de Machault était écrite, lorsque madame Adélaïde obtint la préférence de ce choix important en faveur de M. de Maurepas. On rappela le page qui était muni de la première lettre (1).

---

(1) Ce fait a été mis en doute; mais je puis assurer que Louis XVI s'adressa à M. Campan pour rappeler le page; qu'il le trouva prêt

Le duc d'Aiguillon avait eu trop ouvertement le titre d'ami particulier de la maîtresse du roi ; il fut congédié. M. de Vergennes, alors ambassadeur de France à Stockholm, fut nommé ministre des affaires étrangères ; le comte du Muy, intime ami du dauphin, père de Louis XVI, eut le département de la guerre. L'abbé Terray dit et écrivit en vain qu'il avait courageusement fait tout le mal possible aux créanciers de l'État, pendant le règne du feu roi ; que l'ordre était rétabli dans les finances, qu'il n'avait plus que du bien à faire ; et que

---

à monter à cheval, le fit remonter pour rendre sa lettre au roi lui-même ; et que la reine dit à ce sujet à mon beau-père : « Si la lettre eût été partie, M. de Machault eût été premier ministre, car jamais le roi n'eût pris sur lui d'écrire une seconde lettre contraire à sa première volonté *. »

(*Note de madame Campan.*)

* S'il faut en croire un écrivain du temps, l'abbé de Radonvilliers ne fut point sans influence dans cette dernière détermination. L'on peut voir (lettre G) les motifs secrets qui faisaient agir l'ancien précepteur du jeune monarque. Chamfort rapporte, au sujet de la nomination de M. le comte de Maurepas, l'anecdote suivante :

« C'est un fait connu, que la lettre du roi envoyée à M. de Maurepas avait été écrite pour M. de Machault. On sait quel intérêt particulier fit changer cette disposition ; mais, ce qu'on ne sait point, c'est que M. de Maurepas escamota, pour ainsi dire, la place qu'on croit lui avoir été offerte. Le roi ne voulait que causer avec lui. A la fin de la conversation, M. de Maurepas lui dit : Je développerai mes idées demain au conseil. On assure aussi que, dans cette même conversation, il avait dit au roi : Votre Majesté me fait donc premier ministre ? Non, répliqua le roi, ce n'est point du tout mon intention. J'entends, dit M. de Maurepas ; Votre Majesté veut que je lui apprenne à s'en passer. »

(*Note de l'édit.*)

la nouvelle cour allait jouir des avantages de la partie régénératrice de son plan de finances : toutes ces raisons, développées dans cinq ou six mémoires qu'il fit successivement remettre au roi et à la reine, ne purent lui servir à conserver son poste. On convenait de ses talens; mais l'odieux que ses opérations avaient nécessairement attiré sur son caractère, et l'immoralité de sa conduite privée, ne permettaient point son plus long séjour à la cour : il fut remplacé par M. de Clugny (1). Le chancelier de

---

(1) Je trouve, dans un écrit du temps, au sujet de la nomination de M. de Clugny, une anecdote que je rapporterai sans vouloir en contester, mais aussi sans prétendre en garantir l'exactitude.

« Les spéculateurs ont cru voir dans l'élévation de M. de Clugny un premier succès du parti qui cherche à faire rentrer M. de Choiseul dans le ministère. Il paraît cependant que ses efforts seront inutiles. M. de Maurepas, instruit de tout ce qui se passait, a concerté avec le roi un moyen de lui faire découvrir le fil de l'intrigue qui se tramait pour le subjuguer. Il est parti pour Pont-Chartrain, en prévenant le monarque de toutes les démarches qui auraient lieu, dans ce point de vue, pendant son absence. Deux fois par jour, le mentor a reçu un courrier de son maître qui l'instruisait de tout ce qui se faisait et disait à cette intention. Le roi lui marqua même un jour qu'on lui avait apporté une gazette anglaise où l'on disait que, si le duc de Choiseul était nommé premier ministre, comme il y avait apparence, la France deviendrait plus puissante à elle seule que toutes les puissances de l'Europe. Le jour du retour de M. de Maurepas, le roi dit en pleine cour : *J'apprends que M. de Choiseul est à Paris; que n'est-il à Chanteloup? Quand on a le bonheur d'avoir une terre, c'est la saison d'y être.* Tous les amis du duc sont restés muets, et le lendemain il a quitté Paris. » (*Correspondance secrète de la cour*, t. III, p. 10.)

(*Note de l'édit.*)

Maupeou fut exilé; la joie en fut universelle; ensuite le rappel des parlemens produisit la plus grande sensation : Paris était dans l'ivresse de la joie, et l'on rencontrait tout au plus une personne sur cent qui prévît que l'esprit de l'ancienne magistrature serait toujours le même; et qu'avant peu elle oserait porter de nouvelles atteintes à l'autorité royale. Madame Du Barry avait été exilée au Pont-aux-Dames. Cette mesure était plus de nécessité que de rigueur : quelque temps de retraite forcée était indispensable pour lui faire perdre le fil des affaires.

On lui conserva la possession de Luciennes et une pension considérable (1). Tout le monde s'attendait au rappel de M. le duc de Choiseul; les re-

---

(1) La comtesse Du Barry ne perdit jamais le souvenir du traitement indulgent qu'elle avait éprouvé à la cour de Louis XVI; elle fit dire à la reine, pendant les crises les plus fortes de la révolution, qu'il n'y avait point en France de femme plus pénétrée de douleur qu'elle ne l'était, pour tout ce que sa souveraine avait à souffrir; que l'honneur qu'elle avait eu de vivre, plusieurs années, rapprochée du trône, et les bontés infinies du roi et de la reine, l'avaient si sincèrement attachée à la cause de la royauté, qu'elle suppliait la reine de lui accorder l'honorable faveur de disposer de tout ce qu'elle possédait. Sans rien accepter de ses offres, Leurs Majestés furent touchées de sa reconnaissance. La comtesse Du Barry fut, comme on le sait, une des victimes de la révolution. Elle montra la plus grande faiblesse et le plus ardent amour pour la vie. C'est la seule femme qui ait pleuré sur l'échafaud, et demandé grâce. Sa beauté et ses larmes touchèrent le peuple; on hâta l'exécution.

(*Note de madame Campan.*)

grets qu'il avait laissés à la cour parmi ses nombreux amis, l'attachement d'une jeune princesse qui lui devait le trône de France, tout paraissait annoncer son retour : la reine le demanda au roi avec les instances les plus vives, mais elle rencontra un obstacle invincible et qu'elle n'avait pas prévu. Le roi avait, dit-on, puisé les plus fortes préventions contre ce ministre (1), dans des Mémoires secrets écrits par son père, avec l'injonction faite au duc de La Vauguyon de les lui remettre aussitôt qu'il serait en âge de s'occuper de l'art de régner (2). Ce furent ces Mémoires qui lui inspirèrent l'estime qu'il avait conçue pour le maréchal du Muy, et l'on peut ajouter que madame Adélaïde qui, dans ces premiers momens, influença beaucoup les décisions

---

(1) Ces préventions ne portaient point sur le prétendu crime dont la calomnie avait accusé ce ministre; mais principalement sur la destruction des jésuites, à laquelle il avait eu en effet une part considérable.

(*Note de madame Campan.*)

(2) Il serait difficile de révoquer en doute l'existence de ces Mémoires, ou plutôt de ces instructions rédigées par le dauphin pour servir de guide à ses enfans. Ce prince était entouré d'hommes dont il avait étudié le caractère, approuvé les principes, reconnu l'attachement : il paraît naturel qu'il les ait recommandés au choix de son successeur. Un écrivain prétend en avoir eu la liste. Nous la donnons avec les notes dont elle est accompagnée, et qu'on peut croire exactes si l'on en juge par la place que plusieurs des personnages qu'elles concernent, obtinrent dans la confiance et dans la cour de Louis XVI. Voyez les *éclaircissemens* sous la lettre (H).

(*Note de l'édit.*)

du jeune monarque, le soutenait dans les mêmes principes.

La reine s'entretint, avec M. Campan, du regret qu'elle avait de ne pouvoir contribuer à faire rappeler M. de Choiseul, et lui en confia les motifs. L'abbé de Vermond qui, jusqu'à l'époque de la mort de Louis XV, avait vécu avec M. Campan dans la plus étroite intimité, entra chez lui le second jour de l'arrivée de la cour à Choisy, et prenant un air sérieux et sévère : « Monsieur, lui dit-il, la reine eut
» hier l'indiscrétion de vous parler d'un ministre au-
» quel elle doit être attachée, et que ses amis dési-
» raient vivement de revoir auprès d'elle ; vous sa-
» vez que nous devons renoncer à voir le duc à la
» cour ; vous en connaissez les motifs ; mais vous
» ignorez que la jeune reine m'ayant fait l'aveu
» de cet entretien, j'ai dû, comme instituteur
» et comme ami, lui faire les représentations les
» plus sévères sur le tort qu'elle avait eu de vous
» communiquer les détails qui sont à votre con-
» naissance. Je viens en ce moment vous annon-
» cer que si vous continuez à profiter de la bien-
» veillance de votre maîtresse, pour vous initier
» dans les secrets de l'État, vous aurez en moi l'en-
» nemi le plus prononcé. La reine ne doit avoir
» ici que moi pour confident des choses qui doivent
» être ignorées (1). » M. Campan lui répondit qu'il

---

(1) L'abbé de Vermond n'était pas blâmable d'empêcher la reine de parler d'affaires importantes à un des officiers de sa chambre ;

n'enviait pas le rôle important et dangereux que s'attribuait l'abbé de Vermond dans la nouvelle cour; qu'il se bornerait aux fonctions de ses charges, assez satisfait des bontés constantes dont la reine l'honorait, pour ne rien désirer de plus. Cependant il rendit compte, dès le soir même, à la reine, de l'injonction qu'il avait reçue. Elle lui avoua qu'elle avait parlé de sa conversation à l'abbé ; qu'il l'avait, en effet, sérieusement grondée, pour lui faire sentir la nécessité du secret dans les affaires ; et elle ajouta : « L'abbé ne peut vous aimer, mon cher
» Campan, il ne s'attendait pas que je trouverais
» dans mon intérieur, en arrivant en France, un
» homme qui me conviendrait aussi parfaitement
» que vous (1). Je sais qu'il en a conçu de l'ombrage;

---

mais il l'était d'annoncer qu'il serait initié dans les secrets les plus intimes.

(*Note de madame Campan.*)

(1) L'abbé de Vermond, à la vérité, ignorait que la jeune princesse trouverait dans son intérieur un homme instruit, capable de l'intéresser par des récits piquans et spirituels sur la cour de Louis XV, sur celle du régent, et même sur celle de Louis XIV. L'abbé avait eu soin, à Vienne, de prévenir madame la dauphine contre M. Moreau, ancien avocat aux conseils et historiographe de France, que ses talens avaient fait choisir pour être son bibliothécaire. Le lendemain de l'arrivée de madame la dauphine à Versailles, madame la comtesse de Noailles lui demanda quels ordres elle avait à donner à M. Moreau. Elle répondit que le seul ordre qu'elle eût à lui donner était de remettre la clef de sa bibliothèque à M. Campan qu'elle chargeait de ses fonctions; qu'il pouvait garder le titre qui lui avait été donné par le roi, mais qu'elle n'acceptait pas ses services. La dame d'honneur se récria beaucoup

» cela suffit : je sais aussi que vous êtes incapable
» de faire, auprès de moi, pour le desservir, des
» tentatives qui seraient d'ailleurs inutiles ; je lui
» suis trop anciennement attachée. Soyez, de votre
» côté, bien rassuré sur l'inimitié de l'abbé qui ne
» pourra vous nuire en aucune manière. Nous ne
» risquons de faire des choses injustes, que lors-
» que les personnes qui nous environnent ont l'art
» perfide de nous déguiser les motifs de haine ou
» d'ambition qui les font agir. » L'abbé de Vermond, s'étant assuré dans l'intérieur de la reine le
poste de confident unique, était cependant tremblant aussitôt qu'il apercevait le jeune monarque.
Il ne pouvait ignorer qu'il était placé par le duc
de Choiseul, et taxé de tenir aux encyclopédistes
contre lesquels Louis XVI avait une secrète pré-
vention, malgré l'ascendant qu'il leur a laissé prendre sous son règne. L'abbé jugeait donc qu'il ne
devait pas être agréable au roi. Il avait de plus observé que jamais, étant dauphin, ce prince ne lui
avait dit une seule parole ; et que, très-souvent, il

---

sur cette décision, et parla très-favorablement de l'esprit de M. Moreau ; mais la princesse était si prévenue contre lui, qu'elle insista pour que sa volonté fût exécutée, et ajouta qu'elle en parlerait au roi ; qu'elle savait que M. Moreau avait tant d'esprit qu'il l'avait double, et qu'elle ne voulait que des gens sûrs auprès d'elle. Jamais le bibliothécaire historiographe ne reparut chez la reine. Il est probable qu'on avait fait connaître à madame la dauphine les liaisons de M. Moreau avec le duc d'Aiguillon et quelques autres personnes du parti de ce ministre.

(*Note de madame Campan.*)

né lui avait répondu que par un haussement d'épaules. Il prit alors le parti d'écrire à Louis XVI, et lui manda qu'il devait son état à la cour uniquement à la confiance dont le feu roi l'avait honoré; et que les habitudes contractées pendant l'éducation de la reine, le plaçant sans cesse dans son intérieur le plus intime, il ne pouvait jouir de l'honneur de rester auprès de Sa Majesté, sans en avoir obtenu le consentement du roi. Louis XVI lui renvoya sa lettre après y avoir écrit ces mots : *Je consens à ce que l'abbé de Vermond continue ses fonctions auprès de la reine.*

Quoique Louis XVI, à l'époque de la mort de son aïeul, n'eût pas encore joui des droits d'époux, il commençait à être fort attaché à la reine. Les premiers temps d'un deuil si imposant ne permettant pas de prendre le délassement de la chasse, il lui proposa des promenades dans les jardins de Choisy : ils sortirent maritalement, le jeune monarque donnant le bras à la reine, accompagnés d'une suite peu nombreuse. L'influence de l'exemple sur l'esprit des courtisans produisit un si grand effet, qu'on eut le plaisir de voir, dès le lendemain, plusieurs époux très-anciennement désunis, et pour de bonnes raisons, se promener sur la terrasse avec cette même intimité conjugale. Ils passaient ainsi des heures entières, bravant par flatterie l'insupportable ennui de leurs longs tête-à-tête.

Le dévouement de Mesdames pour le roi leur père, pendant son affreuse maladie, avait produit sur leur santé l'effet généralement redouté. Le quatrième jour de leur arrivée à Choisy, les trois princesses furent saisies d'un violent mal de tête et d'un mal de cœur qui ne laissait aucun doute sur leur état. Il fallut faire promptement partir la jeune famille royale; et le château de la Muette, dans le bois de Boulogne, fut choisi pour la recevoir. Cette habitation, fort rapprochée de Paris, attira dans les environs une affluence de monde si considérable, que dès la pointe du jour la foule était déjà établie aux grilles du château. Les cris de *vive le roi!* qui commençaient à six heures du matin, n'étaient presque point interrompus jusqu'après le coucher du soleil. L'espérance qui naît d'un règne nouveau, la défaveur que le feu roi s'était attirée pendant les premières années du sien, occasionaient ces transports.

Un bijoutier à la mode fit une grande fortune, en vendant des tabatières de deuil où le portrait de la jeune reine, placé dans une boîte noire, faite de chagrin, amenait le calembourg suivant : *La consolation dans le chagrin.* Toutes les modes, toutes les coiffures prirent des noms analogues à l'esprit du moment. Les symboles de l'abondance furent partout représentés, et les coiffures des femmes étaient surchargées d'épis de blé. Les poëtes célébraient le nouveau monarque; tous les cœurs ou plutôt toutes les têtes françaises étaient remplies d'un enthousiasme sans exemple. Jamais commencement de règne n'excita des témoignages d'amour et d'attachement plus unanimes. Il est à remarquer pourtant qu'au milieu de cette ivresse le parti anti-autrichien ne perdait pas la jeune reine de vue, et guettait, avec la malicieuse envie de lui nuire, les fautes qui pourraient échapper à sa jeunesse et à son inexpérience.

On eut à recevoir à la Muette les révérences de deuil de toutes les dames présentées à la cour; aucune d'elles ne crut pouvoir se dispenser de rendre hommage aux nouveaux souverains. Les plus vieilles comme les plus jeunes dames accoururent pour se présenter dans ce jour de réception générale; les petits bonnets noirs à grands papillons, les vieilles têtes chancelantes, les révérences profondes et répondant au mouvement de la tête, rendirent, à la vérité, quelques vénérables douairières un peu grotesques; mais la reine, qui avait beaucoup de dignité et de respect pour les convenances, ne commit pas la faute grave de perdre le maintien qu'elle devait observer. Une plaisanterie indiscrète d'une des dames du palais lui en donna cependant le tort apparent. Madame la marquise de Clermont-Tonnerre, fatiguée de la longueur de cette séance, et forcée, par les fonctions de sa charge, de se tenir debout derrière la reine, trouva plus commode de s'asseoir à terre sur le parquet, en se cachant derrière l'espèce de muraille que formaient les paniers de la reine et des dames du palais. Là, voulant fixer l'attention et contrefaire la gaieté, elle tirait les jupes de ces dames, et faisait mille espiégleries.

CHAPITRE IV.

Le contraste de ces enfantillages avec le sérieux de la représentation qui régnait dans toute la chambre de la reine, déconcerta Sa Majesté plusieurs fois : elle porta son éventail devant son visage pour cacher un sourire involontaire, et l'aréopage sévère des vieilles dames prononça que la jeune reine s'était moquée de toutes les personnes respectables qui s'étaient empressées de lui rendre leurs devoirs; qu'elle n'aimait que la jeunesse; qu'elle avait manqué à toutes les bienséances, et qu'aucune d'elles ne se présenterait plus à sa cour. Le titre de moqueuse lui fut généralement donné, et il n'en est point qui soit plus défavorablement accueilli dans le monde.

Le lendemain il circula une chanson fort méchante, et où le cachet du parti auquel on pouvait l'attribuer se faisait aisément remarquer. Je ne me rappelle que le refrain suivant :

> Petite reine de vingt ans,
> Vous, qui traitez si mal les gens,
> Vous repasserez la barrière
> Laire, laire, laire lanlaire, laire lanla.

Les fautes des grands ou celles que la méchanceté leur attribue, circulent avec la plus grande rapidité dans le monde, et s'y conservent comme une espèce de tradition historique que le provincial le plus obscur aime à répéter. Plus de quinze ans après cet événement, j'entendais raconter à de vieilles dames, au fond de l'Auvergne, tous les détails du jour des révérences pour le deuil du feu roi, où, disait-on, la reine avait indécemment éclaté de rire au nez des duchesses et des princesses sexagénaires qui avaient cru devoir paraître pour cette cérémonie.

Le roi et les princes ses frères s'étaient décidés à profiter des avantages de l'inoculation, pour se préserver de la funeste maladie qui venait de faire succomber leur aïeul; mais l'utilité de cette nouvelle découverte n'étant pas alors généralement reconnue en France, beaucoup de gens à Paris furent très-alarmés du parti que venaient de prendre les princes; ceux qui le blâmèrent hautement se plurent à en rejeter tout le tort sur la reine, qui seule avait pu, disait-on, se permettre de donner un conseil aussi téméraire, l'inoculation étant déjà établie dans les cours du Nord. Celle du roi et de ses frères, faite par le docteur Jauberthou, eut heureusement un succès complet.

Le voyage de Marly, lorsque l'état de convalescence fut entièrement établi, devint assez gai. On fit beaucoup de parties de cheval et de calèche. La reine eut l'idée de se donner une jouissance fort innocente; jamais elle n'avait vu le lever de l'aurore: comme elle n'avait plus d'autre permission à obtenir que celle du roi, elle lui fit connaître son désir. Il consentit à ce qu'elle se rendît, à trois heures du matin, sur les hauteurs des jardins de Marly; et malheureusement, peu porté à partager ses plaisirs, il fut se coucher. La reine suivit donc son idée; mais comme elle prévoyait quelques inconvéniens à cette partie de nuit, elle voulut avoir avec elle beaucoup de monde, et ordonna même à ses femmes de la suivre. Toute précaution était inutile pour empêcher l'effet de la calomnie, qui dès-lors cherchait à diminuer l'attachement général qu'elle avait inspiré. Peu de jours après, il circulait à Paris le libelle le plus méchant qui ait paru dans les premières années du règne. On peignait sous les plus noires couleurs une partie de plaisir si innocente, qu'il n'y a point de jeune femme vivant à la campagne qui n'ait cherché à se la procurer. La pièce de vers qui parut à cette occasion était intitulée : *Le lever de l'aurore* (1).

Le duc d'Orléans, alors duc de Chartres, était du nombre des personnes qui accompagnaient la jeune reine à cette promenade nocturne : il paraissait, à cette époque, très-occupé d'elle ; mais ce fut le seul instant de sa vie où il y eut quelque rapprochement d'intimité entre la reine et ce prince. Le roi n'aimait pas le caractère du duc

---

(1) C'était donc par des libelles et par des chansons que les ennemis de Marie-Antoinette accueillaient les premiers jours de son règne. Ils se hâtaient de la dépopulariser. Leur but était, sans aucun doute, de la faire renvoyer en Allemagne ; et pour y parvenir, ils n'avaient pas un moment à perdre : l'indifférence du roi pour cette aimable et belle épouse était déjà une espèce de prodige ; d'un jour à l'autre, les charmes séduisans de Marie-Antoinette pouvaient déjouer toutes les machinations.

(*Note de madame Campan.*)

de Chartres, et la reine le tint toujours éloigné de sa société particulière. C'est donc sans aucune espèce de probabilité que quelques écrivains ont attribué à des sentimens de jalousie ou d'amour-propre blessé, la haine qu'il a manifestée contre la reine, dans les dernières années de leur existence.

Ce fut à ce premier voyage de Marly que parut à la cour le joailler Bœhmer, dont l'ineptie et la cupidité amenèrent, dans la suite, l'événement qui porta l'atteinte la plus funeste au bonheur et à la gloire de Marie-Antoinette. Cet homme avait réuni, à grands frais, six diamans, en forme de poires, d'une grosseur prodigieuse; ils étaient parfaitement égaux, et de la plus belle eau. Ces boucles d'oreilles avaient été destinées à la comtesse Du Barry, avant la mort de Louis XV.

Bœhmer, recommandé par plusieurs personnes de la cour, vint présenter son écrin à la reine: il demandait quatre cent mille francs de cet objet; la jeune princesse ne put résister au désir de l'acheter; et le roi venant de porter à cent mille écus par an les fonds de la cassette de la reine, qui, sous le règne précédent, n'était que de deux cent mille livres, elle voulut faire cette acquisition sur ses économies, et ne point grever le Trésor royal du paiement d'un objet de pure fantaisie: elle proposa à Bœhmer de retirer les deux boutons qui formaient le haut des girandoles, pouvant les remplacer par deux de ses diamans. Il y consentit, et réduisit les girandoles à trois cent soixante mille francs, dont le paiement fut réparti en différentes sommes et acquitté, en quatre ou cinq années par la première femme de la reine, chargée des fonds de sa cassette. Je n'ai omis aucuns détails sur cette première acquisition, les croyant très-propres à jeter un vrai jour sur l'événement trop fameux du collier, arrivé vers la fin du règne de Marie-Antoinette. Ce fut aussi à ce premier voyage de Marly que madame la duchesse de Chartres, depuis duchesse d'Orléans, introduisit, dans l'intérieur de la reine, mademoiselle Bertin, marchande de modes, devenue fameuse, à cette époque, par le changement total qu'elle introduisit dans la parure des dames françaises.

On peut dire que l'admission d'une marchande de modes chez la reine, fut suivie de résultats fâcheux pour Sa Majesté. L'art de la marchande, reçue dans l'intérieur en dépit de l'usage qui en éloignait sans exception toutes les personnes de sa classe, lui facilitait les moyens de faire adopter, chaque jour, quelque mode nouvelle. La reine, jusqu'à ce moment, n'avait développé qu'un goût fort simple pour sa toilette; elle commença à en faire une occupation principale; elle fut naturellement imitée par toutes les femmes.

On voulait à l'instant avoir la même parure que la reine, porter ces plumes, ces guirlandes auxquelles sa beauté, qui était alors dans tout son éclat, prêtait un charme infini. La dépense des jeunes dames fut extrêmement augmentée; les mères et les maris en murmurèrent: quelques étourdies contractèrent des dettes; il y eut de fâcheuses scènes de famille, plusieurs ménages refroidis ou brouillés; et le bruit général fut que la reine ruinerait toutes les dames françaises.

Le costume changea successivement, et les coiffures parvinrent à un tel degré de hauteur, par l'échafaudage des gazes, des fleurs et des plumes, que les femmes ne trouvaient plus de voitures assez élevées pour s'y placer, et qu'on leur voyait souvent pencher la tête ou la placer à la portière. D'autres prirent le parti de s'agenouiller pour ménager, d'une manière encore plus sûre, le ridicule édifice dont elles étaient surchargées (1). Des caricaturess ans nombre exposées partout, et dont quelques-unes rappelaient malicieusement les traits de la souveraine, attaquèrent inutilement l'exagération

---

(1) Si l'usage de ces plumes et de ces coiffures extravagantes se fût prolongé, disent très-sérieusement les Mémoires de cette époque, il aurait opéré une révolution dans l'architecture. On eût senti la nécessité de hausser les portes et le plafond des loges de spectacle, et surtout l'impériale des voitures. Le roi ne vit pas sans chagrin la reine adopter cette espèce de coiffure: elle n'était jamais si belle à ses yeux que de ses seuls agrémens. Un jour que Carlin jouait à la cour, devant cette princesse, en habit d'arlequin, il avait mis à son chapeau, au lieu de la queue de lapin qui en est l'ornement obligé, une plume de paon d'une excessive longueur. Cette aigrette d'un nouveau genre, et qui s'embarrassait dans les décorations, lui donna lieu de hasarder cent lazzis. On voulait le punir: mais il passa pour certain qu'il n'avait point agi sans ordre.

(Note de l'édit.)

de la mode; elle ne changea, comme cela arrive toujours, que par la seule influence de l'inconstance et du temps.

L'habillement de la princesse était un chef-d'œuvre d'étiquette; tout y était réglé. La dame d'honneur et la dame d'atours, toutes deux si elles s'y trouvaient ensemble, aidées de la première femme et de deux femmes ordinaires, faisaient le service principal; mais il y avait entre elles des distinctions (1). La dame d'atours passait le jupon, présentait la robe. La dame d'honneur versait l'eau pour laver les mains et passait la chemise. Lorsqu'une princesse de la famille royale se trouvait à l'habillement, la dame d'honneur lui cédait cette dernière fonction, mais ne la cédait pas directement aux princesses du sang; dans ce cas, la dame d'honneur remettait la chemise à la première femme qui la présentait à la princesse du sang. Chacune de ces dames observait scrupuleu-

---

(1) La distinction entre le service d'honneur et le service ordinaire peut s'établir aisément. *J'ai le droit de faire*, dit avec arrogance le service d'honneur. *C'est à vous à faire, c'est à vous à suivre*, répond avec humeur le service ordinaire. Entre ces prétentions ridicules et contradictoires de gens qui ont le droit d'agir et qui n'agissent point, et de gens qui devraient agir et qui ne veulent pas, il pourrait arriver que les princes fussent fort mal servis. Madame Campan s'est, au reste, donné la peine de recueillir des détails sur le service ordinaire de la reine de France. On les trouvera au nombre des éclaircissemens imprimés dans le même caractère que le texte [*].

(*Note de l'édit.*)

sement ces usages comme tenant à des droits. Un jour d'hiver, il arriva que la reine, déjà toute déshabillée, était au moment de passer sa chemise; je la tenais toute dépliée; la dame d'honneur entre, se hâte d'ôter ses gants et prend la chemise. On gratte à la porte, on ouvre : c'est madame la duchesse d'Orléans; ses gants sont ôtés, elle s'avance pour prendre la chemise, mais la dame d'honneur ne doit pas la lui présenter; elle me la rend, je la donne à la princesse; on gratte de nouveau : c'est Madame, comtesse de Provence; la duchesse d'Orléans lui présente la chemise. La reine tenait ses bras croisés sur sa poitrine et paraissait avoir froid. Madame voit son attitude pénible, se contente de jeter son mouchoir, garde ses gants, et, en passant la chemise, décoiffe la reine qui se met à rire pour déguiser son impatience, mais après avoir dit plusieurs fois entre ses dents : *C'est odieux! quelle importunité!*

Cette étiquette, gênante à la vérité, était calculée sur la dignité royale qui ne doit trouver que des serviteurs, à commencer même par les frères et les sœurs du monarque.

En parlant ici d'étiquette, je ne veux pas désigner cet ordre majestueux établi dans toutes les cours, pour les jours de cérémonies. Je parle de cette règle minutieuse qui poursuivait nos rois dans leur intérieur le plus secret, dans leurs heures de souffrances, dans celles de leurs plaisirs, et jusque dans leurs infirmités humaines les plus rebutantes.

CHAPITRE IV.

Ces règles serviles étaient érigées en espèce de code ; elles portaient un Richelieu, un La Rochefoucauld, un Duras, à trouver, dans l'exercice de leurs fonctions domestiques, l'occasion de rapprochemens utiles à leur fortune ; et, pour ménager leur vanité, ils aimaient des usages qui convertissaient en honorables prérogatives, le droit de donner un verre d'eau, de passer une chemise et de retirer un bassin (1).

Des princes, accoutumés à être traités en divinités, finissaient naturellement par croire qu'ils étaient d'une nature particulière, d'une essence plus pure que le reste des hommes.

Cette étiquette qui, dans la vie intérieure de nos princes, les avait amenés à se faire traiter en idoles, dans leur vie publique en faisait des victimes de toutes les convenances. Marie-Antoinette trouva, dans le château de Versailles, une foule d'usages établis et révérés qui lui parurent insupportables.

Des femmes en charge, ayant prêté serment et vêtues en grand habit de cour, pouvaient seules rester dans la chambre, et servir conjointement avec la dame d'honneur et la dame d'atours. La reine abolit tout ce cérémonial. Lorsqu'elle était coiffée, elle saluait les dames qui étaient dans sa chambre, et, suivie de ses seules femmes, elle rentrait dans un

---

(1) Quand la reine prenait médecine, c'était la dame d'honneur qui devait retirer le bassin du lit.

(*Note de madame Campan.*)

cabinet où se trouvait mademoiselle Bertin qui ne pouvait être admise dans la chambre (1). C'était dans ce cabinet intérieur qu'elle présentait ses nouvelles et nombreuses parures. La reine voulut aussi se servir du coiffeur qui, dans ce moment, avait à Paris le plus de vogue. L'usage, qui interdisait à tout subalterne pourvu d'une charge d'exercer son talent pour le public, avait sans doute pour base de couper toute communication entre l'intérieur des princes et la société toujours curieuse des moindres détails de leur vie privée. La reine, craignant que le goût du coiffeur ne se perdît en cessant de pratiquer son état, voulut qu'il continuât à servir plusieurs femmes de la cour et de Paris; ce qui multiplia les occasions de connaître les détails de l'intérieur et souvent de les dénaturer.

Un des usages les plus désagréables était, pour la reine, celui de dîner tous les jours en public. Marie Leckzinska avait suivi constamment cette coutume fatigante : Marie-Antoinette l'observa tant qu'elle fut dauphine. Le dauphin dînait avec elle, et chaque ménage de la famille avait tous les jours son

---

(1) Mademoiselle Bertin se prévalait, dit-on, des bontés de la reine pour afficher un orgueil très-risible. Une femme alla un jour chez cette fameuse ouvrière en mode, et demanda des ajustemens pour le deuil de l'impératrice. On lui en présenta plusieurs qu'elle rejeta tous. Mademoiselle Bertin s'écria d'un ton mêlé d'humeur et de suffisance : *Présentez donc à madame des échantillons de mon dernier travail avec Sa Majesté.* Le mot est assez ridicule pour avoir été dit.

(*Note de l'édit.*)

dîner public. Les huissiers laissaient entrer tous les gens proprement mis; ce spectacle faisait le bonheur des provinciaux. A l'heure des dîners on ne rencontrait, dans les escaliers, que de braves gens, qui, après avoir vu la dauphine manger sa soupe, allaient voir les princes manger leur bouilli, et qui couraient ensuite à perte d'haleine pour aller voir Mesdames manger leur dessert (1).

L'usage, le plus anciennement établi, voulait aussi qu'aux yeux du public, les reines de France ne parussent environnées que de femmes; l'éloignement des serviteurs de l'autre sexe existait même aux heures des repas pour le service de table; et quoique le roi mangeât publiquement avec la reine, il était lui-même servi par des femmes pour tous les objets qui lui étaient directement présentés à table. La dame d'honneur, à genoux pour sa commodité, sur un pliant très-bas, une serviette posée sur le bras, et quatre femmes en grand habit, présentaient les assiettes au roi et à la reine. La dame d'honneur leur servait à boire. Ce service avait anciennement appartenu aux filles d'honneur. La reine, à son avénement au

---

(1) On peut imaginer aisément que le charme de la conversation, la gaieté, l'aimable abandon, qui contribuent en France au plaisir de la table, étaient bannis de ces repas cérémonieux. Il fallait même avoir pris, dès l'enfance, l'habitude de manger en public pour que tant d'yeux inconnus dirigés sur vous n'ôtassent pas l'appétit.

(*Note de madame Campan.*)

trône, abolit de même cet usage ; elle se dégagea aussi de la nécessité d'être suivie, dans le palais de Versailles, par deux de ses femmes en habit de cour, aux heures de la journée où les dames n'étaient plus auprès d'elle. Dès-lors elle ne fut plus accompagnée que d'un seul valet de chambre et de deux valets de pied. Toutes les fautes de Marie-Antoinette sont du genre de celles que je viens de détailler. La volonté de substituer successivement la simplicité des usages de Vienne à ceux de Versailles lui fut plus nuisible qu'elle n'aurait pu l'imaginer.

La reine parlait à l'abbé de Vermond des importunités sans cesse renaissantes dont elle avait à se dégager, et je remarquais qu'après l'avoir écouté elle se jetait avec complaisance dans les idées philosophiques de la simplicité sous le diadème, de la confiance paternelle dans des sujets dévoués. Ce doux roman de la royauté, qu'il n'est pas donné à tous les souverains de réaliser, flattait singulièrement le cœur tendre et la jeune imagination de Marie-Antoinette.

Élevée dans une cour où la simplicité s'alliait avec la majesté ; placée à Versailles entre une dame d'honneur importune et un conseiller imprudent, il n'est pas étonnant que, devenue reine, elle ait voulu se soustraire à des contrariétés dont elle ne jugeait pas l'indispensable nécessité : cette erreur tenait à une vraie sensibilité. Cette infortunée princesse, contre laquelle on est parvenu à soulever l'opinion du peuple français, possédait des qualités dignes d'obtenir la plus grande popularité. En douterait-on si, comme moi, on l'eût entendue raconter avec délices les détails des mœurs patriarcales de la maison de Lorraine? Elle disait qu'en les transportant en Autriche, ces princes y avaient fondé l'inattaquable popularité dont jouissait la famille impériale (1). Elle m'a souvent raconté de quelle manière touchante les ducs de Lorraine levaient les impôts. Le prince souverain se rendait à l'église, me disait-elle; après le prône il se levait, agitait son chapeau en l'air pour indiquer qu'il allait parler, et disait ensuite quelle était la somme dont il avait besoin. Tel était le zèle des bons Lorrains, qu'on avait vu des hommes dérober, à l'insu de leurs femmes, le linge ou quelques ustensiles de ménage, et aller vendre ces objets pour augmenter la contribution; aussi arrivait-il souvent que le prince recevait plus d'argent qu'il n'en avait demandé, alors il le faisait rendre.

Tous ceux qui connurent les qualités privées de la reine, savent qu'elle méritait autant d'estime que d'attachement; bonne et patiente jusqu'à l'excès dans les détails de son service, elle appréciait avec indulgence toutes les personnes qui lui étaient attachées, s'occupait de leur sort et même de leurs plaisirs. Elle avait parmi ses femmes de jeunes

---

(1) Lisez dans les *éclaircissemens historiques* (lettre I) des particularités curieuses sur la simplicité de la cour de Vienne.

(*Note de l'édit.*)

filles sorties de la maison de Saint-Cyr, et toutes fort bien nées ; la reine leur interdisait le spectacle lorsque les pièces ne lui paraissaient pas d'une moralité convenable : quelquefois, lorsqu'on représentait d'anciennes comédies, sa mémoire se trouvant en défaut pour les juger, elle prenait la peine de les lire dans la matinée, et prononçait ensuite si les demoiselles pouvaient aller au spectacle, se regardant avec raison comme chargée de veiller aux mœurs et à la conduite de ces jeunes personnes.

Je trouve du plaisir à pouvoir consigner ici la vérité sur deux qualités estimables que la reine possédait aussi au plus haut degré, la sobriété et la décence. Elle ne mangeait habituellement que de la volaille rôtie ou bouillie, et ne buvait que de l'eau. Elle ne témoignait de goût particulier que pour son café du matin, et une sorte de pain auquel elle avait été accoutumée, dans son enfance, à Vienne.

Sa modestie était extrême dans tous les détails de sa toilette intérieure ; elle se baignait vêtue d'une longue robe de flanelle boutonnée jusqu'au col, et, tandis que ses deux baigneuses l'aidaient à sortir du bain, elle exigeait que l'on tînt devant elle un drap assez élevé pour empêcher ses femmes de l'apercevoir. Cependant un nommé Soulavie a osé écrire, dans le premier volume d'un ouvrage des plus scandaleux, que la reine était d'une effroyable immodestie ; qu'elle se baignait nue, et qu'elle avait reçu dans cet état un ecclésiastique vénérable. Quel châtiment ne devrait-on pas infliger à des libellistes qui osent vouloir donner à leurs perfides mensonges le caractère de Mémoires historiques (1) !

---

(1) On partage l'indignation qu'éprouve madame Campan, quand on a lu, dans l'abbé Soulavie, les détails qu'elle dément avec une honorable vivacité. Comment un historien, qui devait avoir quelque critique, a-t-il pu accueillir des assertions aussi mensongères? Comment un homme qui a quelque pudeur, comment un prêtre a-t-il osé les écrire? On conçoit, après avoir lu ce passage de ses Mémoires historiques, pourquoi l'on hésite à les consulter, et comment de pareilles assertions jettent du discrédit sur les choses très-vraies qu'il a pu dire dans le même ouvrage.

(*Note de l'édit.*)

CHAPITRE V.

Révision des papiers de Louis XV par Louis XVI. — Homme au masque de fer. — Intérêts qu'avait le feu roi dans des compagnies de finances. — Son égoïsme. — Représentation d'Iphigénie en Aulide à laquelle assiste Marie-Antoinette. — Ivresse générale. — Le roi donne le petit Trianon à la reine. — Plaisir qu'elle trouve à y vivre simplement. — Reproches sur sa prodigalité : combien ils sont injustes. — Ses ennemis font courir le bruit qu'elle a donné le nom de Schœnbrunn ou de *petit Vienne* à Trianon : elle en est indignée. — Voyage de l'archiduc Maximilien en France. — Questions de préséance. — Mésaventure de l'archiduc. — Couches de madame la comtesse d'Artois. — Les poissardes crient à la reine de donner des héritiers au trône. — Sa douleur. — Petit villageois recueilli par elle. — Mort du duc de La Vauguyon. — Anecdote. — Portrait de Louis XVI. — De M. le comte de Provence. — De M. le comte d'Artois. — Scènes d'intérieur. — Aiguille d'une pendule avancée chez la reine : à quelle occasion. — Réflexions.

Louis XVI, pendant les premiers mois de son règne, avait séjourné à la Muette, à Marly, à Compiègne. Lorsqu'il fut fixé à Versailles, il travailla à la révision générale des papiers de son aïeul. Il avait promis à la reine de lui communiquer ce qu'il découvrirait, relativement à l'histoire de l'homme au masque de fer : il pensait, d'après ce qu'il en avait entendu dire, que ce masque de fer n'était devenu un sujet si inépuisable de conjectures, que par l'intérêt que la plume d'un écrivain célèbre avait fait naître sur la détention d'un prisonnier d'État qui n'avait que des goûts et des habitudes bizarres.

J'étais auprès de la reine lorsque le roi, ayant terminé ses recherches, lui dit qu'il n'avait rien trouvé dans les papiers secrets d'analogue à l'existence de ce prisonnier; qu'il en avait parlé à M. de Maurepas, rapproché par son âge du temps où cette anecdote aurait dû être connue des ministres, et que M. de Maurepas l'avait assuré que c'était simplement un prisonnier d'un caractère très-dangereux par son esprit d'intrigue, et sujet du duc de Mantoue. On l'attira sur la frontière, on l'y arrêta, et on le garda prisonnier, d'abord à Pignerol, puis à la Bastille. Ce transfert d'une prison à l'autre eut lieu parce que le gouverneur de la première fut nommé gouverneur de la seconde. Il connaissait les ruses de son prisonnier, et le prisonnier suivit le geôlier; et de peur que celui-ci ne profitât de l'inexpérience d'un gouverneur novice, le gouverneur de Pignerol vint à la Bastille.

Telle est effectivement la véritable aventure de l'homme auquel on s'est amusé à mettre un masque de fer. C'est ainsi qu'elle a été écrite et publiée par M.***, il y a une vingtaine d'années. Il avait fait des recherches dans le dépôt des affaires étrangères, et il y avait trouvé la vérité : il la fit connaître au public; mais le public, attaché à une version qui lui offrait l'attrait du merveilleux, n'a point voulu reconnaître l'authenticité du récit véritable. Chacun s'est appuyé de l'autorité de Voltaire, et l'on se plaît encore à croire qu'un frère adultérin ou jumeau de Louis XIV, a vécu nombre d'années en prison, en portant un masque sur la figure. L'incident bizarre de ce masque provient peut-être de l'usage qu'avaient autrefois les femmes et les hommes, en Italie, de porter un masque de velours quand ils s'exposaient au soleil. Il est possible que le captif italien se soit quelquefois montré sur une terrasse de sa prison le visage ainsi couvert. Quant à une assiette d'argent que ce célèbre prisonnier aurait jetée par la fenêtre, il est connu que la chose est arrivée, mais à Valzin. C'est du temps du cardinal de Richelieu. On a joint cette anecdote aux faussetés inventées sur le prisonnier piémontais.

Ce fut aussi dans cette revue des papiers de Louis XV, que son petit-fils trouva des détails très-curieux sur son trésor particulier. Des intérêts dans les différentes compagnies de finances lui formaient un revenu, et avaient fini par produire un capital assez considérable dont le roi disposait pour ses dépenses secrètes. Le roi réunit ces différens titres, et en fit don à M. Thierry de Villedavray, son premier valet de chambre.

La reine désirait assurer le bonheur des princesses, filles de Louis XV. On avait pour elles la plus grande vénération. Elle contribua à cette époque à leur faire assurer un revenu qui pût leur procurer une existence agréable. Le roi leur donna le château de Bellevue, et ajouta aux produits qui leur furent abandonnés l'entretien de leur écurie, de leur table, et le paiement de toutes les charges de leur maison, dont le nombre fut même augmenté. Pendant la vie de Louis XV, prince extrêmement égoïste, ses filles, quoique parvenues à l'âge de 40 ans, n'avaient d'autre séjour que leur appartement dans le château de Versailles; d'autres promenades que le grand parc de ce palais; et ne pouvaient satisfaire leur goût pour la culture des plantes, qu'en ayant des caisses et des vases remplis d'arbustes sur leurs balcons ou dans leurs cabinets. Elles eurent donc beaucoup à se louer des procédés de Marie-Antoinette qui eut la plus grande part dans la conduite du roi envers ses tantes.

Paris ne cessa, dans les premières années du règne, de donner des preuves de joie lorsque la reine paraissait à quelqu'un des spectacles de la capitale. Une représentation d'Iphigénie en Aulide fut pour elle un des triomphes les plus doux qui aient été accordés à une souveraine. L'acteur qui chantait ces mots répétés par le chœur: *Chantons, célébrons notre reine*, par un geste respectueusement adressé à Sa Majesté, fixa sur elle les yeux de l'assemblée; les cris *bis*, mille fois répétés, les battemens de mains, furent suivis d'un tel enthousiasme, que beaucoup de gens unirent leurs voix à celles des acteurs pour célébrer, on peut le dire avec trop de vérité, une autre Iphigénie. La reine, émue, couvrit de son mouchoir ses yeux remplis de pleurs, et cet aveu public de sa sensibilité vint encore ajouter à l'ivresse.

Une telle réception conduisit malheureusement la reine à rechercher trop souvent les occasions qui pouvaient lui offrir ou lui rappeler d'aussi douces jouissances.

Le roi lui donna le petit Trianon (1). Ce fut dès-lors qu'elle s'occupa d'embellir les jardins, en ne permettant aucune augmentation dans le bâtiment et aucun changement dans le mobilier devenu très-mesquin, et qui existait encore en 1789, tel qu'il était sous le règne de Louis XV. Tout fut conservé sans exception, et la reine y couchait dans un lit très-fané, et qui avait même servi à la comtesse Du Barry. Le reproche de prodigalité, généralement fait à la reine, est la plus inconcevable des erreurs populaires qui se soient établies dans le monde sur son caractère (2). Elle avait entièrement le défaut

---

(1) Le château du petit Trianon, bâti pour Louis XV, n'a rien de remarquable pour la beauté du monument. La richesse des serres-chaudes rendait ce lieu agréable à ce prince. Plusieurs fois dans l'année, il y passait quelques jours. C'est en partant de Versailles pour se rendre au petit Trianon, qu'il fut frappé au côté par le couteau du régicide Damiens; et ce fut dans le même lieu qu'il fut atteint de la petite-vérole dont il mourut le 10 mai 1774.

(*Note de madame Campan.*)

(2) Ce reproche de prodigalité, fait à la reine avec tant d'injustice, a été si généralement répandu en France et dans toute l'Europe, qu'il a dû tenir au projet de rendre la cour uniquement responsable du mauvais état des finances.

(*Note de madame Campan.*)

contraire; et je pourrais prouver qu'elle portait souvent l'économie jusqu'à des détails d'une mesquinerie blâmable, surtout dans une souveraine. Elle prit beaucoup de goût à sa retraite de Trianon; elle s'y rendait seule, suivie d'un valet de pied; mais y trouvait un service prêt à la recevoir : un concierge et sa femme, qui alors lui tenait lieu de femme de chambre; puis des femmes de garde-robe, des garçons du château, etc., etc.

Dans les premiers temps où elle fut en possession du petit Trianon, on répandit dans quelques sociétés qu'elle avait changé le nom de la maison de plaisance que le roi venait de lui donner, et lui avait substitué celui de *petit Vienne*, ou de *petit Schœnbrunn*. Un homme de la cour, assez simple pour croire légèrement à ce bruit, et désirant entrer avec sa société dans le petit Trianon, écrivit à M. Campan pour en demander la permission à la reine. Il avait, dans son billet, appelé Trianon le *petit Vienne*. L'usage était de mettre sous les yeux de la reine les demandes de ce genre, telles qu'elles étaient formées; elle voulait donner elle-même les permissions d'entrer dans ses jardins, trouvant agréable d'accorder cette légère marque de faveur; lorsqu'elle en vint aux mots dont je viens de parler, elle fut très-désobligée, et s'écria avec vivacité qu'il y avait trop de sots qui servaient les méchans; qu'elle était déjà informée que l'on faisait circuler dans le monde qu'elle ne pensait qu'à son pays, et qu'elle conservait le cœur autrichien, tandis que ce qui tenait à la France avait seul le droit de l'intéresser. Elle refusa une demande aussi gauchement faite, en ordonnant à M. Campan de répondre qu'on n'entrerait pas à Trianon pendant quelque temps, et que la reine était étonnée qu'un homme de bonne compagnie pût croire qu'elle fît une chose aussi déplacée que de changer les noms français de ses palais pour en substituer d'étrangers.

Avant le premier voyage de l'empereur Joseph II en France, la reine reçut, en 1775, la visite de l'archiduc Maximilien. Une prétention déplacée de la part des personnes qui conseillaient ce prince, ou plutôt une gaucherie de l'ambassadeur, appuyée auprès de la reine par l'abbé Vermond, fit, à cette époque, naître une discussion dont les princes du sang et les grands du royaume surent généralement mauvais gré à la reine. Voyageant *incognito*, le jeune prince prétendit ne pas devoir la première visite aux princes du sang, et la reine soutint sa prétention (1).

---

(1) On fit commettre à la cour deux fautes de ce genre : l'une à l'époque du mariage de la dauphine, l'autre dans la circonstance dont parle ici madame Campan. Ces questions de préséance, imprudemment agitées et qui indisposèrent la haute noblesse, donnèrent lieu à des débats, fournirent des anecdotes, firent naître des bons mots et des vers épigrammatiques dont Grimm rapporte une partie dans sa Correspondance, et qu'on trouvera dans les *éclaircissemens* (lettre K).

(*Note de l'édit.*)

Paris avait, depuis la régence, et à raison du séjour de la maison d'Orléans au sein de la capitale, conservé un attachement et un respect tout particuliers pour cette branche; et quoique la couronne s'éloignât de plus en plus des princes de la maison d'Orléans, ils avaient, surtout pour les Parisiens, l'avantage d'être les descendans de Henri IV. Une offense faite aux princes, et surtout à cette famille chérie, fut un sujet réel de défaveur pour la reine. C'est à cette époque, et peut-être pour la première fois, que les cercles de la ville et même de la cour s'exprimèrent, d'une manière affligeante, sur sa légèreté et sa partialité en faveur de la maison d'Autriche. Le prince, au sujet duquel la reine s'était attiré une querelle importante de famille et de prérogatives nationales, était d'ailleurs peu fait pour inspirer de l'intérêt; très-jeune encore, manquant d'instruction et sans esprit naturel, il commettait, à chaque instant, des fautes ridicules.

Le voyage de l'archiduc fut de toute façon une mésaventure. Ce prince ne fit partout que des bévues : il alla au Jardin du roi; M. de Buffon, qui l'y reçut, lui présenta un exemplaire de ses OEuvres; le prince refusa le livre, en disant, le plus poliment du monde, à M. de Buffon : « Je serais bien fâché de vous en priver (1). » On peut juger si les Parisiens se divertirent de cette réponse.

---

(1) Joseph II, lors de son voyage en France, voulut rendre aussi visite à M. de Buffon, et dit à cet homme célèbre : *Je viens chercher l'exemplaire que mon frère a oublié.* (*Note de l'édit.*)

La reine fut très-mortifiée des fautes que son frère avait commises; mais ce qui la blessa le plus, à cette occasion, fut d'être accusée de conserver le cœur autrichien. Dans le long cours de ses malheurs, Marie-Antoinette eut à supporter plus d'une fois cette cruelle imputation; l'habitude n'avait point tari les larmes que lui coûtait une pareille injustice; mais la première fois qu'on la soupçonna de ne point aimer la France, elle fit éclater son indignation. Tout ce qu'elle put dire à ce sujet fut inutile; en servant les prétentions de l'archiduc, elle avait donné des armes à ses ennemis; ils essayèrent de lui faire perdre l'amour du peuple : on chercha, par tous les moyens, à répandre l'opinion que la reine regrettait l'Allemagne et la préférait à la France.

Pour conserver la faveur inconstante de la cour et du public, Marie-Antoinette n'avait d'autre appui qu'elle-même; le roi, trop indifférent pour lui servir de guide, ne l'aimait pas encore; l'intimité qui s'était établie entre eux, à Choisy, n'avait point eu de suite.

Dans son cabinet, Louis XVI s'attachait à des études sérieuses. Au conseil, il s'occupait du bonheur de son peuple; la chasse et des occupations mécaniques remplissaient ses loisirs, et il ne songeait pas à se donner un héritier.

Le sacre du roi eut lieu à Reims avec la pompe usitée. A cette époque, Louis XVI éprouva ce qui peut et doit le plus toucher le cœur d'un souverain vertueux. L'amour que le peuple avait pour lui éclatait avec ces transports unanimes qu'on peut distinguer aisément des mouvemens de la curiosité ou des clameurs que poussent les partis. Il répondit à cet enthousiasme par une confiance honorable pour un peuple heureux d'être soumis à un bon roi; il voulut se promener plusieurs fois sans gardes au milieu de la foule qui le pressait et le bénissait. J'ai remarqué dans ce temps l'impression que fit un mot de Louis XVI. Le jour de son couronnement, au milieu du chœur de la cathédrale de Reims, il porta la main à sa tête lorsqu'on y posa la couronne, et dit: « Elle me gêne. » Henri III avait dit : « Elle me pique. » Les témoins les plus rapprochés du roi furent frappés de cette similitude entre ces deux exclamations, et cependant on peut juger que ceux qui avaient l'honneur d'être ce jour-là assez près du jeune monarque pour entendre ce qu'il disait, n'étaient point de cette classe que des lumières bornées rendent superstitieuse (1).

Dans le temps où la reine délaissée ne pouvait pas même espérer le bonheur d'être mère, elle eut

---

(1) Le récit du sacre de Louis XVI est curieux pour la génération nouvelle, parce qu'on y retrouve tous les usages de l'ancienne monarchie. Plusieurs circonstances peignent d'ailleurs, sous le jour le plus favorable, le caractère du roi et de Marie-Antoinette. Mais comme ces détails sont extraits d'un ouvrage publié en 1791, il ne faudra pas être surpris de les trouver fortement empreints de l'esprit et des opinions du temps. (Voyez la lettre L.)

(*Note de l'édit.*)

le chagrin de voir madame la comtesse d'Artois accoucher du duc d'Angoulême.

L'usage voulait que la famille et toute la cour assistassent à l'accouchement des princesses; celui des reines était même public. La reine fut donc obligée de rester, toute une journée, dans la chambre de sa belle-sœur. Au moment où l'on annonça que c'était un prince, la comtesse d'Artois se frappa le front avec vivacité, en s'écriant : « Mon » Dieu que je suis heureuse! » La reine ressentit cette exclamation involontaire et bien naturelle, d'une manière bien différente. Elle n'avait pas même, à cette époque, l'espoir de devenir mère. Cependant sa contenance fut parfaite. Elle donna toutes les marques possibles de tendresse à la jeune accouchée, et ne voulut la quitter que lorsqu'elle fut replacée dans son lit; ensuite elle traversa les escaliers et la salle des gardes avec un maintien fort calme, au milieu d'une foule immense. Les poissardes, qui s'étaient arrogé le droit de parler aux souverains dans leur ridicule et grossier langage, la suivirent jusqu'aux portes de ses cabinets, en lui criant, avec les expressions les plus licencieuses, que c'était à elle de donner des héritiers. La reine arriva dans son intérieur, très-agitée et précipitant ses pas; elle s'enferma seule avec moi pour pleurer, non de jalousie sur le bonheur de sa belle-sœur, elle en était incapable; mais de douleur sur sa position.

J'ai eu souvent occasion d'admirer la modération de la reine dans toutes les circonstances d'intérêt majeur et personnel : elle était extrêmement touchante dans le malheur.

Privée du bonheur de donner un héritier à la couronne, la reine cherchait à s'environner d'illusions qui pouvaient flatter son cœur. Elle avait toujours près d'elle quelques enfans appartenant aux gens de sa maison, et leur prodiguait les plus tendres caresses. Depuis long-temps elle désirait d'en élever un elle-même, et d'en faire l'objet constant de ses soins. Un petit villageois de quatre à cinq ans, d'une figure agréable, brillante de santé, et dont les grands yeux bleus et la belle chevelure blonde étaient remarquables, se précipite par étourderie sous les pieds des chevaux de la reine qui se promenait en calèche et traversait le hameau de Saint-Michel, près Luciennes. Le cocher et les postillons arrêtent les chevaux; l'enfant est retiré d'un si grand péril sans avoir la plus légère blessure : sa grand'mère s'élance de la porte de sa chaumière pour le prendre; mais la reine, levée dans sa calèche, étendant les bras vers la vieille paysanne, s'écria que cet enfant était à elle, que le sort le lui avait donné pour la consoler, sans doute, jusqu'au moment où elle aurait le bonheur d'en avoir elle-même. « A-t-il sa mère? demanda-
» t-elle. — Non, Madame, ma fille est morte l'hiver
» dernier, en me laissant cinq petits enfans sur
» les bras. — Je prends celui-ci, et je me charge
» de tous les autres; y consentez-vous? — Ah!

» Madame, ils sont trop heureux, répondit la
» paysanne; mais Jacques est bien mauvais : vou-
» dra-t-il rester avec vous! » La reine, en éta-
blissant le petit Jacques sur ses genoux, dit qu'elle
l'accoutumerait à elle, que c'était son affaire, et ordonna à son écuyer de faire continuer la promenade. Il fallut pourtant l'abréger, tant Jacques
poussait de cris perçans et donnait de coups de
pied à la reine et à ses dames.

L'arrivée de Sa Majesté dans ses appartemens, à
Versailles, tenant ce petit rustre par la main,
étonna tout son service; il criait à tue-tête qu'il
voulait sa grand'mère, son frère Louis, sa sœur
Marianne; rien ne pouvait le calmer. On le fit
transporter par la femme d'un garçon de toilette,
qui fut nommée pour lui servir de bonne. On mit les
autres enfans en pension. Petit Jacques, surnommé
Armand, revint deux jours après chez la reine;
l'habit blanc, les dentelles, l'écharpe rose à frange
d'argent, le chapeau décoré de plumes, avaient
remplacé le bonnet de laine, le petit jupon rouge
et les sabots. L'enfant était véritablement très-beau.
La reine en fut charmée; on le lui amenait tous les
matins à neuf heures; il déjeunait, dînait avec elle,
souvent même avec le roi. Elle se plaisait à l'appeler *mon enfant* (1), et lui prodiguait les caresses

---

(1) Ce petit malheureux avait près de vingt ans en 1792; les propos incendiaires du peuple, la peur d'être traité comme un être

les plus tendres, en observant un profond silence sur les regrets dont son cœur était constamment occupé.

Cet enfant resta près de la reine, jusqu'à l'époque où Madame fut en âge de venir chez son auguste mère qui s'était particulièrement chargée du soin de son éducation.

Le roi commençait à se plaire dans la société de la reine, quoiqu'il n'eût point encore usé des droits d'époux. La reine ne cessait de parler des vertus qu'elle admirait en Louis XVI, et s'attribuait, avec satisfaction, les moindres changemens favorables dans ses manières extérieures; peut-être laissait-elle voir, avec trop d'abandon, la joie qu'elle en ressentait et la part qu'elle croyait y avoir.

Un jour, Louis XVI avait salué ses dames avec plus de bienveillance et de grâces que de coutume; la reine s'écria : « Convenez, Mesdames, que, pour » un enfant mal élevé, le roi vient de vous saluer » avec de très-bonnes manières. »

La reine haïssait M. de La Vauguyon : c'était lui seul qu'elle accusait des choses qui l'affligeaient dans les habitudes, et même dans les sentimens du roi.

Une ancienne première femme de la reine Marie

---

favorisé de la reine, en avaient fait le terroriste le plus sanguinaire de Versailles. Il fut tué à la bataille de Jemmapes.

(*Note de madame Campan.*)

Leckzinska avait continué les fonctions de sa charge auprès de la jeune reine. C'était une de ces vieilles personnes qui ont le bonheur de dérouler le fil entier de leur vie au service des rois, sans savoir rien de ce qui se passe dans les cours. Elle était très-dévote : l'abbé Grisel, ex-jésuite, la dirigeait. Riche par ses économies et par un revenu de 50,000 l. long-temps possédé, elle avait une très-bonne table, et son appartement, au grand commun, réunissait souvent les personnages les plus distingués qui tenaient encore à l'ordre des jésuites. Le duc de La Vauguyon avait des relations avec elle; leurs chaises, à l'église des Récollets, étaient placées près l'une de l'autre ; ils chantaient ensemble à la grand'-messe et à vêpres le *Gloria in excelsis* et le *Magnificat;* et la pieuse fille, ne voyant en lui que l'élu de Dieu, était fort loin de croire le duc ennemi déclaré d'une princesse qu'elle servait et révérait. Le jour de sa mort, elle accourut toute en larmes raconter à la reine les actes de piété, les actes d'humanité et de repentir des derniers instans du duc de La Vauguyon. Il avait, disait-elle, fait venir ses gens, pour leur demander pardon... « De quoi ? reprit la reine avec vivacité : il a placé et enrichi tous ses valets ; c'était au roi et à ses frères que le saint homme que vous pleurez devait demander pardon, pour avoir si peu soigné l'éducation des princes dont dépendent les destinées et le bonheur de vingt-cinq millions d'hommes. Heureusement, ajouta-t-elle, que, jeunes encore, le roi et ses frères n'ont point cessé de travailler à réparer les torts de leur gouverneur (1). »

Les années et la confiance qu'une position nouvelle donnait au roi et aux princes, ses frères, depuis la mort de Louis XV, avaient amené le dé-

---

(1) On lit dans Grimm le passage suivant, t. II, p. 199 :

« M. le duc de La Vauguyon étant allé, ces jours passés, rendre compte au tribunal de la justice éternelle de la manière dont il s'est acquitté du devoir effrayant et terrible d'élever un dauphin de France, et recevoir le châtiment de la plus criminelle des entreprises, si elle ne s'est pas accomplie au vœu et aux acclamations de toute la nation : on a vu, à cette occasion, un mouvement de vanité bien étrange, et qui a occupé la cour et la ville; c'est le billet d'enterrement qu'on a envoyé à toutes les portes, suivant l'usage. Ce billet est devenu, par sa singularité, un effet de bibliothèque. Chacun a voulu le conserver ; et, à force d'être recherché, il est devenu rare, malgré la profusion avec laquelle il avait été distribué. Je vais le transcrire ici en son entier, dans l'espérance qu'il pourra entraîner ces feuilles avec lui vers la postérité.

« Vous êtes prié d'assister aux convoi, service et enterrement
» de monseigneur Antoine-Paul-Jacques de Quélen, chef des
» noms et armes des anciens seigneurs de la châtellenie de
» Quélen, en Haute-Bretagne, juveigneur des comtes de Porhoët,
» substitué aux noms et armes de Stuer de Caulsade, duc de La
» Vauguyon, pair de France, prince de Carency, comte de
» Quélen et du Boulay, marquis de Saint-Mégrin, de Callonges
» et d'Archiac, vicomte de Calvignac, baron des anciennes
» et hautes baronies de Tonneins, Gratteloup, Villeton, La
» Gruère et Picornet, seigneur de Larnagol et Talcoimur,
» vidame, chevalier et avoué de Sarlac, haut baron de Guyenne,
» second baron de Quercy, lieutenant-général des armées du roi,
» chevalier de ses ordres, menin de feu monseigneur le dauphin,
» premier gentilhomme de la chambre de monseigneur le dauphin,
» grand-maître de sa garde-robe, ci-devant gouverneur de sa
» personne et de celle de monseigneur le comte de Provence,

veloppement de leurs caractères. Je vais essayer de tracer leurs portraits.

Louis XVI avait des traits assez nobles, empreints d'une teinte mélancolique; sa démarche était lourde et sans noblesse; sa personne, plus que négligée; ses cheveux, quelque fût le talent de son coiffeur, étaient

---

» gouverneur de la personne de monseigneur le comte d'Artois,
» premier gentilhomme de sa chambre, grand-maître de sa
» garde-robe, et surintendant de sa maison; qui se feront jeudi
» 6 février 1772, à dix heures du matin, en l'église royale et pa-
» roissiale de Notre-Dame de Versailles, où son corps sera in-
» humé.

» *De Profundis.* »

» On voit que ce billet est l'ouvrage d'une composition réfléchie, combinée, profonde et laborieuse. Celui qui en est l'auteur, ajoute la Correspondance de Grimm, mérite bien que l'Académie des inscriptions et belles-lettres lui confère, par acclamation, la première place vacante, et l'enregistre parmi ses membres comme duc, pair, prince, marquis, comte, vicomte, juveigneur, vidame, chevalier, avoué, haut baron, second baron et troisième baron. Il serait à propos aussi de fonder et d'ériger une chaire dont le professeur ne ferait autre chose toute l'année que d'expliquer à la jeunesse le billet d'enterrement de M. le duc de La Vauguyon; sans quoi il est à craindre que l'érudition, nécessaire pour le bien entendre, ne se perde insensiblement, et que ce billet ne devienne avec le temps le désespoir des critiques.

» Le terme de juveigneur, par exemple, est peu connu. On appelle ainsi un cadet apanagé; M. le duc d'Orléans est juveigneur de la maison de France. Ce mot est peut-être une corruption du mot *junior*, dont les Césars du Bas-Empire appelaient ceux qu'ils associaient à l'empire. Sans le billet d'enterrement de M. de La Vauguyon, le terme de juveigneur allait se perdre dans l'obscurité des temps. »

(*Note de l'édit.*)

promptement en désordre, par le peu de soin qu'il mettait à sa tenue. Son organe, sans être dur, n'avait rien d'agréable; s'il s'animait en parlant, il lui arrivait souvent de passer, du médium de sa voix, à des sons aigus. Son précepteur, l'abbé de Radonvilliers (1), savant, aimable et doux, lui avait donné, ainsi qu'à Monsieur, le goût de l'étude. Le roi avait continué à s'instruire; il savait parfaitement la langue anglaise. Plusieurs fois je l'ai entendu traduire les passages les plus difficiles du poëme de Milton : il était géographe habile, et se plaisait à tracer et à laver des cartes; il savait parfaitement l'histoire, mais peut-être n'en avait pas assez étudié l'esprit. Il appréciait les beautés dramatiques et en portait de fort bons jugemens. Un jour, à Choisy, plusieurs dames se récrièrent sur ce que les comédiens français devaient y représenter une pièce de Molière; le roi leur demanda pourquoi elles désapprouvaient ce choix? Une d'elles répondit qu'il fallait convenir que Molière était d'un *très-mauvais goût;* le roi répondit que l'on pouvait trouver dans Molière beaucoup de choses de *mauvais ton,* mais qu'il lui paraissait difficile d'en rencontrer qui fussent de mauvais goût.

Ce prince unissait à tant d'instruction toutes les qualités du meilleur époux, du plus tendre père, du maître le plus indulgent, et, quand on songe à tant

---

(1) L'un des quarante de l'Académie française.

de vertus, les années qui se sont écoulées depuis la barbarie des factieux et le malheur des Français, sont insuffisantes pour se persuader que le crime soit parvenu à l'accomplissement du forfait le plus inoui.

Le roi montrait malheureusement un goût trop vif pour les arts mécaniques. La maçonnerie, la serrurerie, lui plaisaient au point qu'il admettait dans son intérieur un garçon serrurier avec lequel il forgeait des clefs, des serrures; ses mains, noircies par ce travail, furent plusieurs fois, en ma présence, un sujet de représentations et même de reproches assez vifs de la part de la reine qui aurait désiré pour le roi d'autres délassemens (1).

Austère et sévère pour lui seul, le roi remplissait exactement les lois de l'Église, jeûnait et fai-

---

(1) Louis XVI voyait dans les travaux de la serrurerie les applications qu'elle pouvait avoir pour une étude plus élevée. Il était excellent géographe. L'instrument le plus précieux et le plus complet pour l'étude de cette science, a été commencé par ses ordres et sous sa direction. C'est un immense globe en cuivre qui existe en ce moment à la bibliothèque Mazarine, et qui n'est point achevé. Louis XVI a lui-même inventé et fait exécuter sous ses yeux l'ingénieux mécanisme qu'exigeait le jeu de ce globe.

Un homme qui prétend être entré dans ses appartemens secrets, à Versailles, après le 10 août, nous a conservé, sur les dispositions de ses cabinets, de ses livres, de ses cartes, de ses papiers, de ses meubles et des outils qu'il employait, une foule de détails qui peignent, avec beaucoup d'intérêt, ses goûts, son caractère, ses occupations, ses habitudes. De pareils détails sont presque à la vie privée d'un prince, ce qu'un portrait est pour sa ressemblance, un *fac-simile* pour son écriture. (Voyez la lettre M.)

(*Note de l'édit.*)

sait maigre tout le carême. Il trouvait bon que la reine n'observât point ces usages avec la même rigueur; pieux dans le cœur, les lumières du siècle avaient cependant disposé son esprit à la tolérance; modeste et simple, Turgot, Malesherbes et Necker avaient jugé qu'un prince de ce caractère sacrifierait volontiers les prérogatives royales à la solide grandeur de son peuple; son cœur le portait, à la vérité, vers des idées de réforme; mais ses principes, ses préjugés, ses craintes, les clameurs des gens pieux et des privilégiés, l'intimidaient et lui faisaient abandonner des plans que son amour pour le peuple lui avait fait adopter.

Monsieur avait dans son maintien plus de dignité que le roi; mais sa taille et son embonpoint gênaient sa démarche; il aimait la représentation et la magnificence; il cultivait les belles-lettres, et, sous des noms empruntés, fit plusieurs fois insérer dans le Mercure ou dans d'autres journaux des vers dont il était l'auteur (1).

———

(1) Élevé sur le trône ou placé seulement sur ses premiers degrés, le prince dont parle ici madame Campan aima toujours et protégea les lettres. La faveur éclairée qu'il accordait aux talens était connue de la France entière. Dans un voyage que fit Monsieur pour parcourir diverses provinces du royaume, il visita Toulouse. « Après que le parlement eut harangué ce prince, dit un ouvrage du temps, son altesse royale, par une distinction particulière qu'elle voulut accorder aux lettres, reçut l'hommage de l'Académie des jeux floraux avant celui des Cours souveraines. L'abbé d'Auffreri, conseiller au parlement, porta la parole au nom de l'Académie dont il était membre. « C'est, dit-il, à l'élo-

Sa mémoire prodigieuse servait son esprit, en lui fournissant les plus heureuses citations; il savait par cœur depuis les beaux passages de la latinité classique, jusqu'au latin de toutes les prières; depuis les OEuvres de Racine, jusqu'au vaudeville de Rose et Colas.

Le comte d'Artois était d'une figure agréable, bien fait, adroit dans les exercices du corps, vif, quelquefois impétueux, occupé de plaisirs et recherché dans sa toilette.

On se plaisait à répéter de lui des mots heureux, dont quelques-uns donnaient de son cœur une idée favorable (1). Les Parisiens aimaient dans ce prince

---

» quence et à la poésie à vous peindre, Monseigneur, faisant, dans
» l'âge des plaisirs, vos plus chères délices de la retraite et de
» l'étude, et partageant ce goût enchanteur avec l'auguste prin-
» cesse dont les vertus réunies font le bonheur de vos jours. »
L'orateur avait placé à la fin de son discours un éloge de feu M. le dauphin, père du roi et de ses frères; le prince s'attendrit en l'écoutant, et lorsque l'abbé d'Auffreri eut cessé de parler, il s'approcha de lui, et lui dit avec bonté: « Je remercie l'Académie des
» sentimens qu'elle me témoigne; je connaissais depuis long-
» temps sa célébrité; vous confirmez, Monsieur, l'idée que j'avais
» de ce corps; il peut toujours compter sur ma protection. »
(*Anecdotes du règne de Louis XVI*, tome II, p. 21 et 22.)

Pendant son séjour à Avignon, Monsieur logea à l'hôtel du duc de Crillon : il refusa la garde bourgeoise qui lui fut offerte, en disant : « Un fils de France, logé chez un Crillon, n'a pas besoin
» de gardes. »

(*Note de l'édit.*)

(1) On trouve, dans un écrit du temps, une repartie qui honore l'humanité du prince. Il s'agissait du sort des prisonniers; M. le comte d'Artois voulait qu'on respectât toujours en eux le

cet air ouvert et dégagé, attribut du caractère français, et lui témoignaient une véritable affection.

L'empire que prenait la reine sur l'esprit du roi, le charme d'une société où Monsieur déployait les grâces de son esprit, et que le comte d'Artois animait par la vivacité de la jeunesse, avaient adouci, dans le caractère de Louis XVI, cette rudesse qu'une éducation mieux dirigée aurait pu réprimer.

Cependant ce défaut se manifestait encore trop souvent, et, malgré son extrême simplicité, le roi inspirait de la défiance à ceux qui avaient occasion de lui parler. Une louable crainte portait à éviter des brusqueries subites et difficiles à prévoir. Les courtisans, soumis en présence des souverains, n'en

---

malheur, et qu'on ne fît point subir à ceux qui ne sont qu'accusés, le sort des coupables atteints par les lois. Voici ce qu'on lit à ce sujet dans cet écrit :

« L'abbé de Besplas, célèbre prédicateur, prononça, devant le roi, un discours de la Cène, qui avait pour sujet : *Des caractères de la charité dans un roi*. Ce morceau sur les cachots fit l'impression la plus vive.

« Sire, l'état des cachots de votre royaume arracherait des lar-
» mes aux plus insensibles qui les visiteraient. Un lieu de sûreté
» ne peut, sans une énorme injustice, devenir un séjour de dé-
» sespoir. Vos magistrats s'efforcent d'y adoucir l'état des mal-
» heureux ; mais, privés des secours nécessaires pour la réparation
» de ces antres infects, ils n'ont qu'un morne silence à opposer
» aux plaintes des infortunés. Oui, j'en ai vu, Sire, et mon zèle me
» force ici, comme Paul, à honorer mon ministère ; oui, j'en ai
» vu qui, couverts d'une lèpre universelle, par l'infection de ces
» repaires hideux, bénissaient mille fois dans nos bras le moment

sont que plus disposés à les peindre d'un seul trait ; ils avaient nommé, peu galamment, ces reparties si redoutées, *les coups de boutoir du roi.*

Très-méthodique dans toutes ses habitudes, le roi se couchait à onze heures précises. Un soir la reine devait se rendre, avec sa société habituelle, à une réunion chez le duc de Duras, ou chez la princesse de Guéménée. L'aiguille de la pendule fut adroitement avancée, pour hâter de quelques minutes l'instant du départ du roi ; il crut réellement que l'heure de son coucher était arrivée, se retira, et ne trouva chez lui personne de réuni pour son service du soir. Cette plaisanterie circula dans tous les salons de Versailles, et y fut désapprouvée. Les rois n'ont pas d'intérieur ; les reines

---

» fortuné, où ils allaient enfin subir le supplice. Grand Dieu ! sous
» un bon prince, des sujets qui envient l'échafaud ! Jour immor-
» tel, soyez béni ! j'ai acquitté le vœu de mon cœur, de déchar-
» ger le poids d'une si grande douleur dans le sein du meilleur
» des monarques. »

« » On remarqua à ce morceau la plus grande attention du roi et des princes ses frères. Le comte d'Artois fit même, au sujet de ce qu'il venait d'entendre, une très-belle repartie. Le lendemain, à son lever, un courtisan égoïste et corrupteur, ainsi qu'ils le sont presque tous, eut l'insouciance d'observer que l'abbé de Besplas s'était plaint mal à propos de la manière dont les prisonniers étaient traités dans les cachots qu'on pouvait regarder comme une partie de la peine que méritent leurs crimes. Le prince l'interrompit alors avec vivacité, en s'écriant : « Sait-on s'ils sont cou-
» pables ? on n'en est assuré que par l'arrêt. »

(*Note de l'édit.*)

n'ont ni cabinets, ni boudoirs. C'est une vérité dont on ne saurait trop les pénétrer : s'il ne se trouve pas habituellement auprès des souverains des gens disposés à transmettre à la postérité leurs habitudes privées, le moindre valet raconte ce qu'il a vu ou entendu; ses propos circulent avec rapidité et forment cette redoutable opinion publique qui s'élève, s'agrandit, et empreint, sur les plus augustes têtes, des caractères souvent faux, mais presque toujours ineffaçables.

CHAPITRE VI.

Hiver rigoureux.—Courses en traîneaux blâmées des Parisiens. — Liaison de la reine avec madame la princesse de Lamballe.—Elle est nommée surintendante. — Libelle outrageant contre Marie-Antoinette.— Intrigues d'un inspecteur de police. — Il est découvert et puni.—Autre intrigante qui contrefait l'écriture de la reine, pour escroquer des sommes considérables. — Madame la comtesse Jules de Polignac paraît à la cour.—Son caractère noble et désintéressé. — Projets ambitieux de ses amis. — Moyens qu'ils mettent en usage. — Portrait de la comtesse Jules. — La reine se promet de goûter près d'elle les douceurs de la vie privée. — Le comte Jules obtient la place de premier écuyer. — La fortune de sa famille est long-temps médiocre.—La reine se félicite pour la comtesse du gain d'un billet de loterie.—Société de la comtesse Jules.—Portrait de M. de Vaudreuil.—Mot plaisant de la comtesse sur Homère. — La faveur dont jouit la famille de Polignac excite l'envie et la haine des courtisans.—Soirées passées chez le duc et la duchesse de Duras. — Jeux à la mode : *guerre panpan, descampativos*. — Paris se moque de ces jeux et les adopte. — Madame de Genlis y fait allusion dans une de ses pièces de théâtre.

L'HIVER qui suivit les couches de la comtesse d'Artois fut très-froid; les souvenirs du plaisir que des parties de traîneaux avaient procuré à la reine dans son enfance, lui donnèrent le désir d'en établir de semblables. Cet amusement avait déjà eu lieu à la cour de France; on en eut la preuve en

CHAPITRE VI.

retrouvant, dans le dépôt des écuries, des traineaux qui avaient servi au dauphin, père de Louis XVI, dans sa jeunesse. On en fit construire quelques-uns d'un goût plus moderne pour la reine. Les princes en commandèrent de leur côté, et en peu de jours, il y en eut un assez grand nombre. Ils étaient conduits par les princes et les seigneurs de la cour. Le bruit des sonnettes et des grelots dont les harnois des chevaux étaient garnis; l'élégance et la blancheur de leurs panaches; la variété des formes de ces espèces de voitures; l'or dont elles étaient toutes rehaussées, rendaient ces parties agréables à l'œil. L'hiver leur fut très-favorable, la neige étant restée près de six semaines sur la terre; les courses dans le parc procurèrent un plaisir partagé par les spectateurs (1). Personne n'imagina que l'on eût rien à blâmer dans un amusement aussi innocent. Mais on fut tenté d'étendre les courses, et de les conduire jusqu'aux Champs-Élysées; quelques traineaux traversèrent même les boulevards : le masque couvrant le visage des femmes, on ne manqua pas de dire que la reine avait couru les rues de Paris en traîneau.

---

(1) Louis XVI, touché du triste sort des pauvres de Versailles, pendant l'hiver de 1776, leur fit distribuer plusieurs charrettes de bois. Voyant un jour passer une file de ces voitures, tandis que beaucoup de seigneurs se préparaient à se faire traîner rapidement sur la glace, il leur dit ces paroles remarquables : *Messieurs, voici mes traîneaux*

(*Note de l'édit.*)

Ce fut une affaire. Le public vit dans cette mode une prédilection pour les habitudes de Vienne : les parties de *traîneaux* n'étaient cependant pas une mode nouvelle à Versailles. Mais la critique s'emparait de tout ce que faisait Marie-Antoinette. Les partis, dans une cour, ne portent pas ouvertement des enseignes différentes, comme ceux qu'amènent les secousses révolutionnaires. Ils n'en sont pas moins dangereux pour les personnes qu'ils poursuivent, et la reine ne fut jamais sans avoir un parti contre elle.

Cette mode, qui tient aux usages des cours du Nord, n'eut aucun succès auprès des Parisiens. La reine en fut informée, et quoique tous les traîneaux eussent été conservés, et que depuis cette époque il y ait eu plusieurs hivers favorables à ce genre d'amusement, elle ne voulut plus s'y livrer.

C'est à l'époque des parties de traîneaux que la reine se lia intimement avec la princesse de Lamballe qui parut enveloppée de fourrure avec l'éclat et la fraîcheur de vingt ans : on pouvait dire que c'était le printemps sous la martre et l'hermine. Sa position la rendait, de plus, fort intéressante : mariée, au sortir de l'enfance, à un jeune prince perdu par le contagieux exemple du duc d'Orléans, elle n'avait eu que des larmes à verser depuis son arrivée en France. Veuve à dix-huit ans et sans enfant, son état auprès de M. le duc de Penthièvre était celui d'une fille adoptive ; elle avait pour ce prince vénérable le respect et l'attachement le plus tendre ; mais la reine, en rendant, ainsi que la princesse, justice à ses vertus, trouvait que la vie habituelle de M. le duc de Penthièvre à Paris ou dans ses terres, ne pouvait offrir à sa jeune belle-fille les plaisirs de son âge, ni lui assurer pour l'avenir un sort dont elle était privée par son veuvage. Elle voulut donc la fixer à Versailles, et rétablit en sa faveur la charge de surintendante qui n'avait point existé à la cour depuis la mort de mademoiselle de Clermont. On assure que Marie Leckzinska avait prononcé que cette place demeurerait vacante, la surintendante ayant un pouvoir trop étendu dans les maisons des reines, pour ne pas mettre souvent des entraves à leurs volontés. Quelques différends survenus bientôt entre Marie-Antoinette et la princesse de Lamballe, relativement aux prérogatives de sa charge, prouvèrent que l'épouse de Louis XV avait eu raison de la réformer; mais une espèce de petit traité fait entre la reine et la princesse aplanit les difficultés. Le tort de prétentions trop fortement articulées tomba sur un secrétaire de la surintendante, qui l'avait conseillée, et tout s'arrangea de manière à ce qu'une solide et touchante amitié régna toujours entre ces deux princesses, jusqu'à l'époque désastreuse qui termina leur destinée (1).

---

(1) Voyez les éclaircissemens historiques donnés par madame Campan sur la maison de la reine [*]

(*Note de l'édit.*)

Malgré l'enthousiasme que l'éclat, les grâces et la bonté de la reine inspiraient généralement, des intrigues sourdes agissaient toujours contre elle. Très-peu de temps après l'avénement de Louis XVI au trône, le ministre de la maison du roi fut averti qu'il paraissait un libelle très-outrageant contre la reine. Le lieutenant de police chargea le nommé Goupil, inspecteur de police, de découvrir ce libelle : il vint dire, fort peu de temps après, qu'il avait découvert le lieu où s'imprimait cet ouvrage, que c'était dans une campagne auprès d'Yverdun. Il en possédait déjà deux feuilles qui contenaient d'atroces calomnies, mais présentées avec un art qui pouvait les rendre très-funestes à la renommée de la reine: ce Goupil dit qu'il obtiendrait le reste, mais qu'il fallait une somme considérable. On lui fit remettre trois mille louis ; bientôt après il apporta au lieutenant de police le manuscrit entier et la totalité de ce qui était imprimé : il reçut mille louis de plus, pour prix de son intelligence et de son zèle, et on allait même lui confier un poste beaucoup plus important, lorsqu'un autre espion, jaloux de la fortune de ce Goupil, découvrit qu'il était lui-même l'auteur de ce libelle; que dix ans auparavant il avait été mis à Bicêtre pour escroquerie ; que madame Goupil n'était sortie que depuis trois ans de la Salpêtrière, où elle avait été mise sous un autre nom. Cette madame Goupil était fort jolie et fort intrigante; elle avait trouvé le moyen de se lier intimement avec le cardinal de Rohan, auquel elle faisait, dit-on, espérer de le raccommoder avec la reine. Toute cette affaire fut assoupie, et il n'en circula aucun détail dans le monde; mais on voit que la destinée de la reine était d'être sans cesse attaquée par les intrigues les plus odieuses et les plus viles (1).

Une autre femme nommée Cahouette de Villers, dont le mari avait une charge de trésorier de France, ayant une conduite fort irrégulière et l'esprit le plus inventif, avait la fureur de vouloir passer aux yeux de ses amis, à Paris, pour une personne favorisée à la cour, où ne l'appelait ni sa naissance, ni aucun emploi. Pendant les dernières années de la vie de Louis XV, elle avait fait beaucoup de dupes, et trouvé le moyen d'escroquer des sommes assez considérables en se faisant passer pour maîtresse du roi. La crainte d'irriter madame Du Barry était, selon elle, la seule chose qui la privait de jouir de ce titre d'une manière avouée; elle venait régulièrement à Versailles, se tenait cachée dans une chambre d'hôtel garni, et ses dupes la croyaient appelée à la cour par des motifs secrets. Cette femme forma le projet d'arriver, si elle le pouvait, jusqu'à la reine, ou au moins d'établir quelques probabilités qui pussent l'autoriser

---

(1) Ceux des lecteurs qui désireraient avoir des détails plus circonstanciés sur les manœuvres de Goupil et la surveillance qui les déjoua, peuvent consulter la Bastille dévoilée. Le récit que contient ce recueil avait trop d'étendue pour trouver place ici.

(*Note de l'édit.*)

à le faire croire : elle prit pour amant Gabriel de Saint-Charles, intendant des finances de Sa Majesté, charge dont les priviléges se bornaient à jouir, le dimanche, des entrées de la chambre de la reine. Madame de Villers venait tous les samedis à Versailles avec M. de Saint-Charles, et logeait dans son appartement; M. Campan s'y trouva plusieurs fois : elle peignait assez bien, elle le pria de lui rendre le service de présenter à la reine un portrait de Sa Majesté qu'elle venait de copier. M. Campan connaissait la conduite de cette femme, et la refusa. Peu de jours après, en entrant chez la reine, il vit sur le canapé de Sa Majesté le portrait qu'il avait refusé de lui présenter; la reine le trouva mal peint, et donna l'ordre de le faire reporter chez la princesse de Lamballe qui le lui avait envoyé. Madame de Villers était parvenue à faire réussir son projet par l'entremise de la princesse. Le peu de succès du portrait ne détourna pas l'intrigante de suivre le dessein qu'elle avait de se faire croire admise dans l'intimité de la reine; elle se procura facilement, chez M. de Saint-Charles, des brevets et des ordonnances signés par Sa Majesté; elle s'appliqua à imiter son écriture, et composa un grand nombre de billets et de lettres écrites par Sa Majesté dans le style le plus familier et le plus tendre. Pendant plusieurs mois elle les montra sous le plus grand secret à plusieurs amis particuliers; puis elle se fit écrire de même, par la reine, pour des acquisitions d'objets de fantaisie dont elle la priait de se charger; sous prétexte de vouloir exécuter fidèlement les commissions de Sa Majesté, elle faisait lire les lettres aux marchands, et parvint à faire dire, dans beaucoup de maisons, que la reine avait pour elle des bontés particulières. Cette femme agrandit son projet, et se fit demander par la reine de lui trouver à emprunter 200,000 francs dont elle avait besoin, ne voulant pas faire au roi la demande de fonds particuliers. Cette lettre montrée à M. Béranger, fermier-général, produisit son effet; il se trouva heureux de pouvoir rendre ce service à sa souveraine, et s'empressa de remettre les 200,000 francs à madame de Villers. Quelques doutes suivirent ce premier mouvement; il les communiqua à des gens plus instruits que lui de ce qui se passait à la cour; on augmenta ses inquiétudes: il alla trouver M. de Sartine qui dévoila toute l'intrigue; la dame fut envoyée à Sainte-Pélagie, et l'infortuné mari ruiné par le remboursement de la somme empruntée et le paiement des bijoux faussement achetés au nom de la reine: les lettres imitées furent envoyées à Sa Majesté; je les ai comparées en sa présence avec sa propre écriture, on n'y remarquait qu'un peu plus d'ordre dans les caractères.

Cette fourberie, découverte et punie avec prudence et sans passion, ne produisit pas plus de sensation dans le monde que celle de l'inspecteur Goupil.

Si l'esprit d'indépendance répandu dans la nation avait déjà dépouillé le trône de quelques-uns de ses rayons fascinateurs; si un parti, formé au sein même de la cour, cherchait à faire tomber une princesse autrichienne, sans songer que les coups portés contre elle ébranlaient d'autant le trône, on pensera, je dois le dire, que c'était à cette princesse à veiller sur ses moindres démarches, à rendre sa conduite inattaquable; mais que l'on n'oublie pas sa jeunesse, son inexpérience, son isolement. Non, elle n'était pas coupable; l'abbé de Vermond était toujours le seul guide de la reine; en âge et en droit de lui représenter combien étaient graves les suites de ses moindres légèretés, il ne le fit pas; elle continua à chercher, sur le trône, les plaisirs de la société privée, et ce goût n'alla même qu'en augmentant.

Un an après la nomination de madame la princesse de Lamballe à la place de surintendante de la maison de la reine, les bals et les quadrilles amenèrent la liaison de la reine avec la comtesse Jules de Polignac. Elle inspira à Marie-Antoinette un véritable intérêt. La comtesse n'était pas riche, et vivait habituellement à sa terre de Claye. La reine s'étonna de ne l'avoir point vue plus tôt à la cour. L'aveu que son peu de fortune l'avait même privée de paraître aux fêtes des mariages des princes, vint encore ajouter à l'intérêt qu'elle inspira.

La reine était sensible et aimait à réparer les injustices du sort. La comtesse avait été attirée à la cour par la sœur de son mari, madame Diane de Polignac, qui avait été nommée dame de madame la comtesse d'Artois: La comtesse Jules aimait véritablement la vie paisible; l'effet qu'elle produisit à la cour la toucha peu; elle ne fut sensible qu'à l'attachement que la reine lui témoignait. J'eus occasion de la voir dès le commencement de sa faveur; elle passa plusieurs fois des heures entières avec moi, en attendant la reine. Elle m'entretint avec franchise et ingénuité de tout ce qu'elle entrevoyait, d'honorable et de dangereux à la fois, dans les bontés dont elle était l'objet. La reine recherchait les douceurs de l'amitié; mais ce sentiment, déjà si rare, peut-il exister dans toute sa pureté entre une reine et une sujette, environnées d'ailleurs de piéges tendus par l'artifice des courtisans? Cette erreur bien pardonnable fut fatale au bonheur de Marie-Antoinette, parce que le bonheur ne se trouve point dans les chimères.

On ne peut parler trop favorablement du caractère modeste de la comtesse Jules, devenue duchesse de Polignac; je l'ai toujours considérée personnellement comme la victime d'une élévation qu'elle n'avait point briguée : mais si son cœur était incapable de former des projets ambitieux, sa famille et ses amis virent leur propre fortune dans la sienne, et cherchèrent à fixer d'une manière invariable la faveur de la reine.

La comtesse Diane, sœur de M. de Polignac, le baron de Besenval et M. de Vaudreuil, amis particuliers de la famille Polignac, employèrent un moyen dont le succès était infaillible. Un de mes amis qui avait leur secret (le comte Demoustier), vint me raconter que madame de Polignac allait quitter Versailles subitement; qu'elle ne ferait d'adieux à la reine que par écrit; que la comtesse Diane et M. de Vaudreuil lui avaient dicté sa lettre, et que toute cette affaire était combinée dans l'intention d'exciter l'attachement jusqu'alors stérile de Marie-Antoinette. Le lendemain, quand je montai au château, je trouvai la reine tenant une lettre qu'elle lisait avec attendrissement; c'était la lettre de la comtesse Jules; la reine me la montra. La comtesse y témoignait sa douleur de s'éloigner d'une princesse qui l'avait comblée de ses bontés. La médiocrité de sa fortune lui en imposait la loi; mais bien plus encore la crainte que l'amitié de la reine, après lui avoir attiré de dangereux ennemis, ne la laissât livrée à leur haine et au regret d'avoir perdu l'auguste bienveillance dont elle était l'objet.

Cette mesure eut tout l'effet qu'on en avait attendu. Une reine jeune et vive ne supporte pas long-temps l'idée d'une contradiction. Elle s'occupa plus que jamais de fixer madame la comtesse Jules près d'elle, en lui faisant un sort qui pût la mettre à l'abri de toute inquiétude. Son caractère lui convenait; elle n'avait que de l'esprit naturel, point de prétentions, point de savoir affecté. Sa taille était moyenne, son teint d'une grande fraîcheur, ses yeux et ses cheveux très-bruns, ses dents superbes, son sourire enchanteur, toute sa personne était d'une grâce parfaite. Elle n'aimait pas la parure, on la voyait presque toujours dans un négligé, recherché seulement par la fraîcheur et le bon goût de ses vêtemens; rien n'avait l'air d'être placé sur elle avec apprêt, ni même avec soin. Je ne crois pas lui avoir vu une seule fois des diamans, même à l'époque de sa plus grande fortune, et quand elle eut à la cour le rang de duchesse; j'ai toujours cru que son sincère attachement pour la reine, autant que son goût pour la simplicité, lui faisait éviter tout ce qui pouvait faire croire à la richesse d'une favorite. Elle n'avait aucun des défauts qui accompagnent presque toujours ce titre. Elle aimait les personnes que la reine affectionnait, et n'était susceptible d'aucune jalousie (1). Marie-

---

(1) L'image de madame la duchesse de Polignac s'est souvent présentée à l'esprit de madame Campan, et toujours sous des traits aussi gracieux. Elle a plusieurs fois tracé son portrait d'une manière différente dans ses nombreux manuscrits. Une de ses esquisses m'a paru mériter qu'on la conservât, parce qu'elle a beaucoup de naturel et de simplicité, sans en avoir moins de charmes, et que par cela même elle se rapproche davantage du modèle. Voici ce morceau :

« Mais revenons à des temps plus heureux. La danse fut le plaisir en vogue pendant l'hiver suivant; la reine arrangeait souvent des quadrilles et faisait le choix des danseurs. La richesse et la nouveauté de leurs habits formaient un spectacle brillant. Ces fêtes attirèrent à la cour la comtesse Jules de Polignac. La reine la remarqua, et lui témoigna son étonnement de ne l'avoir pas vue plus tôt. La comtesse lui répondit, sans affectation et sans honte, qu'elle était pauvre, qu'elle avait craint la dépense des fêtes des mariages. Cet aveu augmenta l'intérêt que la reine prenait à ma-

Antoinette se flattait que la comtesse Jules et la princesse de Lamballe seraient ses amies particulières, et qu'elle aurait une société choisie selon son goût. « Je la recevrai dans mes cabinets ou à » Trianon, disait-elle; je jouirai des douceurs de » la vie privée, qui n'existent pas pour nous, si » nous n'avons le bon esprit de nous les assurer. » Ma mémoire m'a rappelé fidèlement tout le charme qu'une illusion si douce faisait entrevoir à la reine, dans un projet dont elle ne pénétrait ni l'impossibilité ni les dangers. Le bonheur qu'elle

---

dame de Polignac; elle la revit plusieurs fois, la reçut chez elle, et s'y attacha chaque jour davantage.

» Madame de Polignac était plus reconnaissante qu'enorgueillie de l'amitié dont elle était l'objet. Dans le temps où elle commençait à venir le matin chez la reine, elle m'entretint plus d'une fois avec franchise de ce qu'elle voyait d'honorable et à la fois de dangereux dans les bontés de Marie-Antoinette. Tout ce que disait madame de Polignac était empreint d'un caractère séduisant de vérité. Sa personne était remplie du naturel qui charmait dans ses discours. Elle ne visait pas à l'esprit; elle n'était pas essentiellement belle, mais un sourire enchanteur, de beaux yeux bruns pleins de bienveillance, je ne sais quelle grâce négligée qui se cachait dans chacun de ses mouvemens, la faisaient remarquer au milieu des plus belles, et sa conversation naïve la faisait écouter de préférence à tous les efforts du bel esprit. Bonne, égale dans son humeur, inaccessible à la jalousie, dépourvue d'ambition, aimant tous ceux qu'aimait son auguste amie, madame de Polignac a joui de la plus haute faveur sans avoir jamais aucun des défauts des favoris. Ses amis l'ont, il est vrai, poussée plus d'une fois hors de son caractère, et son élévation fut pour eux un moyen de fortune. Ce fut à eux qu'elle dut toutefois, dans ce premier moment, l'avantage de voir l'amitié de la reine confirmée par des bienfaits. »   (*Note de l'édit.*)

voulait s'assurer ne devait lui procurer que des chagrins. Tous les courtisans, non admis dans cette intimité, devinrent autant d'ennemis jaloux et vindicatifs.

Il fallut donner une existence convenable à la comtesse. La place de premier écuyer, en survivance du comte de Tessé, accordée au comte Jules, à l'insu du titulaire, mécontenta les Noailles. Cette famille venait récemment d'éprouver un autre désagrément; la nomination de la princesse de Lamballe ayant, en quelque sorte, nécessité la retraite de madame la comtesse de Noailles, dont le mari fut fait à cette époque maréchal de France. La princesse de Lamballe, sans se brouiller avec la reine, fut alarmée de l'établissement de madame la comtesse Jules à la cour, et ne fit point, comme Sa Majesté l'avait espéré, partie de cette société intime qui fut composée successivement de mesdames Jules et Diane de Polignac, d'Andlau, de Châlon; de MM. de Guignes, de Coigny, d'Adhémar, de Besenval, colonel en second des Suisses, de Polignac, de Vaudreuil et de Guiche : le prince de Ligne et M. le duc de Dorset, ambassadeur d'Angleterre, y furent aussi admis.

La comtesse Jules fut long-temps sans tenir un grand état à la cour. La reine se borna à lui donner un très-bel appartement au haut de l'escalier de marbre. Le traitement de premier écuyer, les faibles émolumens du régiment de M. de Polignac, unis à leur modique patrimoine, et peut-être quelques pensions, faisaient alors toute la fortune de la favorite. Je n'ai jamais vu la reine lui faire de présens d'une valeur réelle; je fus frappée même d'entendre un jour S. M. raconter avec plaisir que la comtesse avait gagné dix mille francs à la loterie : elle en avait, ajoutait la reine, un très-grand besoin.

Les Polignac n'étaient donc point établis à la cour avec une splendeur qui pût légitimer aucun mécontentement. Les Noailles avaient peut-être lieu d'être blessés dans cette occasion; ils avaient quelques droits sur la survivance du comte de Tessé : le rétablissement de la place de surintendante avait aussi été un désagrément pour la comtesse de Noailles qui, s'étant trouvée avoir une supérieure, avait pris sa retraite. Cette famille, prépondérante à la cour, ne fut pourtant pas la seule que la fortune du comte de Polignac indisposa contre Marie-Antoinette. Ce qu'un courtisan voit obtenir à d'autres lui semble toujours pris sur son bien, c'est une règle. Dans cette occasion cependant on envia moins le matériel des grâces accordées aux Polignac, que l'intimité qui allait s'établir entre eux, leurs cliens et la reine. On vit, dans le cercle de la comtesse Jules, une porte ouverte pour obtenir la faveur, les grâces, les ambassades. Ceux qui n'avaient pas l'espoir d'y entrer furent irrités.

Le salon de madame de Polignac a fait un grand tort à Marie-Antoinette; il a puissamment excité ses ennemis. Cependant, au temps dont je parle, la société de la comtesse Jules, tout occupée de consolider sa faveur, était loin de se mêler des affaires sérieuses auxquelles la jeune reine était encore étrangère. Lui plaire était le désir généralement partagé par tous les amis de la favorite. Le marquis de Vaudreuil régnait dans la société du comte et de la comtesse Jules : c'était un homme brillant, ami et protecteur des beaux-arts. Parmi les gens de lettres et les artistes célèbres, il avait une nombreuse clientèle (1).

Le baron de Besenval avait conservé la simplicité des Suisses, et acquis toute la finesse d'un courtisan français. Cinquante ans révolus, des cheveux blan-

---

(1) M. de Vaudreuil aimait passionnément les arts et les lettres : il se plaisait à les encourager plus encore en amateur qu'en homme puissant. Toutes les semaines il donnait un dîner qui était uniquement composé de littérateurs et d'artistes. La soirée se passait dans un salon où l'on trouvait des instrumens, des crayons, des couleurs, des pinceaux, des plumes, et chacun composait, peignait, écrivait selon son goût ou son talent. M. de Vaudreuil lui-même en cultivait plusieurs. Sa voix était fort agréable ; il était bon musicien. Ce talent le fit rechercher dès son entrée dans le monde. La première fois qu'il fut reçu chez madame la maréchale de Luxembourg : « Monsieur, lui dit-elle après le souper, on dit que vous chantez fort bien ; je serais charmée de vous entendre ; mais, si vous avez cette complaisance pour moi, ne me chantez point d'ariettes, point de grands airs, un *Pont-Neuf*, un simple *Pont-Neuf*. J'aime le naturel, l'esprit, la gaieté. » M. de Vaudreuil demanda donc la permission de chanter un *Pont-Neuf* alors fort à la mode. Il ignorait que madame la maréchale de Luxembourg avait été, avant son veuvage, madame la comtesse de Boufflers. Il chanta d'une voix pleine et sonore le premier vers du couplet qui commence ainsi :

Quand Boufflers parut à la cour....

chis lui faisaient obtenir cette confiance que l'âge mûr inspire aux femmes, quoiqu'il n'eût pas cessé de viser aux aventures galantes : il parlait de ses montagnes avec enthousiasme; il eût volontiers

---

Au moment même on tousse, on crache, on éternue. M. de Vaudreuil poursuit :

On crut voir la mère d'Amour.

Le bruit, l'agitation redoublent. Mais, après le troisième vers,

Chacun cherchait à lui plaire,

M. de Vaudreuil s'arrête en voyant tous les yeux fixés sur lui. « Poursuivez donc, Monsieur, dit la maréchale en chantant elle-même le dernier vers :

Et chacun l'avait à son tour. »

Ce que le baron de Besenval a écrit de madame la maréchale de Luxembourg rend l'anecdote vraisemblable. Mais, dans une circonstance aussi difficile, peut-être la maréchale faisait-elle preuve de plus de présence d'esprit que d'impudence.

M. de Vaudreuil réussit beaucoup dans le monde par son esprit et ses qualités. Il avait auprès des femmes un langage plein d'agrément et de charme, s'il faut en croire un mot de la princesse d'Hénin rapporté par madame de Genlis dans les Souvenirs de Félicie :

« J'ai vu aujourd'hui Le Kain donner à un débutant une leçon de déclamation; ce jeune homme, au milieu de la scène, saisit le bras de la princesse. Le Kain, choqué de ce mouvement, lui a dit : *Monsieur, si vous voulez paraître passionné, ayez l'air de craindre de toucher la robe de celle que vous aimez.*

» Que de sentiment, et combien de choses délicates dans ce mot ! On les retrouve toutes dans le jeu parfait de cet acteur inimitable. Aussi madame d'Hénin a-t-elle dit *qu'elle ne connaît que deux hommes qui sachent parler aux femmes : Le Kain et M. de Vaudreuil.* »

(*Note de l'édit.*)

chanté le ranz-des-vaches avec les larmes aux yeux, et était en même temps le conteur le plus agréable du cercle de la comtesse Jules. La chanson nouvelle, le bon mot du jour, les petites anecdotes scandaleuses formaient les seuls sujets d'entretien du cercle intime de la reine. Le bel esprit en était banni. La comtesse Diane, plus occupée de littérature que sa belle-sœur, l'invitait un jour à lire l'Iliade et l'Odyssée. La comtesse répondit en riant qu'elle connaissait parfaitement le poëte grec et s'en tenait à ces mots :

Homère était aveugle et jouait du hautbois (1).

La reine trouvait ce genre d'esprit très-fort de son goût, et disait que jamais pédante n'eût été son amie.

L'éclat de cette maison n'eut donc lieu que plusieurs années après l'époque dont je viens de parler,

---

(1) Cette repartie vive et gaie de madame la duchesse de Polignac est une imitation plaisante d'un vers du Mercure galant. Un des procureurs dit à son confrère, dans la scène de la dispute :

Ton père était aveugle et jouait du hautbois.

Madame la duchesse de Polignac, avec un esprit fin et un goût délicat, pouvait ne pas attacher un très-grand prix au savoir : mais on a peu d'idée de l'instruction des hommes admis dans sa société, quand on lit l'anecdote suivante :

« En 1781, la duchesse de Polignac était enceinte ; pour être plus à portée de faire sa cour à la reine, elle pria madame de Boufflers de vouloir bien lui louer sa maison d'Auteuil, célèbre par ses jardins à l'anglaise. Madame de Boufflers, qui était attachée aux agrémens de sa maison de campagne, désirait refuser madame la

et la reine ne contracta l'habitude de passer une partie de ses journées chez la duchesse, que lorsqu'elle eut remplacé la princesse de Guéménée en qualité de gouvernante des enfans de France, et que le duc eut réuni la surintendance des postes à la charge de premier écuyer.

Avant d'avoir établi sa société chez madame de Polignac, la reine allait quelquefois passer des soirées chez le duc et la duchesse de Duras; une jeunesse brillante s'y trouvait réunie. On établit le goût des petits jeux, les questions, la *guerre-panpan*, le colin-maillard, et surtout un jeu nommé *descampativos*.

Paris, toujours critiquant, mais toujours imitant les habitudes de la cour, adopta cette manie des petits jeux. La fureur du *descampativos* et de la *guerre-panpan* fut générale dans toutes les maisons où se réunissaient beaucoup de jeunes femmes.

---

duchesse, sans pourtant la désobliger; elle lui répondit par les vers suivans :

> Tout ce que vous voyez conspire à vos désirs;
> Vos jours toujours sereins coulent dans les plaisirs ;
> L'empire en est pour vous l'inépuisable source;
> Ou, si quelque chagrin en interrompt la course,
> Le courtisan, soigneux à les entretenir,
> S'empresse à l'effacer de votre souvenir.
> Moi, je suis seule ici; quelqu'ennui qui me presse,
> Je n'en vois dans mon sort aucun qui m'intéresse,
> Et n'ai pour tout plaisir, Madame, que ces fleurs
> Dont le parfum exquis vient charmer mes douleurs.

» Madame de Polignac ayant montré ces vers, ses flatteurs les

Madame de Genlis, dans une de ses pièces de théâtre, écrite avec le projet de peindre les ridicules du moment, parle de ce fameux *descampativos* et de la fureur de se faire une amie que l'on nommait *inséparable*, jusqu'à ce qu'un caprice ou le plus léger différent eût amené une rupture totale.

---

trouvèrent mauvais, croyant qu'ils étaient de madame de Boufflers. On ne manqua pas de rendre à celle-ci le jugement qui en avait été porté par les amis de la duchesse. — « J'en suis fâchée, répon-
» dit-elle, pour le pauvre Racine, car ces vers sont de lui. »

» En effet, on les lit dans Britannicus, acte 2, scène 3; c'est Junie qui les adresse à Néron. Madame de Boufflers n'avait fait que de légers changemens aux quatre derniers vers qui sont ainsi dans Racine :

>   Britannicus est seul : quelqu'ennui qui le presse
>   Il ne voit dans son sort que moi qui s'intéresse,
>   Et n'a pour tout plaisir, Seigneur, que quelques pleurs
>   Qui lui font quelquefois oublier ses malheurs. »

Nous empruntons cette anecdote à la *Correspondance secrète;* elle est racontée différemment dans Grimm. Voyez les *éclaircissemens*, lettre (N).

(Note de l'édit.)

CHAPITRE VII.

Le duc de Choiseul reparaît à la cour. — La reine ne peut obtenir sa rentrée au ministère. — Elle protége une tragédie de Guibert. — Paris et la cour en blâment la représentation. — Chute d'une pièce de Dorat-Cubières, qu'on trouvait charmante à la lecture. — Mustapha et Zéangir : la reine obtient une pension de 1200 francs pour Chamfort. — Elle appelle Gluck en France, et protège avec succès la musique. — Iphigénie en Aulide : mot de Gluck. — Zémire et Azor : mot de Marmontel. — La reine a peu de connaissances en peinture. — Seul bon portrait qui existe de Marie-Antoinette. — Encouragemens donnés à l'art typographique. — Turgot; M. de Saint-Germain. — Réforme des gendarmes et des chevau-légers : la reine témoigne sa satisfaction de ne plus voir *d'habits rouges à Versailles.* — Plaisirs de la cour. — Spectacles deux fois par jour. — Parodies jouées à Choisy par mademoiselle Guimard. — Fête ingénieuse, noble et galante donnée par M. le comte de Provence à Brunoy. — A l'indifférence du roi pour Marie-Antoinette succèdent les sentimens les plus vifs. — Détails d'intérieur. — Bals masqués de l'Opéra. — Le roi s'y rend une fois sans suite, et ne s'y amuse pas. — La reine y arrive un jour en fiacre : par quelle aventure. — Bruits calomnieux à ce sujet. — Fatuité des jeunes gens de la cour. — Anecdote de la plume de héron. — Portrait du duc de Lauzun. — La reine le bannit pour jamais de sa présence. — Autres particularités. — Attachement de la reine pour la princesse de Lamballe et madame la duchesse de Polignac : pureté de cette liaison. — Anecdote concernant l'abbé de Vermond. — Il s'éloigne de la cour et revient ensuite y reprendre ses fonctions.

Le duc de Choiseul avait reparu à la cour à l'époque des cérémonies du sacre; un vœu presque général avait donné à ses amis l'espoir de le voir rentrer au ministère ou dans le Conseil d'État; mais cet espoir dura peu : le parti opposé à celui qui le portait, était trop bien établi à Versailles, et le pouvoir de la jeune reine était trop balancé dans l'esprit du roi par d'anciennes et durables préventions; elle renonça donc pour toujours au projet de faire rappeler le duc. Ainsi cette princesse, que l'on a peinte si ambitieuse et servant si puissamment les intérêts de la maison d'Autriche, échoua deux fois dans le seul projet qui pouvait être utile aux vues qu'on n'a cessé de lui supposer, et passa toutes les années de son règne, jusqu'aux premières secousses de la révolution, environnée de ses ennemis et de ceux de sa maison.

Marie-Antoinette s'occupa très-peu de favoriser les lettres et les beaux-arts; elle avait éprouvé des désagrémens pour avoir fait représenter la tragédie du Connétable de Bourbon, aux fêtes du mariage de madame Clotilde, sœur du roi, avec le prince de Piémont. Paris et la cour blâmèrent l'inconvenance des rôles que jouaient dans cette pièce les noms de la famille régnante, et la puissance avec laquelle on contractait une nouvelle alliance (1). Une lecture de cet ouvrage, faite par le comte de Guibert dans les cabinets de la reine, avait produit dans le cercle de Sa Majesté ce genre d'enthousiasme qui

---

(1) Ce n'était pas un sujet heureux, il faut en convenir, que celui du Connétable de Bourbon pour une représentation donnée devant tous les princes français. On pourrait être également surpris

éloigne les jugemens sains et réfléchis. Elle se promit bien de ne plus entendre de lectures. Cependant, à la sollicitation de M. de Cubières, écuyer du roi, la reine consentit à se faire lire une comédie de son frère. Elle avait réuni son cercle intime : MM. de Coigny, de Vaudreuil, de Besenval, et mesdames de Polignac, de Châlon, etc.; et pour augmenter le nombre des jugemens, elle admit les deux Parny, le chevalier de Bertin (1), mon beau-père et moi. Molé (2) lisait pour l'auteur. Je n'ai jamais pu m'expliquer par quel prestige cet habile lecteur fit généralement applaudir à un ou-

---

de voir toute la cour approuver des vers dans lesquels le connétable ambitionne surtout :

« Le plaisir peu goûté d'humilier un roi. »

M. le chevalier de Narbonne fit à cette occasion des couplets parmi lesquels on remarque celui-ci :

> Le connétable me plaît fort ;
> Comme on y rit ! comme on y dort !
>   C'est une bonne pièce,
>   Eh bien,
> Qu'on joue à nos princesses,
> Vous m'entendez bien.

(*Note de l'édit.*)

(1) Le chevalier de Parny était déjà connu par ses poésies érotiques ; le chevalier de Bertin par des vers estimés.

(*Note de madame Campan.*)

(2) Acteur qui a fait pendant trente ans les délices du Théâtre-Français, avant Fleury et dans le même emploi.

(*Note de madame Campan.*)

vrage aussi mauvais que ridicule. Sans doute que l'organe enchanteur de Molé, en réveillant le souvenir des beautés dramatiques de la scène française, empêcha d'entendre les pitoyables vers de Dorat-Cubières. Je puis assurer que les mots *charmant! charmant!* interrompirent plusieurs fois le lecteur. La pièce fut admise pour être jouée à Fontainebleau ; et, pour la première fois, le roi fit baisser la toile avant la fin de la comédie. Le titre en était *le Dramomane* ou *le Dramaturge*. Tous les personnages mouraient empoisonnés par un pâté. la reine, très-piquée d'avoir recommandé cette ridicule production, prononça qu'elle n'entendrait plus de lecture ; et cette fois elle tint parole.

La tragédie de Mustapha et Zéangir, de M. de Chamfort, obtint le plus grand succès à Fontainebleau, sur le théâtre de la cour; la reine fit accorder une pension de douze cents francs à l'auteur, mais la pièce tomba lorsqu'elle fut donnée à Paris.

L'esprit d'opposition qui régnait dans cette ville aimait à infirmer les jugemens de la cour; la reine prit la résolution de ne plus accorder de protection marquée aux nouveaux ouvrages dramatiques ; elle réserva son appui aux seuls compositeurs de musique, et en peu d'années cet art parvint à une perfection qu'il n'avait jamais eue en France.

Ce fut uniquement pour plaire à la reine que l'entrepreneur de l'Opéra fit venir à grands frais, à Paris, la première troupe de bouffons. Gluck, Piccini, Sacchini, y furent successivement attirés. Ces compositeurs célèbres, et particulièrement le premier, furent traités avec distinction à la cour; Gluck, dès l'instant de son arrivée en France, eut ses entrées à la toilette de la reine, et tout le temps qu'il y restait, elle ne cessait de lui adresser la parole. Elle lui demandait un jour s'il était près de terminer son grand opéra d'Armide, et s'il en était satisfait; Gluck lui répondit de l'air le plus froid et avec son accent allemand : Madame, il est bientôt fini, et vraiment ce sera *superbe*. Son sentiment, aussi naïvement exprimé, fut confirmé; et la scène lyrique n'a sûrement pas de pièce d'un plus grand effet. On se récria beaucoup sur la confiance avec laquelle cet artiste venait de parler d'une de ses productions (1); la reine le défendit avec chaleur: elle prétendait qu'il ne pouvait pas ignorer le mé-

---

(1) La modestie n'était pas la vertu de Gluck. Madame de Genlis dit dans ses Souvenirs qu'il parlait de Piccini avec justice et simplicité. « On sent, ajoute-t-elle, que c'est sans ostentation qu'il » est équitable. Cependant il dit hier que, si le Roland de » Piccini réussit, *il le refera*. Ce mot est remarquable, mais il est » d'un genre qui ne me plaira jamais. Un langage constamment » modeste est de si bon goût ! »
Gluck avait souvent à traiter avec des amours-propres qui valaient bien le sien. Il montra beaucoup de répugnance à placer de longs ballets dans Iphigénie. Vestris regrettait vivement que cet opéra ne fût pas terminé par un morceau qu'on appelait *chaconne*, et dans lequel le dieu de la danse déployait tous ses talens. Il s'en plaignit à Gluck : celui-ci, qui traitait son art avec toute la dignité

rite de ses ouvrages; qu'il savait que cette opinion était générale, et qu'il craignait sans doute que la modestie exigée par les bienséances ne parût en lui de la fausseté. La reine n'aimait pas uniquement le grand genre des opéras français et italiens; notre opéra-comique lui plaisait aussi infiniment; elle appréciait beaucoup la musique de Grétry, si analogue à l'esprit et au sentiment des paroles, que le temps n'a pu en diminuer le charme. On sait qu'un grand nombre de poëmes mis en musique par Grétry, sont de Marmontel. Le lendemain de la première représentation de Zémire et Azor, Marmontel et Grétry furent présentés à la reine, dans la galerie de Fontainebleau, qu'elle traversait pour se rendre à la messe. La reine adressa tous ses complimens à Grétry, sur le succès du nouvel opéra; lui dit que, dans la nuit, elle avait songé à l'effet enchanteur du trio du père et des sœurs de Zémire derrière le miroir magique, et poursuivit son chemin après ce compliment. Grétry, transporté de joie, prend dans ses bras Marmontel: « Ah! mon ami, s'écrie-t-il, voilà de quoi faire d'ex- » cellente musique.... — Et de détestables paroles, »

---

qu'il mérite, ne cessait de dire que, dans un sujet aussi sérieux et aussi intéressant, les sauts et les danses étaient déplacés. Sur de nouvelles sollicitations de Vestris: « Une chaconne, une chaconne ! reprit le musicien courroucé: est-ce que les Grecs, dont il faut peindre les mœurs, avaient des chaconnes ? — Ils n'en avaient pas ! reprit le danseur étonné: ma foi, tant pis pour eux ! »

(*Note de l'édit.*)

reprit froidement Marmontel à qui Sa Majesté n'avait pas adressé un seul mot (1).

La peinture n'avait aucun attrait pour la reine; les plus misérables artistes étaient admis à l'honneur de la peindre; on exposa, dans la galerie de Versailles, un tableau en pied, représentant Marie-Antoinette dans toute sa pompe royale. Ce tableau, destiné pour la cour de Vienne, et peint par un homme qui ne mérite pas d'être nommé, révolta

---

(1) Les auteurs, poëtes ou musiciens, attachaient un grand prix à la représentation de leurs ouvrages sur le théâtre de Fontainebleau. Grimm en fait connaître le motif.

« Il est à observer que la cour accorde presque toujours des gratifications aux auteurs des ouvrages représentés à Fontainebleau, et que ces ouvrages, faveur bien plus précieuse encore, n'étant plus assujettis à l'ordre du répertoire ordinaire, peuvent être joués à Paris immédiatement après l'avoir été à la cour. C'est à cet avantage que tient l'importance qu'on attache au privilége d'être jugé d'abord sur un théâtre où les succès, toujours incertains, n'ont jamais été considérés comme légalement prononcés, puisqu'il est convenu de regarder le public de Paris comme juge en dernier ressort des jugemens portés par le public de la cour.

» Cependant, ajoute Grimm, on ne peut se dissimuler que la manière de juger de ce tribunal en première instance ne soit bien différente de ce qu'elle était autrefois, depuis qu'il est permis d'y applaudir comme ailleurs. Ci-devant l'on écoutait dans le plus profond silence, et ce silence absolu, en marquant beaucoup de respect pour la présence de Leurs Majestés, laissait infiniment d'incertitude sur le sentiment que pouvait avoir éprouvé le plus grand nombre des spectateurs. Depuis que la reine a bien voulu permettre que cette grande étiquette fût oubliée, il est bien rare que le public de Paris ne confirme pas les arrêts prononcés par la cour. »

(*Note de l'édit.*)

tous les gens de goût; il semblait alors que cet art, justement placé au premier rang, eût rétrogradé en France de plusieurs siècles. Il est vrai que Vanloo et Boucher avaient corrompu le style de l'école française à un tel point, qu'avec des yeux simplement exercés par les chefs-d'œuvre étrangers et nationaux dont nous sommes en ce moment environnés, on ne conçoit pas que les tableaux de Boucher aient pu être l'objet de l'admiration dans un temps aussi rapproché du siècle de Louis XIV.

La reine ne pouvait pas porter sur cet art ce jugement éclairé, ou simplement ce goût qui suffit, dans les princes, pour protéger et faire éclore les plus grands talens; elle avouait tout bonnement qu'elle ne voyait dans un portrait que le seul mérite de la ressemblance. Lorsqu'elle allait au Louvre, à l'exposition des tableaux, elle parcourait rapidement les petits tableaux de genre, et sortait sans avoir, disait-elle, levé les yeux vers les grandes compositions.

Il n'existe de bon portrait de la reine que celui de Werthmuller, premier peintre du roi de Suède, qui fut envoyé à Stockholm, et celui de madame Le Brun, sauvé des fureurs révolutionnaires par les commissaires de la garde du mobilier de Versailles. Il règne, dans la composition de ce tableau, une analogie frappante avec celui d'Henriette de France, femme de l'infortuné Charles Ier, peint par Van-dyck: comme Marie-Antoinette, elle est assise environnée de ses enfans, et ce rapprochement vient encore ajouter à l'intérêt mélancolique qu'inspire cette belle production.

En avouant, avec la sincérité dont je ne m'écarterai jamais, que la reine n'a donné d'encouragement direct qu'au seul art de la musique, j'aurais tort de passer sous silence la protection qu'elle et les princes frères du roi ont accordée à l'imprimerie (1).

On doit à Marie-Antoinette une superbe édition in-quarto des OEuvres de Métastase; à Monsieur, frère du roi, le Tasse, in-quarto, orné de gravures faites d'après les dessins de Cochin; et à M. le comte d'Artois, une petite collection d'œuvres choisies, et considérée comme un des chefs-d'œuvre sortis des presses du célèbre Didot.

---

(1) Le roi lui-même voyait avec intérêt les productions d'un art utile aux lettres. Ce prince donna, en 1790, une preuve de sa bienveillance particulière pour le commerce de la librairie. On trouve les détails qu'on va lire dans un ouvrage qui parut à cette époque.

« Une société des plus forts libraires de Paris, se trouvant à la veille de suspendre ses paiemens, parvint à présenter au roi le tableau de sa triste situation. Le monarque en fut attendri; il daigna prendre sur sa liste civile les sommes dont cette société avait besoin au moment même, et cautionna pour l'avenir celles qui lui étaient nécessaires pour compléter les douze cent mille livres qu'elle désirait emprunter. Louis XVI écrivit de sa main à M. Necker, alors son ministre des finances, la lettre qu'on va lire :

« L'intérêt que m'a inspiré le sort des libraires associés, et
» celui des nombreux ouvriers qu'ils emploient tant à Paris
» qu'en province, et qui auraient été sans ouvrage sans un
» prompt secours (la caisse d'escompte et d'autres capitalistes,

CHAPITRE VII.

En 1775, à la mort du maréchal du Muy, l'ascendant que prenait la secte des novateurs fit appeler à la cour M. de Saint-Germain, pour lui confier le poste important du ministère de la guerre. Son premier soin fut de s'occuper de la destruction de la maison militaire du roi, imposant et utile rempart de la puissance royale.

Il est à remarquer qu'à l'époque où le chancelier Maupeou avait obtenu de Louis XV la destruction du parlement et l'exil de tous les anciens magistrats, les mousquetaires avaient été chargés de cette expédition, et qu'au coup de minuit MM. les présidens et conseillers avaient tous été arrêtés, chacun par deux mousquetaires.

Il y avait eu, au printemps de 1775, une insurrection populaire, occasionée par la cherté du pain. Le nouveau système de M. Turgot, pour la liberté indéfinie du commerce des grains, en fut la cause ou le prétexte (1); et la maison du roi avait encore,

---

» auxquels on s'est adressé, n'ayant pu les secourir), m'a en-
» gagé à leur faire avancer, à titre de prêt, sur les fonds de ma
» liste civile, les cinquante mille écus qui leur étaient indispen-
» sables le 31 du mois dernier. Les mêmes raisons m'engagent à
» cautionner, sur les mêmes fonds, les sommes qu'ils pourront
» se procurer pour compléter, avec les cinquante mille écus dont
» j'ai fait l'avance, la somme de douze cent mille livres rembour-
» sables en dix années, y compris mon avance à laquelle je n'as-
» signe pas de terme fixe de remboursement. A Saint-Cloud, le
» 4 août 1790. *Signé* LOUIS. »   (*Note de l'édit.*)

(1) Liberté, économie, tels étaient les deux principes de M. Turgot. Il insistait principalement à la cour sur l'application

dans cette circonstance, rendu les plus grands services à la tranquillité publique.

Beaucoup de gens, éclairés par les événemens désastreux de la fin du règne de Louis XVI, ont soupçonné M. de Saint-Germain d'une perfide combinaison en faveur des projets formés, à la vérité, depuis long-temps, par les ennemis de l'autorité; mais par quelle fatalité la reine fut-elle entraînée à servir de semblables vues? Je n'en ai jamais pu découvrir la véritable cause, si ce n'est dans la grande faveur accordée aux capitaines et aux officiers des gardes-du-corps, qui, par cette réforme, se trouvaient les seuls militaires de leur rang chargés de la garde du souverain, ou dans les fortes préventions de la reine contre le duc d'Aiguillon, alors commandant des chevau-légers. M. de Saint-Germain conserva cependant cinquante gendarmes et cinquante chevau-légers pour servir à la représentation royale, les jours de grand cérémonial; mais, en 1787, le roi réforma en entier ces deux espèces de noyaux de corps militaires. La reine dit alors, avec satisfaction, qu'enfin on ne verrait

---

du dernier. Ses réductions nombreuses indisposaient la noblesse et le clergé.

Une parente de ce ministre demandait à un évêque si l'on ne pouvait pas faire ses pâques et le jubilé en même temps. « Madame, lui répondit le prélat, nous sommes dans un temps d'économie, je crois qu'on peut encore faire celle-là. »

(*Note de l'édit.*)

plus d'habits rouges dans la galerie de Versailles (1).

La reine, pendant les années qui s'écoulèrent depuis 1775 jusqu'en 1781, se trouvait à l'époque de sa vie où elle se livra le plus aux plaisirs qui lui étaient offerts de toutes parts. Il y avait souvent, dans les petits voyages de Choisy, spectacle deux fois dans une même journée : grand opéra, comédie française ou italienne à l'heure ordinaire, et à onze heures du soir on rentrait dans la salle de spectacle, pour assister à des représentations de parodies où les premiers acteurs de l'Opéra se montraient dans les rôles et sous les costumes les plus bizarres. La célèbre danseuse Guimard était toujours chargée des premiers rôles ; elle jouait moins bien qu'elle ne dansait ; sa maigreur extrême et sa petite voix rauque ajoutaient encore au genre burlesque dans les rôles parodiés d'Ernelinde et d'Iphigénie.

La fête la plus noble et la plus galante qui ait été donnée à la reine, fut celle que Monsieur, frère du roi, lui avait préparée à Brunoy. Ce prince m'a-

---

(1) « La reine demanda dernièrement à M. de Saint-Germain : « Que voulez-vous faire des quarante-quatre gendarmes et des quarante-quatre chevau-légers que vous conservez? C'est apparemment pour escorter le roi aux lits de justice. — Non, Madame, c'est pour l'accompagner lorsqu'on chantera des *Te Deum.* » Il faut savoir que la reine en aurait aimé la suppression totale, et que le roi fût gardé à Versailles, comme le sont l'impératrice sa mère et l'empereur à Vienne, et cela eût été simple et bon. » (*Correspondance secrète de la cour: Règne de Louis XVI.*) (*Note de l'édit.*)

vait fait la grâce particulière de m'y admettre, et je suivais partout Sa Majesté dans le groupe qui l'environnait. Lorsqu'elle parcourut les jardins, elle trouva, dans le premier bosquet, des chevaliers armés de toutes pièces, endormis au pied d'arbres auxquels étaient suspendus leurs lances et leurs écus. L'absence des beautés qui avaient inspiré tant de hauts faits aux neveux de Charlemagne et aux preux de ce siècle, avait occasioné ce sommeil léthargique. Mais la reine paraît à l'entrée du bosquet, à l'instant ils sont sur pied; des voix mélodieuses annoncent la cause de leur désenchantement, et le désir qu'ils avaient de signaler leur adresse et leur valeur; de-là ils passèrent dans une arène très-vaste, décorée avec magnificence et dans le style exact des anciens tournois.

Cinquante danseurs, en habits de pages, présentèrent aux chevaliers vingt-cinq superbes chevaux noirs, et vingt-cinq d'une blancheur éclatante et très-richement enharnachés. Le parti, à la tête duquel était Auguste Vestris, portait les couleurs de la reine : Picq, maître des ballets de la cour de Russie, commandait le parti opposé; il y eut course à la tête noire, à la lance, enfin combat à outrance, parfaitement simulé : quoique l'on fût convaincu que les couleurs de la reine ne pouvaient qu'être victorieuses, les spectateurs n'en éprouvèrent pas moins toutes les sensations diverses et prolongées qu'amène l'incertitude du triomphe.

Presque toutes les femmes agréables de Paris, toujours empressées de jouir de ces sortes de spectacles, avaient été placées sur les gradins qui environnaient l'enceinte du tournoi; cette réunion achevait de compléter la vérité de l'imitation. La reine, environnée de la famille royale et de toute la cour, était placée sous un dais très-élevé. Un spectacle suivi d'un ballet-pantomime, et un bal, terminèrent la fête où ne manquèrent ni le feu d'artifice ni l'illumination. Enfin, un échafaudage d'une prodigieuse hauteur, placé dans un endroit très-élevé, soutenait dans les airs, au milieu d'une nuit très-noire et par un temps très-calme, ces mots : *Vive Louis, vive Marie-Antoinette.*

A l'exception du roi, le plaisir seul occupait toute cette jeune famille; ce goût était excité sans cesse par cette foule de gens empressés qui, en prévenant les désirs et même les passions des princes, trouvent le moyen de montrer du zèle et l'espérance de s'attirer ou d'entretenir la faveur.

Qui aurait osé combattre par de froids ou solides raisonnemens les amusemens d'une reine vive, jeune et jolie? Une mère, un mari seuls en auraient eu le droit; et le roi ne portait aucun obstacle aux volontés de Marie-Antoinette; sa longue indifférence avait été suivie d'un sentiment d'admiration et d'amour : il était esclave de tous les désirs de la reine qui, charmée du changement heureux qui s'était opéré dans le cœur du roi et dans ses habitudes, ne cachait point assez la satisfaction qu'elle en éprouvait, ni l'ascendant qu'elle prenait sur lui.

Le roi se couchait tous les soirs à onze heures précises; il était très-méthodique, et rien ne dérangeait ses habitudes. Il n'avait pas encore une fois cessé de venir partager le lit nuptial; mais le bruit que faisait involontairement la reine quand elle rentrait fort tard des soirées qu'elle passait chez la princesse de Guéménée, ou chez le duc de Duras, finit par importuner le roi; et sans humeur il fut convenu que la reine le préviendrait des jours où elle voulait veiller : alors le roi commença à coucher chez lui, ce qui n'était jamais arrivé depuis l'époque du mariage.

Pendant l'hiver les bals de l'Opéra faisaient passer beaucoup de nuits à la reine; elle s'y rendait avec une seule dame du palais, et y trouvait toujours Monsieur et M. le comte d'Artois; ses gens cachaient leur livrée sous des redingotes de drap gris. Elle croyait n'être jamais reconnue, et l'était par toute l'assemblée, dès le moment où elle entrait dans la salle : feignant de ne pas la reconnaître, on établissait toujours quelque intrigue de bal pour lui procurer le plaisir de l'incognito.

Louis XVI voulut une fois aller avec la reine à un bal masqué; il fut convenu que le roi ferait non-seulement son coucher public, mais même son petit coucher. La reine se rendit chez lui par les corridors intérieurs du palais, suivie d'une de ses femmes qui portait un domino noir; elle aida à l'en revêtir, et ils furent seuls gagner la cour de

CHAPITRE VII.

la chapelle où une voiture les attendait, avec le capitaine des gardes de quartier et une dame du palais. Le roi s'amusa peu, ne parla qu'à deux ou trois personnes qui le reconnurent à l'instant, et ne trouva d'aimable dans le bal que les pierrots et les arlequins; ce que la famille royale s'amusait souvent à lui reprocher.

Un événement, fort simple en lui-même, attira des soupçons fâcheux sur la conduite de la reine. Elle partit un soir avec la duchesse de Luynes, dame du palais : sa voiture cassa à l'entrée de Paris. Il fallut descendre ; la duchesse la fit entrer dans une boutique, tandis qu'un valet-de-pied fit avancer un fiacre. On était masqué, et en sachant garder le silence, l'événement n'aurait pas même été connu; mais aller en fiacre est pour une reine une aventure si bizarre, qu'à peine entrée dans la salle de l'Opéra, elle ne put s'empêcher de dire à quelques personnes qu'elle y rencontra : *C'est moi en fiacre, n'est-ce pas bien plaisant ?* (1)

---

(1) Le divertissement des bals, le désir qu'éprouvait la reine d'y goûter au moins l'incognito sous le masque, devaient donner lieu à une foule de ces aventures qui sont un des plaisirs attachés aux travestissemens de ce genre, et que la présence d'un tiers rend toujours innocens. On lit l'anecdote suivante dans un écrit du temps.

« On chuchote une aventure arrivée au bal que le comte de Viry a donné ; la voici : après le banquet, la reine s'était retirée avec sa suite, et était rentrée, peu de temps après, masquée dans le bal. Sur les trois heures du matin, elle se promenait avec la

De ce moment tout Paris fut instruit de l'aventure du fiacre : on dit que tout avait été mystère dans cette aventure de nuit ; que la reine avait donné un rendez-vous, dans une maison particulière, à un seigneur honoré de ses bontés ; on nommait hautement le duc de Coigny, à la vérité très-bien vu à la cour, mais autant par le roi que par la reine. Une fois que ces idées de galanterie

---

duchesse de La Vauguyon : ces deux masques furent acostés par un jeune seigneur étranger qui était démasqué, et qui leur parla long-temps, les prenant pour deux femmes de qualité de sa connaissance. La méprise donna lieu à une conversation singulière qui amusa d'autant plus Sa Majesté, que les propos furent légers, agréables, sans être indiscrets. Deux hommes masqués survinrent, se mirent de la partie ; après avoir beaucoup ri on se sépara. Les deux dames témoignèrent le désir de se retirer ; le baron allemand les conduisit ; un carrosse de remise fort simple se présenta : quand il fut question de monter, madame de La Vauguyon se démasqua. Jugez de la surprise de l'étranger, et comme elle augmenta quand, en se retournant, il reconnut également la personne qui venait de se démasquer : le respect et une sorte de confusion succédèrent à la familiarité. L'affabilité de la charmante princesse rassura pourtant l'étranger qui, d'ailleurs, avait eu précédemment l'avantage de faire sa cour à Sa Majesté et d'en être connu. Les plaisanteries qu'il avait à se reprocher sont celles que le masque autorise, surtout en France. La reine le quitta en lui recommandant le secret. Il l'aura gardé sans doute, mais bien inutilement, puisque deux ou trois spectateurs qui se trouvaient là par hasard n'ont pas eu la même discrétion. Au reste, l'étranger, bien fait, aimable, d'une naissance élevée, méritait bien la faveur qu'il a reçue du sort. Quelques jours après, s'étant trouvé sur le passage de la reine, elle lui demanda s'il avait gardé son secret, d'un ton qui peut faire croire qu'elle n'y attachait pas la moindre importance. » (*Corresp. secrète de la cour: Règne de Louis XVI.*)   (*Note de l'édit.*)

furent éveillées, il n'y eut plus de bornes à toutes les sottes préventions des agréables du jour, encore moins aux calomnies qui circulaient à Paris sur le compte de la reine : si elle avait parlé à la chasse ou au jeu, à MM. Édouard de Dillon, de Lambertye, ou à d'autres dont les noms ne me sont plus présens, c'étaient autant d'amans favorisés. Paris ignorait que tous ces jeunes gens n'étaient pas admis dans l'intérieur de la reine, et n'avaient pas même le droit de s'y présenter ; mais la reine allait déguisée à Paris, elle s'y était servie d'un fiacre ; une légèreté porte malheureusement à en soupçonner d'autres, et la méchanceté ne manque pas de supposer ce qui ne peut même avoir lieu. La reine, tranquillisée par l'innocence de sa conduite, et par la justice qu'elle savait bien que tout ce qui l'entourait devait rendre à sa vie privée, parlait avec dédain de ces faux bruits, et se contentait de supposer que quelque fatuité de la part des jeunes gens cités avait donné lieu à ces méchancetés. Elle cessait alors de leur adresser la parole, et même de les regarder. Leur vanité en était blessée, et le plaisir de la vengeance les portait à dire ou à laisser penser qu'ils avaient eu le malheur de cesser de plaire. D'autres jeunes fats avaient la présomption de croire qu'ils étaient remarqués par la reine, en se plaçant près de la loge grillée où Sa Majesté se rendait incognito à la comédie de la ville de Versailles ; et j'ai vu des prétentions s'établir uniquement parce que la reine avait prié un de ces Messieurs de s'informer, sur le théâtre, si la seconde pièce tarderait encore à commencer.

La liste des gens reçus dans les cabinets de la reine, et que j'ai désignés plus haut, avait été remise par la princesse de Lamballe aux huissiers de la chambre, et les personnes qui y étaient inscrites ne pouvaient se présenter pour jouir de cette faveur que les jours où la reine désirait avoir sa société intime, ce qui était seulement à la suite de ses couches ou dans le cas de légère indisposition. Les gens du premier rang à la cour lui demandaient quelquefois des audiences particulières; la reine les recevait alors dans une pièce précédée par celle que l'on appelait le cabinet des femmes de garde; qui annonçaient dans l'intérieur de Sa Majesté.

Je me trouvais dans ce cabinet un jour que le duc de Lauzun le traversa, après une scène qui exige quelques détails.

Le duc de Lauzun (depuis duc de Biron), qui a figuré dans la révolution parmi les intimes du duc d'Orléans, a laissé des Mémoires encore manuscrits, où il insulte au caractère de Marie-Antoinette. Il raconte une anecdote d'une plume de héron : voici la version véritable.

M. le duc de Lauzun avait de l'originalité dans l'esprit, quelque chose de chevaleresque dans les manières. La reine le voyait aux soupers du roi et chez la princesse de Guéménée : elle l'y traitait bien. Un jour il parut chez madame de Guéménée en uniforme avec la plus magnifique plume de héron blanc qu'il fût possible de voir ; la reine admira cette plume : il la lui fit offrir par la princesse de Guéménée. Comme il l'avait portée, la reine n'avait pas imaginé qu'il pût vouloir la lui donner; fort embarrassée du présent qu'elle s'était, pour ainsi dire, attiré, elle n'osa pas le refuser, ne sut si elle devait en faire un à son tour, et, dans l'embarras, si elle lui donnait quelque chose, de faire ou trop ou trop peu, elle se contenta de porter une fois la plume, et de faire observer à M. de Lauzun qu'elle s'était parée du présent qu'il lui avait fait. Dans ses Mémoires secrets, le duc donne une importance au présent de son aigrette, ce qui le rend bien indigne d'un honneur accordé à son nom et à son rang.

Son orgueil lui exagéra le prix de la faveur qui lui avait été accordée. Peu de temps après le présent de la plume de héron, il sollicita une audience; la reine la lui accorda, comme elle l'eût fait pour tout autre courtisan d'un rang aussi élevé. J'étais dans la chambre voisine de celle où il fut reçu; peu d'instans après son arrivée, la reine rouvrit la porte, et dit d'une voix haute et courroucée : *Sortez, Monsieur*. M. de Lauzun s'inclina profondément et disparut. La reine était fort agitée. Elle me dit : Jamais cet homme ne rentrera chez moi. Peu d'années avant la révolution de 1789, le maréchal de Biron mourut. Le duc de Lauzun, héritier de son nom, prétendait au poste important de colonel du régiment des gardes-françaises. La reine en fit pourvoir le duc du Châtelet ; voilà comme se forment les implacables haines. Le duc de Biron s'attacha aux intérêts du duc d'Orléans, et devint un des plus ardens ennemis de Marie-Antoinette (1).

J'ai de la répugnance à défendre la reine avec trop de détails sur deux points d'accusations infâmes dont les libellistes ont osé grossir leurs feuilles empoisonnées. Je veux indiquer les indignes soupçons d'un trop fort attachement pour le comte d'Artois, et les motifs de la tendre amitié qui exista entre la reine, la princesse de Lamballe et la duchesse de Polignac. Je ne crois point que M. le

---

(1) Les Mémoires du duc de Lauzun, encore manuscrits à l'époque où madame Campan composait les siens, ont été publiés depuis. Ils furent écrits par le duc de Lauzun, à la sollicitation d'une femme dont on vantait, à juste titre, l'esprit, la grâce et la beauté, madame la duchesse de Fleury, fille de M. le comte de Coigny. L'édition qui a paru ne contient point l'anecdote de la plume de héron. Est-ce réserve de la part des éditeurs ou lacune dans le manuscrit sur lequel ils ont imprimé ? Quoi qu'il en puisse être, nous en possédons un qui raconte cette anecdote en détail, et nous n'hésitons pas à la publier (lettre O). Aujourd'hui que la version donnée par madame Campan dément celle du duc de Lauzun ; aujourd'hui que l'on connaît son caractère avantageux, son amour-propre et sa fatuité, ce qu'il dit peut conserver encore quelque malignité, mais ne saurait avoir aucun crédit. On n'y voit plus que les insinuations fausses et méprisables d'un présomptueux trompé dans son espoir, et dont la vanité blessée cherche une vengeance indigne d'un galant homme.

(*Note de l'édit.*)

comte d'Artois, dans les premières années de sa jeunesse et de celle de la reine, fut, comme on l'a dit, très-épris de la beauté et de l'amabilité de sa belle-sœur; mais je puis affirmer que j'ai toujours vu ce prince à une distance très-respectueuse de la reine; qu'elle parlait de lui, de son amabilité, de sa gaieté avec cet abandon qui n'accompagne jamais que les sentimens les plus purs, et que tout ce qui environnait la reine n'a jamais vu, dans l'affection qu'elle témoignait à Mgr. le comte d'Artois, que celle d'une tendre sœur pour le plus jeune de ses frères. Quant à la liaison intime de Marie-Antoinette et des dames dont je viens de parler, elle n'eut jamais et ne pouvait avoir d'autre motif que le désir très-innocent de s'assurer deux amies au milieu d'une cour nombreuse : mais malgré cette intimité, le ton de ce noble respect que portent à la majesté royale les personnes du rang le plus élevé, ne cessa jamais d'être observé (1).

La reine, très-occupée par la société de madame de Polignac et par la chaîne des plaisirs qui se succédaient sans cesse, trouvait, depuis quelque temps, moins de momens à donner à l'abbé de

---

(1) Ce témoignage est confirmé par un historien dont on lira certainement avec intérêt le morceau suivant :

« On aura occasion de rapporter quelques fragmens de lettres où l'on pourra prendre une idée de l'étroite amitié qui unissait la reine et la duchesse de Polignac. On se borne pour le moment à rapporter le billet suivant que la reine écrivit à la duchesse, en

Vermond; il prit alors le parti de s'éloigner de la cour. On lui fit l'honneur de croire qu'il s'était permis des représentations sur l'emploi trop frivole du temps de son auguste élève, et qu'il avait jugé que, par son double caractère d'ecclésiastique et d'instituteur, il était désormais déplacé à la cour; on se trompait : son mécontentement portait uniquement sur la faveur accordée à la comtesse Jules. Après une absence d'une quinzaine de jours, nous le vîmes reparaître à Versailles et reprendre ses

---

réponse à une lettre où celle-ci, à la suite d'une maladie qui l'avait retenue quelques jours à Paris, lui mandait qu'elle aurait incessamment l'honneur de lui faire sa cour.

« Sans doute la plus empressée de vous embrasser, c'est moi, » puisque dès demain j'irai dîner avec vous à Paris. »

» La reine vint en effet dîner chez son amie. Il faut convenir que cette étroite amitié, entre une souveraine et une sujette, devait paraître d'autant plus extraordinaire qu'on n'en avait jamais eu d'exemple. Cependant elle existait, on n'en peut disconvenir : il n'y avait donc d'autre parti, pour des hommes corrompus, que de supposer à cette même amitié un motif criminel; on n'y réussit que trop.

» Lorsqu'il y eut un projet bien réel de détrôner l'infortuné Louis XVI, on crut qu'il fallait commencer par l'avilir; et pour cela, le moyen le plus efficace c'était d'attaquer les mœurs de la reine. Il était encore essentiel, pour le succès de cet infernal système, de dégrader la duchesse de Polignac dans l'opinion publique, avant d'arriver à la princesse elle-même. Si, en effet, la duchesse méritait le mépris universel, l'opprobre qui la couvrait rejaillissait sur son auguste amie.

» On n'épargna donc pas les libelles à madame de Polignac. On a demandé plusieurs fois à l'auteur de cette histoire s'il avait lu ces libelles? Eh! qui, malheureusement, ne les a pas lus? Mais il

fonctions accoutumées. Je raconterai plus tard les motifs de son absence et les conditions qu'il mit à son retour.

---

a demandé à son tour que ceux qui les avaient écrits voulussent bien les avouer et communiquer leurs preuves. Jamais on ne lui a répondu ; et les personnes sages qui connaissaient très-particulièrement le duc et la duchesse de Polignac, lui ont paru convaincues que les auteurs de ces libelles étaient de vils calomniateurs soudoyés par les ennemis du roi et de la reine. Il a interrogé des domestiques même de la duchesse, qui n'avaient plus rien à espérer de leur maîtresse ; et leurs réponses ont prouvé qu'elle était aimée de tous ses gens, et que dans l'intérieur de sa famille, elle menait une vie très-décente et très-régulière.

» Enfin l'auteur n'a rencontré personne qui lui ait dit avoir reçu du duc ou de la duchesse de Polignac la plus légère offense Ayant à se décider entre des accusations graves, mais dénuées de toute espèce de preuves, et des faits incontestables, il a dû naturellement s'arrêter à ceux-ci : sa qualité d'historien ne lui permettait pas d'autre marche. » (*Histoire de Marie-Antoinette*, par Montjoie, p. 161 et 164.)

(*Note de l'édit.*)

CHAPITRE VIII.

Voyage de Joseph II en France. — Son caractère. — Ses paroles. — L'étiquette est l'objet de ses railleries. — Leur amertume. — Il n'épargne ni les dames de la cour ni la reine elle-même. — Il critique le gouvernement et l'administration. — Anecdotes qu'il raconte sur la cour de Naples. — Il est présenté par la reine et accueilli avec transport à l'Opéra. — Fête d'un genre nouveau que lui donne la reine à Trianon. — Première grossesse de la reine. — Détails curieux. — Retour de Voltaire à Paris. — Mot de Joseph II. — On délibère sur la présentation de Voltaire à la cour. — Opposition du clergé. — On décide qu'il ne sera point admis. — Réflexions de la reine à ce sujet. — Duel de M. le comte d'Artois avec le duc de Bourbon. — Assertions du baron de Besenval, dans ses Mémoires, réfutées. — Il ose faire une déclaration à la reine. — Conduite noble et généreuse de cette princesse. — Mot sensé qu'elle prononce — Retour du chevalier d'Éon en France. — Détails sur ses missions et les causes de son travestissement. — Promenades pendant la nuit sur la terrasse de Trianon. — Anecdotes qui servent de texte aux libellistes. — Madame Du Barry se permet d'assister à l'une de ces soirées. — Concert donné dans un des bosquets. — Couplets contre la reine. — Indignation de Louis XVI contre d'aussi viles attaques. — Odieuse politique du comte de Maurepas. — La reine accouche de MADAME. — Dangers auxquels est exposée la reine. — Réflexions.

Depuis l'avènement de Louis XVI au trône, la reine attendait la visite de son frère l'empereur Joseph II : ce prince était le sujet habituel de ses entretiens ; elle vantait son esprit, son amour pour le travail, ses connaissances militaires, son extrême simplicité. Toutes les personnes qui environnaient Sa Majesté désiraient vivement de voir à la cour de Versailles un prince si digne de son rang. Enfin, le moment de l'arrivée de Joseph II, sous le nom du comte de Falkenstein, fut annoncé, et l'on indiqua le jour même où il serait à Versailles (1). Les premiers embrassemens de la reine et de son auguste frère se passèrent en présence de toute la maison de la reine. Ce spectacle fut très-attendrissant; les sentimens de la nature inspirent involontairement plus d'intérêt quand on les voit se développer avec toute leur puissance et tout leur abandon dans le cœur des souverains.

L'empereur fut d'abord généralement admiré en France; les savans, les militaires instruits, les artistes célèbres apprécièrent l'étendue de ses connaissances. Il obtint moins de suffrages à la cour, et fort peu dans l'intérieur du roi et de la reine. Des manières bizarres, une franchise qui dégénérait souvent en rudesse, une simplicité dont on remarquait visiblement l'affectation: tout le fit envisager comme un prince plus singulier qu'admirable. La reine lui parla de l'appartement qu'elle

---

(1) La reine reçut l'empereur à Versailles, et n'alla point au-devant de lui en cabriolet, comme cela est dit dans quelques anecdotes sur la cour de Louis XVI, et notamment dans un ouvrage fort estimable où cette fausse anecdote est consignée comme elle l'est dans l'*Espion anglais* d'où elle a été vraisemblablement tirée.

(*Note de madame Campan.*)

lui avait fait préparer dans le château ; l'empereur lui répondit qu'il ne l'accepterait pas, et qu'en voyageant il logeait toujours au *cabaret* (ce fut sa propre expression) : la reine insista, et l'assura qu'il serait parfaitement libre et placé loin du bruit. Il répondit qu'il savait que le château de Versailles était fort grand, et qu'on y logeait tant de *polissons*, qu'il pouvait bien y avoir une place ; mais que son valet de chambre avait déjà fait dresser son lit de camp dans un hôtel garni, et qu'il y logerait.

Il dînait avec le roi et la reine, et soupait avec toute la famille réunie. Il témoigna prendre intérêt à la jeune princesse Élisabeth qui sortait alors de l'enfance, et avait toute la fraîcheur de cet âge. Il circula, dans le temps, quelque bruit de mariage avec cette jeune sœur du roi ; je crois qu'ils n'eurent aucun fondement.

Le service de table était encore fait par les femmes lorsque la reine mangeait dans les cabinets avec le roi, la famille royale et les têtes couronnées (1). J'as-

---

(1) L'usage était que, même le dîner commencé, s'il survenait une princesse du sang, et qu'elle fût invitée à prendre place à la table de la reine, les contrôleurs et les gentilshommes servant venaient à l'instant prendre le service, et les femmes de la reine se retiraient. Elles avaient remplacé les filles d'honneur dans plusieurs parties de leur service, et conservé quelques-uns de leurs priviléges. Un jour la duchesse d'Orléans arriva à Fontainebleau à l'heure du dîner de la reine qui l'invita à se mettre à table, et fit elle-même signe à ses femmes de quitter le service et de se faire

sistais presque tous les jours au dîner de la reine. L'empereur y parlait beaucoup et de suite; il s'exprimait avec facilité dans notre langue, et la singularité de ses expressions ajoutait quelque chose de piquant à ses discours. Je lui ai plusieurs fois entendu dire qu'il aimait les choses *spectaculeuses*, pour indiquer tout ce qui formait un aspect ou une scène digne d'intérêt. Il ne déguisait aucune de ses préventions contre l'étiquette et les usages de la cour de France, et en faisait même, en présence du roi, le sujet de ses sarcasmes (1). Le roi sou-

---

remplacer par les hommes. Sa Majesté disait qu'elle voulait maintenir un privilége qui conservait ces sortes de places plus honorables, et en faisait une ressource pour des filles nobles et sans fortune.

Madame de Misery, baronne de Biache, première femme de chambre de la reine, dont je fus nommée survivancière, était fille de M. le comte de Chemant, et sa grand'mère était une Montmorency. M. le prince de Tingry l'appelait, en présence de la reine, *ma cousine*.

L'ancienne commensalité des rois de France avait des prérogatives reconnues dans l'État. Beaucoup de charges exigeaient la noblesse, et se vendaient de 40,000 jusqu'à 300,000 francs. Il existe un Recueil des édits des rois en faveur des prérogatives et droits de préséances des personnes munies d'offices dans la maison du roi.

(*Note de madame Campan.*)

(1) Joseph II avait du goût, on peut dire même du talent pour la satire. On vient de publier un recueil de lettres dans lesquelles ses railleries amères n'épargnent ni les grands, ni le clergé, ni même les rois ses confrères. On trouvera deux ou trois de ces lettres à la fin du volume (lettre P); elles rentrent dans le sujet que

riait et ne répondait jamais rien ; la reine paraissait en souffrir. L'empereur terminait souvent ses récits, sur les choses qu'il avait admirées à Paris, par des reproches au roi sur ce qu'elles lui étaient inconnues : il ne pouvait concevoir comment tant de richesses en tableaux restaient dans la poussière d'immenses magasins (1) ; et lui dit un jour que, si l'usage n'était pas d'en placer quelques-uns dans les appartemens de Versailles, il ne connaîtrait pas même les principaux chefs-d'œuvre qu'il possédait (2). Il lui reprochait aussi de n'avoir pas visité l'hôtel des Invalides et celui de l'École militaire ;

---

traite madame Campan, puisqu'elles ajoutent quelques traits de plus à la ressemblance de Joseph II.

Son humeur caustique avait, au reste, matière à s'exercer sur l'étiquette en usage à la cour de France. Si l'on veut avoir une idée de cette tyrannie qui pesait sur les princes dans tous les instans de la journée, et les suivait, pour ainsi dire, jusque dans le lit nuptial, on peut lire un morceau très-curieux placé par madame Campan dans les éclaircissemens qu'elle destinait à son ouvrage [**].

(*Note de l'édit.*)

(1) Quelque temps après le départ de l'empereur, le comte d'Angiviller présenta des plans au roi pour la construction du Muséum qui fut alors commencé.

(*Note de madame Campan.*)

(2) L'empereur blâmait beaucoup l'usage, alors existant, de laisser des marchands construire des boutiques près des murs extérieurs de tous les palais, et même d'établir des espèces de foires sur les escaliers, dans les galeries de Versailles et de Fontainebleau, et jusqu'à chaque repos des grands escaliers.

(*Note de madame Campan.*)

et lui disait même, en notre présence, qu'il devait connaître non-seulement tout ce qui existait à Paris, mais voyager en France, et résider quelques jours dans chacune de ses grandes villes.

La reine finit par être blessée de l'indiscrète sincérité de l'empereur, et par lui faire elle-même quelques leçons sur la facilité avec laquelle il se permettait d'en donner. Un jour qu'elle était occupée à signer des brevets et des ordonnances de paiemens pour sa maison, elle s'entretenait avec M. Augeard, son secrétaire des commandemens, qui lui présentait successivement les objets à signer, et les replaçait dans son porte-feuille. L'empereur, pendant ce travail, se promenait dans la chambre; tout-à-coup il s'arrête pour reprocher assez sévèrement à la reine de signer tous ces papiers sans les lire, ou, au moins, sans y jeter les yeux, et lui dit les choses les plus justes sur le danger de donner légèrement sa signature. La reine lui répondit que l'on pouvait appliquer très-mal de fort judicieux principes ; que son secrétaire des commandemens, qui méritait toute sa confiance, ne lui présentait, en ce moment, que les ordonnances du paiement des trimestres des charges de sa maison, enregistrées à la Chambre des comptes; et qu'elle ne risquait pas de donner inconsidérément sa signature (1).

---

(1) Ces paroles se trouvent confirmées par les renseignemens que donne madame Campan sur l'ordre établi dans la comptabilité des fonds appartenant à la cassette de la reine [***]. (*Note de l'édit.*)

La toilette de la reine était aussi un sujet perpétuel de critique pour l'empereur. Il lui reprochait d'avoir introduit trop de modes nouvelles, et la tourmentait sur l'usage du rouge auquel ses yeux ne pouvaient s'habituer. Un jour qu'elle en mettait plus que de coutume, devant aller au spectacle, il lui conseilla d'en ajouter encore, et indiquant une dame qui était dans la chambre, et qui en avait à la vérité beaucoup : « Encore un peu, sous les yeux, » dit l'empereur à la reine; mettez du rouge, en » furie, comme madame. » La reine pria son frère de cesser ses plaisanteries, et surtout de ne les adresser qu'à elle seule, quand elles seraient désobligeantes. Cette manière de critiquer les usages et les modes établies convenait assez à l'esprit frondeur qui régnait alors; autrement l'empereur eût été généralement blâmé. Les gens qui tenaient par principes aux anciens usages, furent seuls affligés, et lui surent très-mauvais gré de quelques accès d'une franchise par trop déplacée (1).

La reine lui avait donné rendez-vous au Théâtre

---

(1) Sans nier le penchant que montrait l'empereur à la raillerie, l'on doit ajouter qu'il savait aussi, selon l'occasion, tourner agréablement des choses flatteuses. Madame de Genlis rapporte même, dans ses *Souvenirs de Félicie*, un trait qui vaut mieux qu'un mot spirituel. On sait que Joseph II parcourut plusieurs provinces de la France. « A Nantes, dit d'abord madame de Genlis, il partit de son auberge à la petite pointe du jour; il trouva, dans la cour, sa voiture entourée de toutes les jeunes dames de la ville, toutes excessivement parées : l'empereur, après les avoir saluées, dit,

Italien; Sa Majesté changea d'avis, et se rendit aux Français. Elle envoya un page aux Italiens prier son frère de venir la rejoindre. L'empereur sortit de sa loge, éclairé par le comédien Clairval, et accompagné de M. de La Ferté, intendant des menus-plaisirs, qui souffrit beaucoup d'entendre Sa Majesté Impériale dire à Clairval, en lui exprimant obligeamment son regret de ne point assister à la représentation des Italiens: « Elle est bien étourdie votre jeune reine; mais heureusement cela ne vous déplaît pas trop à vous autres Français. »

Je me trouvais avec mon beau-père dans un des cabinets de la reine; l'empereur vint l'y attendre, et sachant que M. Campan remplissait les fonctions de bibliothécaire, il l'entretint des livres qui de-

---

en les regardant : *Voilà une si charmante aurore, qu'elle promet plus d'un beau jour.*

» Un trait, ajoute-t-elle, que j'aime mieux que tout cela, est celui-ci :

» Il passa le bois de Rosny, tandis qu'il dormait dans sa voiture ; quand il se réveilla, il en était à un quart de lieue. Se rappelant que Sully avait, durant les guerres civiles, vendu ce bois pour en donner l'argent à Henri IV, alors dénué de tout, l'empereur ordonna aux postillons de retourner sur leurs pas et de rentrer dans le bois, voulant mesurer, par ses yeux, l'étendue du sacrifice qu'un grand homme et un sujet affectionné avait fait, dans un moment de détresse, à l'un de nos plus grands rois *.

(*Note de l'édit.*)

* « Ce bois est immense : Sully en retira trente mille francs, somme énorme dans ce temps, et la donna tout entière à Henri IV. »

(*Note de madame de Genlis.*)

vaient naturellement composer la bibliothèque de la reine. Après avoir parlé de nos auteurs les plus célèbres, le hasard lui fit dire : Il n'y a sûrement pas ici d'ouvrages sur les finances, ni sur l'administration.

Ces mots furent suivis de son opinion sur tout ce qu'on avait écrit dans ce genre, sur les différens systèmes de nos deux célèbres ministres Sully et Colbert ; sur les fautes qui se commettaient sans cesse, en France, dans des parties si essentielles à la prospérité de l'empire ; sur les réformes qu'il ferait lui-même à Vienne lorsqu'il en aurait le pouvoir : tenant M. Campan par le bouton de son habit, il passa plus d'une heure à parler avec véhémence et sans aucun ménagement sur le gouvernement français ; chose d'autant plus blâmable, qu'avec du tact et de la dignité, l'empereur ne devait entretenir le secrétaire bibliothécaire que des objets analogues à ses fonctions. Mais il était si préoccupé du grand talent qu'il se croyait pour gouverner les peuples, que cet orgueil lui faisait commettre, en ce moment, une faute d'écolier. Cet entretien dura près d'une heure. L'étonnement autant que le respect nous tint, mon beau-père et moi, dans le plus profond silence ; et lorsque nous fûmes seuls, nous prîmes la résolution de ne point parler de cet entretien.

L'empereur aimait à raconter les anecdotes secrètes des cours d'Italie qu'il avait visitées ; les querelles de jalousie, entre le roi et la reine de Naples, l'amusaient beaucoup : il peignait parfaitement la manière d'être et de parler de ce souverain, et disait avec quelle bonhomie il allait solliciter la première caomériste pour obtenir de rentrer dans le lit nuptial, quand, par mécontentement, la reine l'en avait banni; le temps qu'on lui faisait désirer cette réconciliation était calculé entre la reine et sa camériste, et toujours mesuré à la nature du délit. Il racontait aussi beaucoup de choses fort amusantes sur la cour de Parme, dont il parlait avec assez de dédain. Si l'on eût écrit chaque jour tout ce que ce prince disait sur l'intérieur de ces cours, et même sur celle de Vienne, on en eût fait un recueil très-piquant : j'ai seulement retenu un trait qui rappelle l'engouement de Léopold, grand-duc de Toscane, pour le système des économistes, et donne une idée du jugement que l'empereur en avait porté. Il raconta au roi que le grand-duc de Toscane et le roi de Naples s'étant trouvés réunis, le premier parla beaucoup des changemens qu'il avait effectués dans ses États. Le grand-duc avait rendu une foule d'édits nouveaux, pour y mettre les préceptes des économistes en exécution, espérant par-là travailler au bonheur de ses peuples. Le roi de Naples le laissa parler long-temps, puis lui demanda simplement combien il y avait de familles napolitaines en Toscane. Le grand-duc en compta bientôt le très-petit nombre. Eh bien, mon frère, reprit le roi de Naples, je ne conçois pas vos peuples de rechercher si peu le bonheur; car j'ai quatre fois plus de familles toscanes établies dans mes États, que vous n'en avez de napolitaines chez vous.

La reine se trouvant à l'Opéra avec l'empereur, ce prince avait voulu y rester caché; mais elle le prit par la main, et, avec un peu de violence, l'attira vers le premier rang de sa loge. Cette espèce de présentation faite au public eut le plus grand succès: on donnait Iphigénie en Aulide, et pour la seconde fois, le chœur, *Chantons, célébrons notre reine,* fut demandé avec la plus vive chaleur, et chanté au milieu d'applaudissemens universels.

Une fête d'un genre nouveau fut donnée au petit Trianon. L'art avec lequel on avait, non pas illuminé, mais éclairé le jardin anglais, produisit un effet charmant : des terrines, cachées par des planches peintes en vert, éclairaient tous les massifs d'arbustes ou de fleurs, et en faisaient ressortir les diverses teintes, de la manière la plus variée et la plus agréable; quelques centaines de fagots allumés entretenaient, dans le fossé, derrière le temple de l'Amour, une grande clarté qui le rendait le point le plus brillant du jardin. Au reste cette soirée n'eut de remarquable que ce qu'elle devait au bon goût des artistes; cependant il en fut beaucoup parlé. Le local n'avait pas permis d'y admettre une grande partie de la cour; les personnes non invitées furent mécontentes, et le peuple, qui ne pardonne que les fêtes dont il jouit, eut grande part aux exagérations de la malveillance sur les frais de cette petite fête, portés à un prix si ridicule, que les fagots brûlés dans les fossés paraissaient avoir exigé la destruction d'une forêt entière. La reine, prévenue de ces bruits, voulut connaître exactement ce qu'il y avait eu de bois consumé : l'on sut que quinze cents fagots avaient suffi pour entretenir le feu jusqu'à quatre heures du matin.

L'empereur quitta la France après un séjour de quelques mois, et promit à sa sœur de venir encore la voir.

Tous les officiers de la chambre de la reine avaient eu, pendant le séjour de l'empereur, beaucoup d'occasions de le servir; on s'attendait qu'il ferait des présens avant son départ. Le serment des charges portait positivement qu'on ne recevrait jamais aucun don des princes étrangers; on convint alors qu'on commencerait par refuser les présens de l'empereur, en demandant le temps nécessaire pour obtenir la permission de les accepter. L'empereur, probablement instruit de cet usage, dégagea tous ces honnêtes gens de l'embarras de se faire relever d'un serment. Il partit sans faire aucun présent.

Madame la comtesse d'Artois avait déjà deux enfans, et la reine n'avait pas même encore l'espoir de donner des héritiers au trône. On s'entretenait tout bas des obstacles qui avaient pu long-temps s'y opposer. Enfin, vers les derniers mois de 1777, la reine, étant seule dans ses cabinets, nous fit appeler, mon beau-père et moi, et, nous présentant sa main à baiser, nous dit que, nous regardant l'un et l'autre comme des gens bien occupés de son bonheur, elle voulait recevoir nos complimens; qu'enfin elle était reine de France, et qu'elle espérait bientôt avoir des enfans; qu'elle avait jusqu'à ce moment su cacher ses peines, mais qu'en secret elle avait versé bien des pleurs.

Nous avons calculé qu'elle accoucha de Madame, fille du roi, un an juste après la confidence qu'elle avait daigné nous faire. Le bruit de cette union tant retardée ne se répandit pas dans le public.

A partir de ce moment heureux, si long-temps attendu, l'attachement du roi pour la reine prit tout le caractère de l'amour; le bon Lassone, premier médecin du roi et de la reine, me parlait souvent de la peine que lui avait faite un éloignement dont il avait été si long-temps à vaincre la cause, et ne me paraissait plus avoir alors que des inquiétudes d'un genre tout différent.

Dans l'hiver de 1778, on obtint du roi la permission de laisser revenir Voltaire, après plus de vingt-sept ans d'absence. Quelques gens, austères ou prudens, jugèrent comme très-déplacée cette condescendance de la cour. L'empereur, en quittant la France, passa près du château de Ferney, et ne trouva pas convenable de s'y arrêter. Il avait conseillé à la reine de ne pas permettre que Voltaire lui fût présenté. Une femme de la cour sut l'opinion de l'empereur à ce sujet, et lui reprocha son peu d'enthousiasme pour le plus grand génie du siècle:

il lui répondit qu'il chercherait toujours à profiter, pour le bien des peuples, des lumières dues aux philosophes, mais que son métier de souverain l'empêcherait toujours de se ranger parmi les adeptes de cette secte. Le clergé fit aussi des démarches pour que Voltaire ne parût point à la cour. Cependant Paris porta au plus haut degré l'enthousiasme et les honneurs rendus au grand poëte. Il y avait un inconvénient majeur à laisser Paris prononcer, avec de pareils transports, une opinion aussi contraire à celle de la cour; on le fit bien observer à la reine, en lui représentant qu'elle devrait au moins, sans accorder à Voltaire les honneurs de la présentation, le voir dans les grands appartemens; elle ne fut pas trop éloignée de suivre cet avis, et paraissait uniquement embarrassée de ce qu'elle lui dirait, dans le cas où elle consentirait à le voir. On lui conseilla de lui parler seulement de la Henriade, de Mérope et de Zaïre : la reine dit à ceux qui avaient pris la liberté de lui faire ces observations, qu'elle consulterait encore des personnes dans lesquelles elle avait une grande confiance. Le lendemain, elle répondit qu'il était décidé irrévocablement que Voltaire ne verrait aucun membre de la famille royale, ses écrits étant pleins de principes qui portaient une atteinte trop directe à la religion et aux mœurs. « Il est pourtant étrange, ajouta la reine en rendant la réponse, que nous refusions d'admettre Voltaire en notre présence, comme chef des écrivains philosophes, et que la maréchale de Mouchy se soit prêtée, d'après les intrigues de la secte, à me présenter, il y a quelques années, madame Geoffrin qui devait sa célébrité au titre de mère-nourrice des philosophes. »

A l'occasion du duel de M. le comte d'Artois avec M. le prince de Bourbon, la reine voulut voir secrètement le baron de Besenval qui devait être un des témoins, pour lui communiquer les intentions du roi. J'ai lu avec une peine infinie de quelle manière ce fait si simple est rendu dans les Mémoires de M. de Besenval : il a raison de dire que M. Campan le conduisit par des corridors supérieurs du château, et l'introduisit dans un appartement qu'il ne connaissait pas ; mais le ton de roman donné à cette entrevue est aussi blâmable que ridicule (1). M. de Besenval dit qu'il se trouva, sans savoir comment il y était parvenu, dans un appartement *modeste*, mais *très-commodément meublé*, dont il ignorait jusqu'à l'existence. Il fut étonné, ajoute-t-il, *non pas que la reine eût tant de facilités, mais qu'elle ait osé se les procurer.* Dix feuillets imprimés de la femme Lamotte, dans ses impurs libelles, ne contiennent rien d'aussi nuisible au caractère de Marie-Antoinette, que ces lignes écrites par un homme qu'elle honorait d'une bienveillance aussi peu méritée. Il n'avait pu avoir occasion de connaître l'existence de cet appartement, composé d'une très-

---

(1) Voyez les *Mémoires du baron de Besenval*, t. I, dans la collection des *Mémoires sur la révolution*. (*Note de l'édit.*)

petite anti-chambre, d'une chambre à coucher et d'un cabinet; depuis que la reine occupait le sien, il était destiné à loger la dame d'honneur de Sa Majesté, dans le cas de couches ou de maladie, et servait à cet usage lorsque la reine faisait ses couches. Il était si important que personne ne sût que la reine eût parlé au baron avant le combat, qu'elle avait imaginé de se rendre par son intérieur dans ce petit appartement où M. Campan devait le conduire. Lorsqu'on écrit sur des temps rapprochés, il faut être de l'exactitude la plus scrupuleuse, et ne se permettre ni interprétation ni exagération.

Le baron de Besenval, dans ses Mémoires, paraît fort surpris du refroidissement subit de la reine, et l'attribue d'une manière très-défavorable à l'inconstance de son caractère : je puis donner le motif de ce changement, en répétant ce que Sa Majesté me dit à cette époque; et je ne changerai pas une seule de ses expressions. En me parlant de l'étrange présomption des hommes, et de la réserve que les femmes doivent toujours observer avec eux, la reine ajouta que l'âge ne leur ôtait pas l'idée de plaire, quand ils avaient conservé quelques qualités agréables; qu'elle avait traité le baron de Besenval comme un brave Suisse, aimable, poli, spirituel, que ses cheveux blancs lui avaient fait voir comme un homme sans conséquence, et qu'elle s'était bien trompée. Sa Majesté, après m'avoir recommandé le plus grand secret sur ce qu'elle allait me confier, me raconta que, s'étant trouvée seule avec le baron, il avait commencé par lui dire des choses d'une galanterie qui l'avait jetée dans le plus grand étonnement, et qu'il avait porté le délire jusqu'à se précipiter à ses genoux, en lui faisant une déclaration en forme. La reine ajouta qu'elle lui avait dit : « Levez-vous, Monsieur : le roi ignorera un tort qui vous ferait disgracier pour toujours; » que le baron avait pâli et balbutié des excuses; qu'elle était sortie de son cabinet sans lui dire un mot de plus, et que, depuis ce temps, elle lui parlait à peine. La reine, à cette occasion, me dit : « Il est doux d'avoir des amis; mais, dans ma position, il est difficile que les amis de nos amis nous conviennent autant. »

En courageux courtisan, le baron sut dévorer également la honte d'une démarche aussi coupable, et le ressentiment qui en avait été la suite naturelle : il ne perdit point l'honorable faveur d'être placé sur la liste des gens reçus dans la société de Trianon.

Ce fut au commencement de 1778 que mademoiselle d'Éon obtint la permission de rentrer en France, à condition qu'elle n'y paraîtrait qu'en habit de femme. M. le comte de Vergennes pria M. Genet, mon père, premier commis des affaires étrangères, qui avait connu très-anciennement le chevalier d'Éon, de recevoir ce bizarre personnage chez lui, pour diriger et contenir, s'il était possible, sa tête ardente. La reine, venant d'apprendre son arrivée à Versailles, envoya un valet de pied dire à mon père de la conduire chez elle; mon père pensa qu'il était de son devoir d'aller d'abord prévenir son ministre du désir de Sa Majesté. Le comte de Vergennes lui témoigna sa satisfaction sur la prudence qu'il avait eue, et lui dit de l'accompagner. Le ministre eut une audience de quelques minutes. Sa Majesté sortit de son cabinet avec lui, et, trouvant mon père dans la pièce qui le précédait, voulut bien lui exprimer le regret de l'avoir déplacé inutilement; elle ajouta, en souriant, que quelques mots que M. le comte de Vergennes venait de lui dire, l'avaient guérie pour toujours de la curiosité qu'elle avait eue. Ce qui vient depuis peu d'être découvert et confirmé à Londres, sur le véritable sexe de cette prétendue fille, porte à croire que le peu de mots dits à la reine par le ministre des affaires étrangères, était simplement le mot de cette énigme. On sait qu'étant ministre plénipotentiaire à Londres, le chevalier d'Éon avait outrageusement flétri l'honneur du comte de Guerchy; et la cour de France, ne lui permettant de reparaître dans sa patrie qu'en habit de femme, réparait en quelque sorte, pour une famille considérée, les outrages du chevalier d'Éon.

Le chevalier d'Éon avait été utile en Russie à l'espionnage particulier de Louis XV. Très-jeune encore, il avait trouvé le moyen de s'introduire à la cour de l'impératrice Élisabeth, et avait servi cette souveraine en qualité de lecteur; reprenant ensuite ses habits militaires, il fit la guerre avec

honneur et fut blessé : nommé premier secrétaire de légation, puis ministre plénipotentiaire à Londres, il offensa l'ambassadeur comte de Guerchy par les outrages les plus sanglans : ils furent de nature à ce que l'ordre officiel de faire rentrer le chevalier en France, fût délivré au conseil du roi; mais Louis XV retarda le départ du courrier qui devait porter cet ordre, et en fit secrètement partir un qui remit au chevalier d'Éon une lettre de sa main où il lui disait: « Je sais que vous m'avez
» servi aussi utilement sous les habits de femme,
» que sous ceux que vous portez actuellement. Re-
» prenez-les de suite; retirez-vous dans la cité; je
» vous préviens que le roi a signé hier l'ordre de
» vous faire rentrer en France; vous n'êtes point
» en sûreté dans votre hôtel, et vous trouveriez ici
» de trop puissans ennemis. » J'ai entendu plusieurs fois, chez mon père, le chevalier d'Éon répéter le contenu de cette lettre où Louis XV séparait ainsi son existence personnelle de celle du roi de France. Le chevalier ou la chevalière d'Éon avait conservé toutes les lettres du roi. MM. de Maurepas et de Vergennes désirèrent retirer de ses mains des lettres que l'on craignait qu'il ne fît imprimer. Depuis long-temps, ce bizarre personnage sollicitait sa rentrée en France; mais il fallait trouver un moyen d'épargner à la famille qu'il avait offensée l'espèce d'insulte qu'elle verrait dans son retour : on lui fit reprendre le costume d'un sexe auquel on pardonne tout en France. Le désir de

revoir sa terre natale le décida sans doute à subir cette loi, mais il s'en vengea en faisant contraster avec la longue queue de sa robe et ses manchettes à triple étage, les attitudes et les propos d'un grenadier, ce qui lui donna le ton de la plus mauvaise compagnie.

Enfin l'événement tant désiré par la reine et par tous ceux qui lui étaient attachés arriva. Sa Majesté devint grosse; le roi en fut ravi. Jamais on n'a pu voir d'époux plus unis et plus heureux. Le caractère de Louis XVI était tout-à-fait changé, prévenant, soumis; il avait subi le joug de l'amour, et la reine était bien dédommagée des peines que l'indifférence du roi lui avait fait éprouver pendant les premières années de leur union.

L'été de 1778 fut extrêmement chaud : juillet et août se passèrent sans que l'air eût été rafraîchi par un seul orage. La reine, incommodée par sa grossesse, passait les jours entiers dans ses appartemens exactement fermés, et ne pouvait s'endormir qu'après avoir respiré l'air frais de la nuit, en se promenant, avec les princesses et ses frères, sur la terrasse au-dessous de son appartement. Ces promenades ne firent d'abord aucune sensation; mais on eut l'idée de jouir, pendant ces belles nuits d'été, de l'effet d'une musique à vent. Les musiciens de la chapelle eurent l'ordre d'exécuter des morceaux de ce genre, sur un gradin que l'on fit construire au milieu du parterre. La reine, assise sur un des bancs de la terrasse, avec la totalité de la famille royale, à l'exception du roi qui n'y parut que deux fois, n'aimant point à déranger l'heure de son coucher, jouissait de l'effet de cette musique. Rien de plus innocent que ces promenades, dont bientôt Paris, la France, et même l'Europe, furent occupés de la manière la plus offensante pour le caractère de Marie-Antoinette. Il est vrai que tous les habitans de Versailles voulurent jouir de ces sérénades, et que bientôt il y eut foule depuis onze heures du soir jusqu'à deux et trois heures du matin. Les fenêtres du rez-de-chaussée occupé par Monsieur et Madame, restaient ouvertes, et la terrasse était parfaitement éclairée par les nombreuses bougies allumées dans ces deux appartemens. Des terrines placées dans le parterre, et les lumières du gradin des musiciens éclairaient le reste de l'endroit où l'on se tenait.

J'ignore si quelques femmes inconsidérées osèrent s'éloigner et descendre dans le bas du parc : cela peut être ; mais la reine, Madame et madame la comtesse d'Artois se tenaient par le bras et ne quittaient jamais la terrasse. Vêtues de robes de percale blanche avec de grands chapeaux de paille et des voiles de mousseline (costume généralement adopté par toutes les femmes), lorsque les princesses étaient assises sur les bancs, on les remarquait difficilement ; debout, leurs tailles différentes les faisaient toujours reconnaître, et l'on se rangeait pour les laisser passer. Il est vrai que lorsqu'elles se plaçaient sur des bancs, quelques particuliers vinrent s'asseoir à côté d'elles, ce qui les amusa beaucoup. Un jeune commis de la guerre assez spirituel et d'un fort bon ton, ne reconnaissant pas ou feignant de ne pas reconnaître la reine, lui adressa la parole : la beauté de la nuit et l'effet agréable de la musique furent le motif de la conversation ; la reine, ne se croyant pas reconnue, trouva plaisant de garder l'incognito ; on parla de quelques sociétés particulières de Versailles, que la reine connaissait parfaitement, puisque toutes étaient formées de gens attachés à la maison du roi ou à la sienne. Au bout de quelques minutes, la reine et les princesses se levèrent pour se promener, et saluèrent le commis en quittant le banc. Ce jeune homme, sachant ou ayant découvert qu'il avait parlé à la reine, en tira quelque vanité dans ses bureaux. On le sut, on lui fit dire de se taire, et on s'occupa si peu de lui, que la révolution le trouva encore simple commis de la guerre. Un autre soir, un garde-du-corps de Monsieur, étant venu de même se placer auprès des princesses, les reconnut, quitta la place où il était assis, et vint en face de la reine lui dire qu'il était bien heureux de pouvoir saisir une occasion d'implorer les bontés de sa souveraine ; qu'il sollicitait à la cour..... Au seul mot de sollicitation, la reine et les princesses se levèrent précipitamment, et rentrèrent dans l'appartement de Madame (1).

---

(1) Soulavie a dénaturé ces deux faits de la manière la plus criminelle. (*Note de madame Campan.*)

J'étais chez la reine le jour même. Elle nous entretint de ce petit événement pendant toute la durée de son coucher, et ses plaintes se bornaient à trouver mauvais qu'un garde de Monsieur eût eu l'audace de lui parler. Sa Majesté ajoutait qu'il aurait dû respecter leur incognito; que ce n'était pas là qu'il devait se permettre de faire une demande. Madame l'avait reconnu et voulait s'en plaindre à son capitaine. La reine s'y opposa, attribuant au peu d'éducation d'un homme de province la faute qu'il avait commise.

Les contes les plus scandaleux ont été faits et imprimés dans les libelles du temps, sur les deux événemens très-insignifians que je viens de détailler avec une scrupuleuse exactitude; rien n'était plus faux que ces bruits calomnieux. Cependant il faut l'avouer, ces réunions avaient de graves inconvéniens. J'osai le représenter à la reine, en l'assurant qu'un soir où Sa Majesté m'avait fait signe de la main de venir lui parler sur le banc où elle était assise, j'avais cru reconnaître à côté d'elle deux femmes très-voilées qui gardaient le plus profond silence; que ces femmes étaient la comtesse Du Barry et sa belle-sœur; et que j'en avais été convaincue en rencontrant à quelques pas du banc où elles étaient, auprès de Sa Majesté, un grand laquais de madame Du Barry, que j'avais vu à son service tout le temps qu'elle avait résidé à la cour.

Mes avis furent inutiles : la reine abusée par le plaisir qu'elle trouvait dans ces promenades, et par la sécurité que donn une conduite sans reproches, ne voulut point croire aux fatales conséquences qu'elles devaient nécessairement avoir. Ce fut un grand malheur; car, outre les désagrémens qu'elle en éprouva, il est bien probable qu'elles ont donné l'idée du mauvais roman qui occasiona la funeste erreur du cardinal de Rohan.

Après avoir joui près d'un mois de ces promenades de nuit, la reine voulut avoir un concert particulier dans l'enceinte de la colonnade où se trouve le groupe de Pluton et de Proserpine. On plaça des factionnaires aux entrées de ce bosquet, et la consigne était de n'admettre dans l'intérieur de la colonnade qu'avec un billet signé de mon beau-père. Les musiciens de la chapelle, et les musiciennes de la chambre de la reine y donnèrent un fort beau concert. La reine s'y rendit avec mesdames de Polignac, de Châlon, d'Andlau; MM. de Polignac, de Coigny, de Besenval, de Vaudreuil : il y avait aussi quelques écuyers. Sa Majesté me permit d'assister à ce concert avec quelques-unes de mes parentes. Il n'y eut pas de musique sur la terrasse; la foule des curieux, éloignée par les factionnaires qui gardaient l'enceinte de la colonnade, se retira très-mécontente, et les plus révoltantes calomnies circulèrent au sujet de ce concert particulier (1).

---

(1) Cette anecdote est de même odieusement dénaturée dans le recueil infâme de Soulavie; et cet ouvrage en six volumes est mal-

Beaucoup de gens auraient voulu jouir de ce concert nocturne qui en effet fut très-agréable. Le petit nombre de personnes admises occasiona sans doute la jalousie, et fit naître des propos offensans, recueillis avec avidité dans le public. Il est très-essentiel de savoir à quel point les démarches des grands méritent d'être calculées. Je ne prétends point ici faire l'apologie du genre d'amusement que la reine se permit tout cet été et l'été suivant; les conséquences en ont été si funestes, que la faute sans doute a été grave. Les suites vont le prouver: je ne les tairai point, mais on peut croire à la vérité de mes récits sur la nature de ces promenades.

Lorsque la saison des promenades du soir fut terminée, d'odieux couplets se répandirent dans Paris: la reine y était traitée de la manière la plus outrageante; sa grossesse avait rangé, parmi ses ennemis, des personnes attachées au prince qui seul, pendant plusieurs années, avait paru devoir donner des héritiers à la couronne. On osait se permettre

---

heureusement placé dans les bibliothèques, et surtout dans celles des étrangers *. (*Note de madame Campan.*)

* L'éditeur s'imposera, pour ce passage, la même réserve que pour celui dont il est parlé plus haut. Les calomnies de l'abbé Soulavie contre la reine ne seront point citées dans cet ouvrage : ce qu'il s'est permis, tout écrivain qui se respecte se l'interdira. Quant aux étrangers qui placent sans discernement l'ouvrage de l'abbé Soulavie dans leurs bibliothèques, on sera forcé de dire qu'ils ne sont alors ni d'un goût bien difficile, ni d'un esprit fort éclairé.

(*Note de l'édit.*)

les discours les plus inconsidérés ; et ces propos se tenaient dans les sociétés où l'on aurait dû sentir le danger imminent de manquer, d'une manière aussi criminelle, à la vérité et au respect que l'on doit à ses souverains. Quelques jours avant l'accouchement de la reine, on jeta dans l'œil-de-bœuf un volume entier de chansons manuscrites sur elle et sur toutes les femmes remarquables par leur rang ou leurs places. Ce manuscrit fut à l'instant remis au roi qui en fut très-offensé, et dit qu'il avait été lui-même à ces promenades; qu'il n'y avait rien vu que de très-innocent; que de pareilles chansons troubleraient l'union de vingt ménages de la cour et de la ville; que c'était un crime capital d'avoir osé en faire contre la reine elle-même, et qu'il voulait que l'auteur de ces infamies fût recherché, découvert et châtié. Quinze jours après on savait publiquement que les couplets étaient de M. Champcenetz de Riquebourg (1), qui ne fut pas même inquiété.

J'eus, dans ce temps, la certitude que le roi parla en présence de deux de ses plus intimes serviteurs, à M. de Maurepas, du danger qu'il voyait pour la

---

(1) Ce monsieur Champcenetz de Riquebourg était connu par beaucoup de chansons dont quelques-unes sont très-bien faites; gai et naturellement satirique, il porta sa gaieté et son insouciance jusqu'au tribunal révolutionnaire, où, après avoir entendu lire sa condamnation, il demanda à ses juges si ce n'était pas là le cas de se faire remplacer.

(*Note de madame Campan.*)

reine dans ses promenades de nuit sur la terrasse de Versailles, le public se permettant de les blâmer hautement. Le vieux ministre eut la cruelle politique de répondre au roi qu'il fallait la laisser faire; qu'elle avait de l'esprit, que ses amis avaient beaucoup d'ambition et désiraient la voir se mêler des affaires, et qu'il n'y avait pas de mal de lui laisser prendre un caractère de légèreté (1). M. de Vergennes était tout aussi opposé à l'influence de la reine que l'était M. de Maurepas. Il est donc très-présumable, lorsque le premier ministre avait osé trouver, en présence du roi, quelque avantage à laisser la reine se déconsidérer, que lui et M. de Vergennes se servaient de tous les moyens qui sont au pouvoir de ministres puissans, et profitaient des plus légères fautes de cette malheureuse princesse pour la perdre dans l'opinion publique.

---

(1) Ce trait digne d'un vieux courtisan, d'un ministre qui sacrifiait, à la conservation de sa place, l'honneur même de son souverain, s'accorde bien avec le portrait que Marmontel a tracé du comte de Maurepas. J'en citerai ici les passages qui ont le plus de rapport avec sa conduite dans la circonstance que madame Campan rapporte.

« Une attention vigilante à conserver son ascendant sur l'esprit
» du roi, et sa prédominance dans les conseils, le rendaient ja-
» loux des choix mêmes qu'il avait faits; cette inquiétude était la
» seule passion qui, dans son ame, eût de l'activité. Du reste,
» aucun ressort, aucune vigueur de courage, ni pour le bien, ni
» pour le mal; de la faiblesse sans bonté, de la malice sans
» noirceur, des ressentimens sans colère, l'insouciance d'un ave-
» nir qui ne devait pas être le sien, peut-être assez sincèrement
» la volonté du bien public, lorsqu'il le pouvait procurer sans

La reine avançait dans sa grossesse; on faisait chanter des *Te Deum* en actions de grâces dans toutes les cathédrales. Enfin le 11 décembre 1778, la reine sentit les premières douleurs. La famille royale, les princes du sang et les grandes charges passèrent la nuit dans les pièces qui tenaient à la chambre de la reine. Madame, fille du roi, vint au monde avant midi le 19 décembre. L'étiquette de laisser entrer indistinctement tout ce qui se présentait au moment de l'accouchement des reines, fut observée avec une telle exagération, qu'à l'instant où l'accoucheur Vermond dit à haute voix : *La reine va accoucher,* les flots de curieux qui se précipitèrent dans la chambre furent si nombreux et si tumul-

---

» risque pour lui-même ; mais cette volonté aussitôt refroidie, » dès qu'il y voyait compromis son crédit ou son repos : tel fut » jusqu'à la fin le vieillard qu'on avait donné pour guide et pour » conseil au jeune roi. »

On lira dans les éclaircissemens (lettre Q) la première partie de ce portrait aussi remarquable par sa ressemblance avec l'original que par le talent du peintre. Je dois ajouter seulement dans cette note, que le jugement porté par madame Campan sur la coupable conduite du comte de Maurepas, se trouve confirmé par un écrivain, avec lequel, d'ailleurs, elle est bien rarement d'accord.

« On a su, dit Soulavie, qu'en 1774, 1775 et 1776, M. de Maurepas excitait, entre Louis XVI et son épouse, des rixes particulières qui avaient pour prétexte la conduite trop peu mesurée de la reine. M. de Maurepas avait le goût de se mêler des affaires de famille entre maris et femmes. Les intermédiaires dont il se servit portèrent à la reine le plus grand préjudice. »

(*Note de l'édit.*)

tueux, que ce mouvement pensa faire périr la reine. Le roi avait eu, dans la nuit, la précaution de faire attacher avec des cordes les immenses paravens de tapisserie qui environnaient le lit de Sa Majesté : sans cette précaution ils auraient à coup sûr été renversés sur elle. Il ne fut plus possible de remuer dans la chambre qui se trouva remplie d'une foule si mélangée, qu'on pouvait se croire dans une place publique. Deux savoyards montèrent sur des meubles pour voir plus à leur aise la reine placée en face de la cheminée, sur un lit dressé pour le moment de ses couches. Ce bruit, le sexe de l'enfant que la reine avait eu le temps de connaître par un signe convenu, dit-on, avec la princesse de Lamballe, ou une faute de l'accoucheur, supprimèrent à l'instant les suites naturelles de l'accouchement. Le sang se porta à la tête, la bouche se tourna, l'accoucheur cria : *De l'air, de l'eau chaude, il faut une saignée au pied!* Les fenêtres avaient été calfeutrées; le roi les ouvrit avec une force que sa tendresse pour la reine pouvait seule lui donner, ces fenêtres étant d'une très-grande hauteur, et collées avec des bandes de papier dans toute leur étendue. Le bassin d'eau chaude n'arrivant pas assez vite, l'accoucheur dit au premier chirurgien de la reine de piquer à sec; il le fit, le sang jaillit avec force, la reine ouvrit les yeux. On eut peine à retenir la joie qui succéda si rapidement aux plus vives alarmes. On avait emporté à travers la foule la princesse de Lamballe sans connaissance. Les

CHAPITRE VIII.

valets de chambre, les huissiers prenaient au collet les curieux indiscrets qui ne s'empressaient pas de sortir pour dégager la chambre. Cette cruelle étiquette fut pour toujours abolie. Les princes de la famille, les princes du sang, le chancelier, les ministres suffisent bien pour attester la légitimité d'un prince héréditaire. La reine revint des portes de la mort : elle ne s'était point senti saigner, et demanda, après avoir été replacée dans son lit, pourquoi elle avait une bande de linge à la jambe.

Le bonheur qui succéda à ce moment d'alarmes fut aussi excessif que sincère. On s'embrassait, on pleurait de joie. Le comte d'Esterhazy et le prince de Poix, à qui j'annonçai la première que la reine venait de parler, et qu'elle était rappelée à la vie, m'inondèrent de leurs larmes, en m'embrassant au milieu du cabinet des nobles.... En me rappelant ces épanchemens de bonheur, ces transports d'allégresse, au moment où le ciel nous rendit cette princesse chérie de tous ceux qui lui étaient attachés, combien de fois j'ai pensé à cette impénétrable et salutaire obscurité qui nous dérobe la connaissance de l'avenir. Si, dans l'ivresse de notre joie, une voix céleste, dévoilant l'ordre secret de la destinée, nous eût crié : « Ne bénissez pas cet art des humains » qui la ramène à la vie ; pleurez plutôt sur son » retour dans un monde funeste et cruel pour l'ob- » jet de ses affections. Ah ! laissez-la le quitter ho- » norée, chérie, regrettée. Vous verserez haute- » ment des pleurs sur sa tombe, vous pourrez la

» couvrir de fleurs.... Un jour viendra où toutes
» les furies de la terre, après avoir percé son cœur
» de mille dards empoisonnés; après avoir gravé
» sur ses traits nobles et touchans, les signes pré-
» maturés de la décrépitude, la livreront à des sup-
» plices qui n'existent pas même pour les crimi-
» nels; priveront son corps de la sépulture, et vous
» précipiteront dans le gouffre avec elle, si vous
» laissiez échapper le plus léger mouvement de
» compassion à l'aspect de tant de cruautés! »

CHAPITRE IX.

Paroles que la reine adresse à la princesse qui vient de naître. — Soins bienveillans de la reine pour les gens attachés à son service. — Réjouissances publiques. — Anneau nuptial volé à la reine et restitué sous le sceau de la confession. — L'attachement de la reine pour madame de Polignac s'accroît de jour en jour. — Fausse couche ignorée. — Mort de Marie-Thérèse ; douleur de la reine. — Louis XVI parle pour la première fois à l'abbé de Vermond. — Anecdotes sur Marie-Thérèse. — Naissance du dauphin. — Joie de Louis XVI. — Fêtes aussi brillantes qu'ingénieuses. — Discours et complimens des dames de la halle. — Banqueroute du prince de Guéménée. — La duchesse de Polignac est nommée gouvernante des Enfans de France. — Jalousie des courtisans. — Détails curieux sur les voyages de la cour à Marly. — Séjour à Trianon. — Manière d'y vivre. — La reine y joue la comédie avec les personnes de sa société intime. — Ces représentations amusent le roi. — Prétentions du duc de Fronsac. — Sollicitation que ces spectacles occasionent ; critiques dont ils sont l'objet. — Guerre d'Amérique. — Franklin. — Son séjour à la cour. — Fêtes qu'on lui donne. — Anecdote ignorée ; vers latin placé dans un vase de nuit, avec le portrait de Franklin. — M. de La Fayette ; vers à sa louange copiés de la main de la reine. — Ordonnance qui n'admet que les gentilshommes au grade d'officier. — Esprit du tiers-état ; la cour ne veut porter que des familles nobles aux dignités de l'église. — Anecdote.

Enfin la reine fut rendue alors à notre attachement. Ce moment d'effroi empêcha même de penser au regret de ne pas posséder un héritier du trône. Le roi lui-même ne fut occupé que du soin de conserver une épouse adorée. On présenta la

jeune princesse à la reine. Elle la pressa sur son cœur vraiment maternel : « Pauvre petite, lui dit-
» elle, vous n'étiez pas désirée, mais vous ne m'en
» serez pas moins chère. Un fils eût plus particu-
» lièrement appartenu à l'État. Vous serez à moi ;
» vous aurez tous mes soins, vous partagerez mon
» bonheur et vous adoucirez mes peines. »

Le roi fit partir un courrier pour la ville de Paris; écrivit lui-même auprès du lit de la reine des lettres pour Vienne ; une partie des réjouissances commandées eut lieu dans la capitale, et l'âge du roi et de la reine devant faire présumer qu'ils auraient un grand nombre d'enfans, on reporta ses espérances vers une nouvelle grossesse (1).

Un service très-nombreux veillait auprès de la reine pendant les premières nuits de ses couches. Cet usage l'affligeait ; elle savait s'occuper des autres. Elle commanda pour ses femmes d'énormes fauteuils dont les dos se renversaient par le moyen de ressorts, et qui tenaient parfaitement lieu de lit.

M. de Lassone, premier médecin, le premier chirurgien, le premier apothicaire, les chefs du

---

(1) L'heureux accouchement de la reine fut célébré dans toute la France. La naissance de MADAME inspira plus d'un poëte : on distingue ce madrigal d'Imbert :

Pour toi, France, un dauphin doit naître :
Une princesse vient pour en être témoin.
Sitôt qu'on voit une grâce paraître
Croyez que l'amour n'est pas loin.

(*Note de l'édit.*)

gobelet, etc., étaient aussi neuf nuits sans se coucher. On veillait de même les enfans de France pendant très-long-temps, et une femme de garde restait toutes les nuits levée et habillée pendant les trois premières années de leur naissance.

La reine fit son entrée à Paris pour les relevailles ; on dota cent filles ; elles furent mariées à Notre-Dame, il y eut peu d'acclamations populaires, mais Sa Majesté fut parfaitement accueillie à l'Opéra (1).

Peu de jours après qu'elle fut relevée de couches, le curé de la Magdelaine de la Cité à Paris écrivit à M. Campan pour lui demander un rendez-vous secret ; c'était pour le prier de remettre à la reine une petite boîte contenant son anneau nuptial, avec cet écrit de la main du curé :

---

(1) Les actes d'humanité du bureau de la ville ne l'empêchèrent point d'amuser le peuple par des fêtes bruyantes ; il y eut illuminations, feux de joie, feux d'artifice, fontaines de vin, distributions de pains et de cervelas. Tous les spectacles de Paris donnèrent *gratis*, et ce fut une nouvelle fête populaire. Chaque salle se trouva remplie avant midi, et l'on commença dès deux heures. Les comédiens français jouèrent *Zaïre* et la petite pièce intitulée *le Florentin*. Quelques précautions qu'on eût prises pour conserver aux charbonniers la loge du roi qu'ils étaient alors dans l'usage d'occuper en pareille occasion, de même que les poissardes ou dames de la halle occupaient celle de la reine, leurs places étaient prises lorsqu'ils arrivèrent. On les en informa ; ils trouvèrent ce procédé fort étrange. On vit ces deux premières communautés de la classe inférieure disputer sur l'étiquette presque aussi vivement que de grands seigneurs ou des Cours souveraines. Ils demandèrent pourquoi on avait laissé occuper les

« J'ai reçu, sous le secret de la confession, l'an-
» neau que je remets à Votre Majesté, avec l'aveu
» qu'il lui a été dérobé en 1771, dans l'intention
» de servir à des maléfices pour l'empêcher d'avoir
» des enfans. » La reine, en retrouvant son anneau,
dit qu'en effet elle l'avait perdu en se lavant les
mains il y avait environ sept ans; et qu'elle s'interdisait de chercher à découvrir la superstitieuse qui
lui avait fait une pareille méchanceté.

L'attachement de la reine pour la comtesse Jules
ne faisait que s'accroître; elle se rendit plusieurs
fois chez elle à Paris, et s'établit même au château
de la Muette pour être plus à portée de la visiter
pendant ses couches (1). Elle avait marié made-

---

loges que l'usage leur réservait. Il fallut appeler le semainier, et
le sénat comique s'étant assemblé pour délibérer, on compulsa
les registres, et l'on reconnut la légitimité de leur réclamation.
On offrit alors aux charbonniers de passer sur le théâtre, et ils
s'y assirent, toujours du côté du roi, sur des banquettes qu'on leur
avait préparées. Les poissardes les suivirent et se placèrent du côté
opposé.

D'aussi graves questions de préséance méritaient bien que nous
empruntassions ces détails aux Mémoires du temps. Depuis la révolution, l'on ne distingue plus, dans les représentations *gratis*, ni
les charbonniers ni les poissardes; tous les rangs sont confondus.
Il paraît juste cependant que chacun connaisse ses titres et garde
sa place.

(*Note de l'édit.*)

(1) Le morceau suivant, extrait de Montjoie, peint les sentimens
de la reine pour son amie:

« La duchesse de Polignac, dit en effet Montjoie dans la Vie de
Marie-Antoinette, succomba aux fatigues du genre de vie que son

moiselle de Polignac, à peine âgée de treize ans, à M. de Grammont qui, en faveur de ce mariage, fut nommé duc de Guiche et capitaine des gardes du roi en survivance du duc de Villeroi. La duchesse de Civrac, dame d'honneur de madame Victoire, avait eu la promesse de cette place pour le duc de Lorges, son fils. Le nombre des familles mécontentes s'augmentait à la cour.

Le titre de favorite était trop hautement donné à la comtesse Jules par ses amis : le sort des favorites des reines n'est pas heureux en France; la

---

dévouement pour la reine lui avait imposé, et qui cependant était si peu de son goût. Sa santé s'altéra d'une manière alarmante ; les médecins lui ordonnèrent les eaux de Bath. Comme l'usage de la cour était que la gouvernante des enfans de France ne s'absentât jamais, la duchesse se vit, par cet ordre des médecins, dans l'alternative de conserver sa charge, dont les douleurs qu'elle souffrait ne lui permettaient plus de remplir les devoirs, ou de donner sa démission. Elle l'offrit à la reine qui, après l'avoir écoutée en silence, lui répondit les yeux humides de pleurs, en ces termes :

« Vous ne devez, ni ne pouvez vous séparer de moi; votre cœur
» s'y opposerait. Au rang où je me trouve, il est rare de rencon-
» trer une amie, et pourtant si utile, si heureux de donner sa con-
» fiance à une personne estimable ! Vous ne jugez pas de moi
» comme le vulgaire, vous savez que l'éclat qui m'environne ne
» fait rien au bonheur; vous n'ignorez pas que mon ame remplie
» d'amertume et de peines qu'il m'est nécessaire de cacher, sent le
» besoin de trouver un cœur qui les entende. Ne dois-je donc pas
» remercier le ciel de m'avoir donné une amie vraie, sensible,
» attachée à ma personne et point à mon rang ? Ce bonheur est
» inappréciable : au nom de Dieu ne m'en privez pas. »

(*Note de l'édit.*)

galanterie fait traiter avec bien plus d'indulgence les favorites des rois.

Peu de temps après la naissance de Madame, la reine devint grosse; elle n'avait encore parlé de son état qu'au roi, à son médecin, et à quelques personnes honorées de sa confiance très-intime, lorsqu'ayant levé avec force une glace de sa voiture, elle sentit qu'elle s'était blessée, et huit jours après elle fit une fausse-couche. Le roi passa la matinée entière près de son lit; il la consolait, lui donnait les marques du plus tendre intérêt. La reine pleurait beaucoup, le roi la prenait avec affection dans ses bras, et mêlait ses larmes aux siennes. La reine répéta plusieurs fois qu'elle se félicitait de n'avoir pas même parlé de sa grossesse dans sa famille; qu'on n'aurait pas manqué d'attribuer son malheur à quelques légèretés, tandis qu'il avait été occasioné par la chose la plus simple. Le roi ordonna le silence au petit nombre de personnes instruites de cet événement fâcheux; il resta généralement inconnu. La reine fut quelque temps à rétablir sa santé; le roi en était fort occupé et attendait impatiemment le moment où l'on pouvait concevoir de nouvelles espérances. Ces détails, d'une scrupuleuse vérité, donnent la plus juste idée de la manière dont vivaient ces augustes époux.

L'impératrice Marie-Thérèse n'eut pas le bonheur de voir sa fille chérie donner un héritier à la couronne de France. Cette illustre princesse termina ses jours à la fin de 1780, après avoir prouvé, par son exemple, qu'on pouvait, comme la reine Blanche, unir les talens d'un souverain aux vertus d'une pieuse princesse. Le roi fut très-touché de cette mort, et dit, à l'arrivée du courrier de Vienne, qu'il ne se sentait pas la force d'affliger la reine en lui apprenant un événement dont il était lui-même si pénétré de douleur. Sa Majesté pensa que l'abbé de Vermond, qui avait eu la confiance de Marie-Thérèse pendant son séjour à Vienne, était la personne la plus propre à s'acquitter de ce pénible devoir auprès de la reine; il envoya M. de Chamilly, son premier valet de chambre, chez l'abbé de Vermond, le soir du jour où il avait reçu les dépêches de Vienne, pour lui ordonner d'être le lendemain chez la reine avant l'heure de son déjeuner, de s'acquitter avec prudence de la commission affligeante dont il le chargeait, et de le faire avertir du moment où il entrerait dans la chambre de la reine; l'intention de Sa Majesté étant d'y arriver juste un quart-d'heure après lui. Le roi vint ponctuellement à l'heure qu'il avait indiquée; on l'annonça; l'abbé sortit, et Sa Majesté lui dit, comme il se rangeait à la porte pour la laisser passer: *Je vous remercie, monsieur l'abbé, du service que vous venez de me rendre.* C'est la seule fois, pendant l'espace de dix-neuf ans, que le roi lui ait adressé la parole.

La douleur de la reine fut telle qu'on devait la prévoir et la craindre. Une heure après avoir appris cet événement, elle prit le deuil de respect en attendant que le deuil de cour fût prêt; elle resta enfermée dans ses cabinets pendant plusieurs jours, ne sortit que pour entendre la messe, ne vit que la famille royale, et ne reçut que la princesse de Lamballe et la duchesse de Polignac. Elle ne cessait de parler du courage, des malheurs, des succès et des pieuses vertus de sa mère. Les sentimens d'humilité chrétienne n'avaient jamais abandonné cette princesse; son linceul et les vêtemens qui devaient servir à l'ensevelir, faits entièrement de sa main, se trouvèrent préparés dans un de ses cabinets. La reine ne trouvait dans son affliction d'autre soulagement que de s'entretenir de cette mère chérie; elle était parfaitement instruite des événemens divers qui illustrèrent le règne de l'impératrice, et de toutes les qualités qui la rendaient chère à sa famille, à son intérieur et à ses peuples. Elle témoignait souvent le regret qu'elle éprouvait en pensant que les nombreux devoirs de son auguste mère l'avaient empêchée de veiller elle-même à l'éducation de ses filles, et disait, avec modestie, qu'elle aurait valu beaucoup mieux si elle avait eu le bonheur de recevoir directement des leçons d'une souveraine aussi sage et aussi digne d'admiration (1).

J'écris ces pages bien long-temps après avoir été

---

(1) Sans affaiblir la haute idée qu'on doit avoir des vertus et du caractère de Marie-Thérèse, on ne peut nier que la morale ne réprouve certains actes de sa politique. La complaisance ou la faiblesse des autres cabinets de l'Europe ne pouvaient lui servir

témoin et quelquefois dépositaire de choses qu'il eût été précieux d'y consigner, je regrette plusieurs anecdotes sur la cour de Marie-Thérèse, et dont il ne me reste que des idées confuses; mais je crois devoir en rapporter une qui me frappa peut-être davantage et se retrouve dans ma mémoire. La reine me dit un jour que sa mère était restée veuve dans un âge où sa beauté avait encore un grand éclat; qu'elle fut instruite, par des moyens secrets, du projet que ses trois principaux ministres avaient formé de lui plaire; d'un pacte, fait entre eux, de ne point se laisser atteindre par un sentiment de jalousie contre celui qui aurait le bonheur d'obtenir le cœur de leur souveraine, et de se jurer mutuellement que le plus fortuné serait toujours l'ami et l'appui des deux autres. L'impératrice, bien assurée de ce fait, après avoir présidé son conseil, fit tomber la conversation sur les femmes, sur les souveraines, sur les devoirs de leur sexe et de leur rang, et portant ses réflexions générales sur elle-même, elle leur dit qu'elle espérait se garantir toute sa vie des faiblesses du cœur ; mais que si jamais un sentiment impérieux pouvait la détourner de ses principes, ce ne serait qu'en faveur d'un homme dégagé de toute ambition, éloigné des affaires d'É-

---

d'excuse.—«Un évêque de Saint-Brieux, dans une oraison funèbre de Marie-Thérèse, dit Chamfort, se tira d'affaire fort simplement sur le partage de la Pologne : La France, dit-il, n'ayant rien dit sur ce partage, je prendrai le parti de faire comme la France, et de n'en rien dire non plus. » (*Note de l'édit.*)

tat, ne connaissant et n'aimant que la douceur d'une vie privée, et qu'enfin, si son cœur s'égarait au point de lui faire aimer un homme revêtu d'un poste important, dès le moment qu'il serait instruit de ses sentimens, il perdrait sa place et son crédit. Il n'en fallut pas davantage : les trois ministres, plus ambitieux qu'épris, renoncèrent pour jamais à leurs projets.

La seconde grossesse de la reine avait été déclarée dès le mois d'avril; sa santé fut parfaite jusqu'au moment de son accouchement. Enfin elle donna le jour à un dauphin le 22 octobre 1781. Il régna un si grand silence dans la chambre au moment où l'enfant vint au monde, que la reine crut n'avoir encore qu'une fille; mais après que le garde-dessceaux eut constaté le sexe du nouveau-né, le roi s'approcha du lit de la reine et lui dit : « Madame, vous avez comblé mes vœux et ceux de la France; vous êtes mère d'un dauphin. » La joie du roi était extrême, des pleurs coulaient de ses yeux : il présentait indistinctement sa main à tout le monde, et son bonheur l'avait entièrement fait sortir de son caractère habituel. Gai, affable, il renouvelait sans cesse les occasions de placer les mots, *mon fils*, ou *le dauphin*. La reine, une fois dans son lit, voulut contempler cet enfant si désiré. Madame la princesse de Guéménée le lui apporta. La reine lui dit qu'elle n'avait pas besoin de lui recommander ce dépôt précieux; mais que, pour lui faciliter les moyens de lui donner plus librement ses soins, elle partagerait avec elle ceux qu'exigeait l'éducation de sa fille. Le dauphin, établi dans son appartement, reçut, dans son berceau, les hommages et les visites d'usage. Le duc d'Angoulême rencontrant son père à la sortie de l'appartement du dauphin, lui dit : « Mon Dieu, papa, qu'il est petit, mon cousin ! — Il viendra un jour où vous le trouverez bien assez grand, mon fils, » lui répondit presque involontairement le prince.

Enfin la naissance d'un dauphin sembla mettre le comble à tous les vœux ; la joie fut universelle ; le peuple, les grands, tout parut, à cet égard, ne faire qu'une même famille : on s'arrêtait dans les rues, on se parlait sans se connaître, on embrassait tous les gens que l'on connaissait. Hélas ! l'intérêt personnel dicte ces sortes de transports, bien plus que ne les excite l'attachement sincère pour ceux qui paraissent en être les objets ; chacun voit, dans la naissance d'un légitime héritier du pouvoir souverain, un gage de prospérité et de tranquillité publiques (1) !

Les fêtes furent aussi brillantes qu'ingénieuses : les arts et métiers de Paris dépensèrent des sommes

---

(1) Le soir même du jour où le dauphin vint au monde, madame Billoni, actrice de la Comédie Italienne, qui faisait un rôle de fée dans la pièce qu'on représentait, chanta ce joli couplet d'Imbert :

> Je suis fée et veux vous conter
> Une grande nouvelle :
> Un fils de roi vient d'enchanter
> Tout un peuple fidèle.

considérables pour se rendre à Versailles, en corps, avec leurs différens attributs : des vêtemens frais et élégans formaient le plus agréable coup-d'œil; presque tous avaient de la musique à la tête de leurs troupes : arrivés dans la cour royale, ils se la distribuèrent avec intelligence et donnèrent le spectacle du tableau mouvant le plus curieux. Des ramoneurs, aussi bien vêtus que ceux qui paraissent sur le théâtre, portaient une cheminée très-décorée, au haut de laquelle était juché un des plus petits de leurs compagnons; les porteurs de chaises en avaient une très-dorée, dans laquelle on voyait une belle nourrice et un petit dauphin; les bouchers paraissaient avec leur bœuf gras; les pâtissiers, les maçons, les serruriers, tous les métiers étaient en mouvement : les serruriers frappaient sur une enclume; les cordonniers achevaient une petite paire de bottes pour le dauphin; les tailleurs un petit uniforme de son régiment, etc. Le roi resta long-temps sur son balcon pour jouir de ce spectacle qui intéressa toute la cour. L'enthousiasme

---

> Ce dauphin que l'on va fêter,
> Au trône doit prétendre :
> Qu'il soit tardif pour y monter,
> Tardif pour en descendre!......

M. Mérard de Saint-Just fit, sur le même sujet, le quatrain suivant :

> Le fils qui vient de naître au roi
> Fera le bonheur de la France.
> Par quelqu'un il faut qu'il commence;
> S'il voulait commencer par moi !

(*Note de l'édit.*)

fut si général, que la police ayant mal surveillé l'ensemble de cette réunion, les fossoyeurs eurent l'impudence d'envoyer aussi leur députation et les signes représentatifs de leur sinistre profession. Ils furent rencontrés par la princesse Sophie, tante du roi, qui en fut saisie d'effroi, et vint demander au roi, que ces insolens fussent à l'instant chassés de la marche des corps et métiers qui défilait sur la terrasse.

Les dames de la Halle vinrent complimenter la reine, et furent reçues avec le cérémonial que l'on accordait à cette classe de marchandes; elles se présentèrent au nombre de cinquante, vêtues de robes de soie noire, ce qui, jadis, était la grande parure des femmes de leur état; presque toutes avaient des diamans : la princesse de Chimay fut à la porte de la chambre de la reine recevoir trois de ces femmes qui furent introduites jusqu'auprès du lit; l'une d'elles harangua Sa Majesté : son discours avait été fait par M. de La Harpe, et était écrit dans un éventail sur lequel elle jeta plusieurs fois les yeux, mais sans aucun embarras; elle était jolie et avait un très-bel organe. La reine fut touchée de ce discours et y répondit avec une grande affabilité, voulant distinguer ces marchandes des poissardes qui lui faisaient toujours une impression désagréable (1). Le roi fit donner un grand

---

(1) Les poissardes prononcèrent trois discours, au roi, à la reine et au dauphin. Peut-être sera-t-on curieux de les trouver ici : elles dirent au roi :

« Sire, si le ciel devait un fils à un roi qui regarde son peuple

repas à toutes ces femmes; un des maîtres-d'hôtel de Sa Majesté (1), le chapeau sur la tête, était seul assis au milieu de la table pour leur en faire les honneurs; le public y fut admis, et beaucoup de gens eurent la curiosité d'y aller.

Les chansons des poissardes furent nombreuses, et quelques-unes assez bien faites. Le roi et la reine furent très-satisfaits du couplet suivant, et le chantèrent plusieurs fois pendant le temps des couches :

> Ne craignez pas, cher papa,
> D'voir augmenter vot' famille,
> Le bon Dieu z'y pourvoira :
> Fait's-en tant qu'Versaille en fourmille,
> 'Y eût-il cent Bourbons cheu nous,
> 'Y a du pain, du laurier pour tous.

» comme sa famille, nos prières et nos vœux le demandaient de-
» puis long-temps. Ils sont enfin exaucés. Nous voilà sûrs que
» nos enfans seront aussi heureux que nous ; car cet enfant doit
» vous ressembler. Vous lui apprendrez, Sire, à être bon et juste
» comme vous. Nous nous chargeons d'apprendre aux nôtres
» comment il faut aimer et respecter son roi. » Elles dirent à la
reine, entre autres choses : « Il y a si long-temps, Madame, que
» nous vous aimons sans oser vous le dire, que nous avons besoin
» de tout notre respect pour ne pas abuser de la permission de
» vous l'exprimer. » Et à M. le dauphin : « Vous ne pouvez en-
» tendre encore les vœux que nous faisons autour de votre berceau :
» on vous les expliquera quelque jour ; ils se réduisent tous à
» voir en vous l'image de ceux de qui vous tenez la vie. » (*Anecdotes du règne de Louis XVI*, tome Ier, p. 331, 332 et 333.)

(*Note de l'édit.*)

(1) On exigeait des preuves de noblesse, ou au moins l'anoblissement au troisième degré, pour les charges de maître-d'hôtel.

(*Note de madame Campan.*)

CHAPITRE IX. 219

Les gardes-du-corps obtinrent du roi la permission de donner à la reine un bal paré dans la grande salle de l'Opéra de Versailles : Sa Majesté ouvrit le bal par un menuet qu'elle dansa avec un simple garde nommé par le corps, et auquel le roi accorda le bâton d'exempt. La fête fut des plus brillantes ; tout était alors joie, bonheur et tranquillité.

Le dauphin avait un an lorsque la banqueroute du prince de Guéménée nécessita la retraite de la princesse sa femme, gouvernante des enfans de France (1).

La reine était à la Muette pour l'inoculation de Madame, sa fille ; elle me fit ordonner de m'y rendre et voulut bien me dire qu'elle désirait s'entretenir avec moi d'un projet qui la charmait, mais dans lequel elle envisageait des inconvéniens : ce projet était de nommer la duchesse de Polignac à

---

(1) Le Brun avait placé toutes ses économies chez le prince de Guéménée : sa banqueroute le ruina. Il s'en vengea par cette épigramme, dans laquelle on reconnaît l'humeur d'un poëte satirique et le ressentiment d'un créancier :

> Quand un beau prince, escroc sérénissime,
> Nous allégea de trente millions,
> Maint bon vieillard, souffreteux, cacochyme,
> Porter lui fut ses lamentations :
> C'était pitié de voir leur doléance.
> Lors un matois, chargé de la créance,
> Les avisant, leur dit : Ne larmoyez ;
> Princes ne sont qu'honneur et conscience !
> Sans perdre rien vous serez tous payés
> Dans cinquante ans ; ne faut que patience !
>
> (*Note de l'édit.*)

la place de madame de Guéménée : elle voyait avec un plaisir extrême la facilité que cette nomination lui donnerait de surveiller l'éducation de ses enfans, sans risquer de blesser la vanité de la gouvernante; de trouver réunis dans le même lieu tous les objets de ses plus tendres affections, ses enfans et son amie. « Les amis de la duchesse de Polignac, continua la reine, seront charmés de l'éclat, de l'importance que donne cet emploi. Quant à la duchesse, je la connais : cette place ne convient nullement à ses goûts simples et paisibles, et à l'espèce d'indolence de son caractère; ce sera la plus grande preuve de dévouement qu'elle puisse me donner si elle se rend à mes désirs. » La reine me parla aussi de la princesse de Chimay et de la duchesse de Duras, que l'on désignait dans le public comme dignes d'occuper la place de gouvernante; mais elle trouvait la piété de la princesse de Chimay par trop austère ; quant à la duchesse de Duras, son esprit et son savoir lui faisaient peur. Ce que la reine craignait, en choisissant la duchesse de Polignac, était essentiellement la jalousie des courtisans qui ne cesseraient de lui donner des chagrins inséparables de cette élévation. La reine montrait un désir si vif de voir son projet exécuté, que je ne doutai nullement qu'elle ne finît par compter pour rien les obstacles qu'elle y entrevoyait; je ne me trompai point : peu de jours après, la duchesse fut pourvue de la charge de gouvernante.

L'intention de la reine, en me faisant demander

pour m'entretenir de son projet, fut sans aucun doute de me fournir les moyens d'expliquer la nature des sentimens qui la déterminaient à préférer une gouvernante, disposée par l'amitié à la laisser jouir de tous ses droits de mère : elle savait que je recevais beaucoup de monde.

La reine dînait très-souvent chez la duchesse, après avoir assisté au dîner particulier du roi. On fit donc ajouter à son traitement de gouvernante soixante-un mille francs, comme dédommagement de ce surcroît de dépenses.

La reine s'était ennuyée des voyages de Marly, et n'avait pas eu de peine à en dégoûter le roi qui en redoutait les dépenses, tout le monde y étant nourri. Louis XIV avait établi pour ces voyages un genre de représentation différent de celui de Versailles, mais encore plus gênant.

Le jeu et le souper avaient lieu tous les jours, et exigeaient beaucoup de toilette; le dimanche et les jours de fêtes, les eaux jouaient, le peuple était admis dans les jardins, et il y avait toujours autant de monde qu'aux fêtes de Saint-Cloud.

Les siècles ont leur couleur, et bien positivement; Marly reportait encore plus que Versailles vers celui de Louis XIV : tout semblait y avoir été construit par la magique puissance d'une baguette de fée.

Les palais, les jardins de cette maison de plaisance pouvaient aussi se comparer aux décorations théâtrales d'un cinquième acte d'opéra. Il n'existe plus la moindre trace de tant de magnificence; les démolisseurs révolutionnaires ont arraché du sein de la terre jusqu'aux tuyaux de fonte qui servaient à la conduite des eaux. Peut-être lira-t-on avec intérêt une courte description de ce palais et des usages que Louis XIV y avait établis.

Le jardin de Marly, long et fort large, montait, par la plus insensible pente, jusqu'au pavillon du soleil, habité seulement par le roi et par sa famille. Les pavillons des douze signes du zodiaque bordaient les deux côtés du parterre, et étaient unis les uns aux autres par d'élégans berceaux où les rayons du soleil ne pouvaient pénétrer. Les pavillons les plus rapprochés de celui du soleil étaient réservés aux princes du sang et aux ministres; les autres étaient occupés par les grandes charges de la cour ou par les personnes invitées à séjourner à Marly : tous les pavillons tenaient leurs noms de peintures à fresque qui en couvraient les murs et avaient été exécutées par les plus célèbres artistes du siècle de Louis XIV (1).

Sur la ligne du pavillon d'en haut, se trouvait, à gauche, la chapelle; à droite, un pavillon, dit *la Perspective,* qui masquait un long corps de commun où se trouvaient cent logemens destinés aux personnes attachées au service de la cour, des

---

(1) S. A. R. MADAME LA DUCHESSE DE BERRY possède, à Rosny, un tableau qui représente avec la plus grande exactitude le château, les pavillons, les jardins de Marly, et cela seul suffirait pour donner aujourd'hui beaucoup de prix à ce morceau.

(*Note de l'édit.*)

cuisines, et de vastes salles où plus de trente tables étaient splendidement servies.

Pendant la moitié du règne de Louis XV, les dames portèrent encore l'*habit de cour de Marly*, ainsi désigné par Louis XIV, et qui différait peu de celui adopté pour Versailles : la robe française, à plis dans le dos et à grands paniers, remplaça cet habit, et fut conservé jusqu'à la fin du règne de Louis XVI.

Les diamans, les plumes, le rouge, les étoffes brodées et lamées en or faisaient disparaître jusqu'à la moindre apparence d'un séjour champêtre ; mais le peuple aimait à voir la pompe de ses souverains et d'une cour brillante défiler sous ces ombrages.

Après le dîner et avant l'heure du jeu, la reine, les princesses et leurs dames, roulées, par des gens à la livrée du roi, dans des carioles surmontées de dais richement brodés en or, parcouraient les bosquets de Marly, dont les arbres, plantés par Louis XIV, étaient d'une élévation prodigieuse: dans plusieurs bosquets, la hauteur de ces arbres était encore dépassée par des jets de l'eau la plus limpide, tandis que, dans d'autres, des cascades de marbre blanc, dont les eaux frappées par quelques rayons du soleil paraissaient des nappes de gaze d'argent, contrastaient avec l'imposante obscurité des bosquets.

Le soir, pour être admis au jeu de la reine, il suffisait à tout homme bien mis d'être nommé et présenté par un officier de la cour à l'huissier du salon de jeu. Le salon, très-vaste et d'une forme octogone, s'élevait jusqu'au haut du toit à l'italienne, et se terminait par une coupole ornée de balcons, où des femmes non présentées obtenaient facilement d'être placées pour jouir de la vue de cette brillante réunion.

Sans faire partie des gens de la cour, les hommes admis dans le salon pouvaient prier une des dames, placées au lansquenet ou au pharaon de la reine, de jouer sur leurs cartes l'or ou les billets qu'ils leur présentaient.

Les gens riches et les gros joueurs de Paris ne manquaient pas une seule des soirées du salon de Marly, et les sommes perdues ou gagnées étaient toujours très-considérables.

Louis XVI détestait le gros jeu et témoignait souvent de l'humeur quand on citait de fortes pertes (1). Les hommes n'avaient point encore introduit l'usage de porter un habit noir sans être en deuil, et le roi donna quelques-uns de ses coups de *boutoir* à des chevaliers de Saint-Louis, ainsi vêtus, qui venaient hasarder deux ou trois louis dans l'espoir que la fortune favoriserait les jolies

---

(1) En 1790, un officier de la garde nationale se promenait dans les appartemens du château des Tuileries ; le roi l'ayant remarqué, lui demanda s'il savait jouer au trictrac ; sur sa réponse affirmative, le roi voulut bien jouer avec cet officier, et lui gagna 9 fr., à un petit écu par partie. L'heure du conseil étant venue, Sa Majesté s'y rendit, en promettant à l'officier de lui donner une autre fois sa revanche. » (*Anecdotes du règne de Louis XVI*, t. Ier, pages 247, 248.) (*Note de l'édit.*)

duchesses qui voulaient bien les placer sur leurs cartes (1).

On voit souvent des contrastes singuliers au milieu de la grandeur des cours : pour jouer un si gros jeu au pharaon de la reine, il fallait un banquier muni de fortes sommes d'argent, et cette nécessité faisait asseoir à la table de jeu, où l'étiquette n'admettait que les gens les plus titrés, non-seulement M. de Chalabre qui en était le banquier, mais un simple capitaine d'infanterie retiré, qui lui servait de second. On entendait aussi très-souvent prononcer un mot trivial, mais tout-à-fait consacré pour exprimer la manière dont on y faisait la cour au roi. Les hommes présentés, qui n'avaient point été invités à résider à Marly, y venaient cependant comme à Versailles, et retournaient ensuite à Paris; alors il était convenu de dire qu'on n'était à Marly qu'en *polisson;* et rien ne me paraissait plus singulier que d'entendre

---

(1) Bachaumont, dans ses Mémoires, souvent satiriques et toujours un peu suspects, parle de singulières précautions employées au jeu de la cour.

« Les banquiers du jeu de la reine, dit-il, pour obvier aux erreurs (j'adoucis la rudesse de ses expressions) qui se commettent journellement, ont obtenu de S. M., qu'avant de commencer, la table serait bordée d'un ruban dans son pourtour, et que l'on ne regarderait comme engagé pour chaque coup que l'argent mis sur les cartes au-delà du ruban. » Il ajoute bien encore quelques détails qui annonceraient d'étranges distractions ; mais nous y croyons trop peu pour les rapporter. (*Mémoires de Bachaumont*, tome XII, page 189.)   (*Note de l'édit.*)

répondre par un charmant marquis à un de ses intimes qui lui demandait s'il était du voyage de Marly : Non, je n'y suis qu'en polisson. Cela voulait simplement dire, j'y suis comme tous ceux dont la noblesse ne date pas de 1400. Que de talens sublimes, que de gens d'un haut mérite, qui bientôt devaient trop malheureusement porter atteinte à l'antique monarchie, se trouvaient dans cette classe désignée par le mot de polissons!

Les voyages de Marly étaient fort chers pour le roi ; après les tables d'honneur, celles des aumôniers, des écuyers, des maîtres-d'hôtels, etc., etc., étaient toutes assez magnifiquement servies, pour que l'on trouvât bon que des étrangers y fussent invités ; et presque tout ce qui venait de Paris était nourri aux dépens de la cour.

L'économie personnelle du prince infortuné qui a succombé sous le poids des dettes de l'État, favorisa donc la préférence que la reine accordait à son petit Trianon ; et cinq ou six ans avant l'époque de la révolution, il y eut fort peu de voyages à Marly.

Le roi, occupé du bonheur de sa famille, avait donné aux princesses ses tantes la jouissance du château de Belle-Vue; dans la suite, il fit l'acquisition de la maison de la princesse de Guéménée, dans l'avenue de Paris, pour madame Élisabeth (1).

---

(1) Madame Elisabeth a joui de cette maison plusieurs années; mais le roi avait prononcé qu'elle n'y coucherait qu'à vingt-

Madame comtesse de Provence avait acheté une petite maison à Montreuil; Monsieur avait Brunoy; la comtesse d'Artois fit construire Bagatelle; Versailles devint, pour tous les membres de la famille royale, le séjour le moins agréable; on ne se croyait chez soi que dans des demeures plus simples, embellies par des jardins anglais; on y jouissait mieux des beautés de la nature : le goût des cascades et des statues était entièrement passé.

La reine séjournait quelquefois un mois de suite au petit Trianon, et y avait établi tous les usages de la vie de château; elle entrait dans son salon sans que le piano-forté ou les métiers de tapisseries fussent quittés par les dames, et les hommes ne suspendaient ni leur partie de billard, ni celle de trictrac. Il y avait peu de logement dans le petit château de Trianon. Madame Élisabeth y accompagnait la reine; mais les dames d'honneur et les dames du palais n'y furent point établies : selon les invitations faites par la reine, on y arrivait de Versailles pour l'heure du dîner. Le roi et les princes y venaient régulièrement souper. Une robe de percale blanche, un fichu de gaze, un chapeau de paille étaient la seule parure des princesses (1); le

---

cinq ans; la révolution éclata avant qu'elle eût atteint cet âge.

(*Note de madame Campon.*)

(1) L'historien de Marie-Antoinette ajoute de nouveaux traits à ce tableau, et fait des réflexions judicieuses sur l'influence que

plaisir de parcourir toutes les fabriques du hameau, de voir traire les vaches, de pêcher dans le lac, enchantait la reine ; et, chaque année, elle montrait plus d'éloignement pour les fastueux voyages de Marly.

L'idée de jouer la comédie, comme on le faisait alors dans presque toutes les campagnes, suivit celle qu'avait eue la reine de vivre à Trianon dégagée de toute représentation. Il fut convenu qu'à l'exception de M. le comte d'Artois, aucun jeune homme ne serait admis dans la troupe, et qu'on n'aurait pour spectateurs que le roi, Monsieur et les princesses qui ne jouaient pas ; mais que pour animer un peu les acteurs, on ferait occuper les premières loges par les lectrices, les femmes de la reine, leurs sœurs et leurs filles : cela composait une quarantaine de personnes.

La reine riait beaucoup de la voix de M. d'Adhemar, belle anciennement, mais devenue très-chevrotante : l'habit de berger, dans le Colin du Devin du village, rendait son âge fort ridicule, et la reine se plaisait à dire qu'il était difficile que la malveillance pût trouver quelque chose à critiquer dans le choix d'un pareil amoureux. Le roi s'amusait beaucoup de ces comédies.

---

ce changement dans les costumes dut exercer sur les mœurs. Voyez dans les *éclaircissemens*, lettre (R), tout ce morceau qui est d'un observateur éclairé.

(*Note de l'édit.*)

Louis XVI assistait à toutes les répétitions ; on l'attendait souvent pour les commencer. Caillot, acteur célèbre, retiré depuis long-temps du théâtre, et Dazincourt, connus l'un et l'autre par des mœurs estimables, furent choisis pour donner des leçons, le premier pour l'opéra-comique, dont le genre plus facile fut préféré, le second pour la comédie : l'emploi de répétiteur, de souffleur et d'ordonnateur pour tous les détails du théâtre, fut donné à mon beau-père. Le premier gentilhomme de la chambre, M. le duc de Fronsac, en fut très-blessé. Il crut devoir faire des représentations sérieuses à ce sujet : il écrivit des lettres à la reine, qui se borna toujours à cette réponse : « Vous ne pouvez » être premier gentilhomme, quand nous sommes » les acteurs ; d'ailleurs je vous ai déjà fait connaî- » tre mes volontés sur Trianon ; je n'y tiens point » de cour ; j'y vis en particulière, et M. Campan y » sera toujours chargé des ordres relatifs aux fêtes » intérieures que je veux y donner. » Les représentations du duc ne s'étant point terminées, le roi fut obligé de s'en mêler ; le duc s'obstina et soutint que ses droits de premier gentilhomme de la chambre n'admettaient aucun remplaçant, qu'il devait se mêler des plaisirs intérieurs, comme de ceux qui étaient publics : il fallut terminer les débats par une brusquerie.

Le petit duc de Fronsac ne manquait jamais, à la toilette de la reine, lorsqu'il venait lui faire sa cour, d'amener quelque entretien sur Trianon, pour placer avec ironie une phrase sur mon beau-père qu'il appela depuis ce moment : Mon collègue Campan. La reine haussait les épaules, et disait lorsqu'il était retiré : « Il est affligeant de trouver un si petit homme dans le fils du maréchal de Richelieu. »

La Gageure imprévue fut au nombre des pièces représentées à Trianon. La reine jouait le rôle de Gotte, la comtesse Diane, celui de madame de Clainville, madame Élisabeth, la jeune personne, et le comte d'Artois, un des rôles d'homme. Le rôle de Colette, dans le Devin du village, fut réellement très-bien joué par la reine. On représenta aussi, les années suivantes, le Roi et le Fermier, Rose et Colas, le Sorcier, l'Anglais à Bordeaux, On ne s'avise jamais de tout, le Barbier de Séville, etc. (1).

Tant qu'on n'admit personne à ces représentations, elles furent peu blâmées ; mais l'exagération des complimens augmenta l'idée que les acteurs avaient de leurs talens, et donna le désir d'obtenir plus de suffrages.

---

(1) Ces représentations, dans lesquelles Marie-Antoinette se plaisait à prendre un rôle, ont été plus d'une fois l'objet de la censure. Montjoie lui-même, comme on le verra dans les éclaircissemens (S), adresse à la reine, sur ce sujet, des reproches presque sévères, et fait des observations qui ne me semblent pas exactes. « Autrefois un simple gentilhomme eût été déshonoré, dit-il, si l'on eût cru qu'il se fût métamorphosé en comédien, même dans l'intérieur d'une maison. » Je ne déciderai pas s'il eût été plus déshonorant pour un *simple gentilhomme*, de jouer la comédie, par exemple, que de faire, comme le comte de Grammont, soutenir, par un détachement de cavalerie, une partie de piquet où

La reine permit aux officiers des gardes-du-corps et aux écuyers du roi et de ses frères, d'entrer à ce spectacle; on donna des loges grillées à des gens de la cour; on invita quelques dames de plus; des prétentions s'élevèrent de toutes parts pour obtenir la faveur d'être admis.

La reine refusa d'y recevoir les officiers des gardes des princes, ceux des cent-suisses du roi, et beaucoup d'autres personnes qui en furent très-mortifiées.

La troupe était bonne pour une troupe de société, et l'on applaudissait à outrance; cependant en sortant on critiquait tout haut, et quelques gens dirent que c'était *royalement mal joué*.

---

l'adresse avait corrigé la fortune; mais je remarquerai qu'en 1701, la Ceinture magique, de J.-B. Rousseau, fut représentée par *les princes du sang*, devant la duchesse de Bourgogne*. Voltaire donne des détails plus positifs encore sur ces représentations, où de *simples gentilshommes* auraient consenti sans doute à figurer. « On éleva, dit-il, tome XXI, p. 157, un petit théâtre dans les » *appartemens de madame de Maintenon. La duchesse de Bourgo-* » *gne, le duc d'Orléans* y jouaient avec *les personnes de la cour* » qui avaient le plus de talent. Le fameux acteur Baron leur don- » nait des leçons et jouait avec eux : la plupart des tragédies de » Duché furent composées pour ce théâtre. » Je n'ajouterai qu'un mot à ces faits positifs : c'est que l'aimable et jeune Marie-Antoinette pouvait bien se croire permis un divertissement toléré par madame de Maintenon dans la cour austère, hypocrite et bigote des dernières années de Louis XIV.

(*Note de l'édit.*)

* *Mémoires pour servir à l'histoire de Voltaire.* Amsterdam, 1785.

Pendant que le bonheur d'avoir donné un héritier au trône des Bourbons, et l'emploi du temps en fêtes et en plaisirs, remplissaient les jours heureux de Marie-Antoinette, la société était uniquement occupée de la guerre des Anglo-Américains. Deux rois, ou plutôt leurs ministres, excitèrent et propagèrent dans le Nouveau-Monde l'amour de la liberté : le roi d'Angleterre, en fermant son cœur et ses oreilles aux longues et respectueuses représentations de sujets éloignés de la terre natale, devenus nombreux, riches et puissans par la valeur du sol qu'ils avaient fertilisé ; le roi de France, en donnant des secours à ce peuple soulevé contre son ancien souverain. De jeunes militaires, tenant aux premières familles de l'État, suivirent l'exemple de M. de La Fayette, et se dérobèrent à tous les prestiges de la grandeur, à tous les charmes du luxe, des plaisirs, de l'amour, pour aller offrir leur valeur et leur instruction aux Américains révoltés. Beaumarchais, secrètement soutenu par MM. de Maurepas et de Vergennes, obtint de faire passer aux Américains des équipemens en armes et en vêtemens. Franklin avait paru à la cour avec le costume d'un cultivateur américain : ses cheveux plats sans poudre, son chapeau rond, son habit de drap brun, contrastaient avec les habits pailletés, brodés, les coiffures poudrées et embaumantes des courtisans de Versailles. Cette nouveauté charma toutes les têtes vives des femmes françaises. On donna des fêtes élégantes au docteur Franklin, qui réunissait la renommée d'un des plus habiles physiciens aux vertus patriotiques qui lui avaient fait embrasser le noble rôle d'apôtre de la liberté. J'ai assisté à l'une de ces fêtes, où la plus belle, parmi trois cents femmes, fut désignée pour aller poser, sur la blanche chevelure du philosophe américain, une couronne de laurier, et deux baisers aux joues de ce vieillard (1). Jusque dans le palais de Versailles, à l'exposition des porcelaines de Sèvres, on vendait, sous les yeux du roi, le médaillon de Franklin ayant pour légende :

Eripuit cœlo fulmen, sceptrumque tyrannis.

Le roi ne s'expliquait jamais sur un enthousiasme que, sans aucun doute, son sens droit le portait à blâmer : cependant la comtesse Diane ayant, à titre de femme d'esprit, partagé avec assez de chaleur l'engouement pour le délégué des Américains,

---

(1) Benjamin Franklin avait passé ses premières années dans les travaux de l'imprimerie : lorsqu'on apprit sa mort à Paris, en 1790, une société d'imprimeurs se réunit dans une salle du couvent des Cordeliers, pour y célébrer une fête funèbre en l'honneur du philosophe américain. Son buste était élevé sur une colonne au milieu de la salle : il portait sur la tête une couronne civique ; au-dessous du buste étaient des casses, une presse et tous les attributs de l'art que ce sage avait cultivé. Tandis qu'un imprimeur prononçait l'éloge de Franklin, des ouvriers l'imprimaient, et le discours, aussitôt composé et tiré que lu, fut distribué à grand nombre aux spectateurs que cette fête avait attirés. Les éclaircissemens contiennent quelques détails sur Benjamin Franklin, lettre (T). (*Note de l'édit.*)

une plaisanterie, qui resta très-ignorée, put nous faire juger les sentimens secrets de Louis XVI. Il fit faire à la manufacture de Sèvres un vase de nuit, au fond duquel était placé le médaillon avec la légende si fort en vogue, et l'envoya en présent d'étrennes à la comtesse Diane. La reine s'expliquait plus ouvertement sur la part que la France prenait à l'indépendance des colonies américaines, et y fut constamment opposée. Elle était bien loin de prévoir qu'une révolution, aussi éloignée de la France, pût jamais en susciter une où un peuple égaré dût venir un jour l'arracher de son palais, pour la conduire à la plus injuste, comme à la plus cruelle mort. Elle trouvait seulement trop peu de générosité dans le moyen que la France avait choisi pour porter atteinte à la puissance anglaise.

Cependant, comme reine de France, elle jouissait de voir un peuple entier rendre hommage à la prudence, à la valeur, aux vertus d'un jeune Français, et partagea l'enthousiasme qu'inspiraient la conduite et les succès militaires du marquis de La Fayette. La reine lui accorda plusieurs audiences lors de son premier retour d'Amérique, et, jusque au 10 août, jour où ma maison fut pillée, j'ai conservé, écrits de sa main, des vers de Gaston et Bayard, où les amis de M. de La Fayette trouvaient l'exacte peinture de son caractère :

Eh! que fait sa jeunesse,
Lorsque de l'âge mûr je lui vois la sagesse?

Profond dans ses desseins qu'il trace avec froideur,
C'est pour les accomplir qu'il garde son ardeur.
Il sait défendre un camp et forcer des murailles,
Comme un jeune soldat il aime les batailles ;
Comme un vieux général il sait les éviter.
Je me plais à le suivre et même à l'imiter.
J'admire sa prudence et j'aime son courage ;
Avec ces deux vertus un guerrier n'a point d'âge (1).

Ces vers avaient été applaudis et redemandés au Théâtre-Français; toutes les têtes étaient exaltées : il n'y avait point de cercle où l'on n'applaudît avec transport à l'appui que le gouvernement français accordait ouvertement à la cause de l'indépendance américaine. La constitution projetée pour

---

(1) « Le père du marquis de La Fayette fut tué à la bataille de Rosbach, et laissa sa femme enceinte d'un fils qui vint au monde le 1ᵉʳ septembre 1757. Le jeune marquis de La Fayette épousa, à l'âge de vingt ans, la fille du duc d'Ayen, fils aîné du maréchal de Noailles ; et la guerre de l'indépendance ayant éclaté dans l'Amérique septentrionale, il embrassa la cause des insurgens en 1777.

» Les Anglo-Américains avaient alors si peu de crédit en France et en Europe, que les commissaires du congrès à Paris ne purent se procurer un vaisseau pour faciliter le passage de M. de La Fayette et de plusieurs officiers français qui voulaient suivre son exemple.

» Il acheta, à ses frais, un vaisseau qu'il appela *la Victoire;* mais lord Stormont, ambassadeur d'Angleterre en France, fut informé de son dessein, et força le ministère de s'y opposer. Parvenu, après beaucoup d'obstacles, en Amérique, il y fut accueilli par Washington. « Je viens vous demander deux grâces, lui dit-il : l'une » de servir sous vos ordres en qualité de simple volontaire, et » l'autre de ne recevoir aucun appointement. » (*Anecdotes du règne de Louis XVI.*) (*Note de l'édit.*)

cette nouvelle nation se rédigeait à Paris, et tandis que la liberté, l'égalité, les droits de l'homme, faisaient le sujet des délibérations des Condorcet, des Bailly, des Mirabeau, etc., le ministre Ségur fit paraître l'édit du roi qui, en révoquant celui du 1er novembre 1750, déclarait inhabile pour parvenir au grade de capitaine, tout officier qui ne serait pas noble de quatre générations, et interdisait tous les grades militaires aux officiers roturiers, excepté à ceux qui étaient fils de chevaliers de Saint-Louis (1). L'injustice et l'absurdité de cette loi furent sans doute une cause secondaire de la révolution. Il fallait tenir à cette classe honorable du tiers-état, pour connaître le désespoir ou plutôt le courroux qu'y porta cette loi. Les provinces de la France étaient remplies de familles roturières qui, depuis plusieurs siècles, vivaient en propriétaires sur leurs domaines et payaient la taille. Si ces particuliers avaient plusieurs fils, ils en plaçaient un au service du roi, un dans l'état ecclésiastique, un autre dans l'ordre de Malte,

---

(1) On lit à ce sujet, dans Chamfort, l'anecdote suivante, qu'il raconte avec sa causticité ordinaire : « M. de Ségur ayant publié une ordonnance qui obligeait à ne recevoir dans le corps de l'artillerie que des gentilshommes, et d'une autre part cette fonction n'admettant que des gens instruits, il arriva une chose plaisante, c'est que l'abbé Bossut, examinateur des élèves, ne donna d'attestation qu'à des roturiers, et Chérin qu'à des gentilshommes. Sur une centaine d'élèves, il n'y en eut que quatre ou cinq qui remplirent les deux conditions. »

(*Note de l'édit.*)

comme chevalier servant d'armes, un enfin dans la magistrature, tandis que l'aîné conservait le manoir paternel; et s'il était situé dans un pays célèbre par ses vins, il joignait à la vente de ses propres récoltes, le commerce de commission pour les vins de son canton. J'ai vu, dans cette classe de citoyens justement révérés, un particulier long-temps employé dans la diplomatie, ayant même été honoré du titre de ministre plénipotentiaire, gendre et neveu de colonels, majors de place, et, par sa mère, neveu d'un lieutenant-général cordon-rouge, ne pouvoir faire recevoir ses fils sous-lieutenans dans un régiment d'infanterie.

Une autre décision de la cour, qui ne pouvait être annoncée par un édit, fut qu'à l'avenir tous les biens ecclésiastiques, depuis le plus modeste prieuré jusqu'aux plus riches abbayes, seraient l'apanage de la noblesse. Fils d'un chirurgien de village, l'abbé de Vermond, qui avait beaucoup de pouvoir dans tout ce qui concernait la feuille des bénéfices, était pénétré de la justice de cette décision du roi.

Pendant un voyage qu'il fit aux eaux, j'obtins de la reine une apostille au placet d'un curé de mes amis, qui sollicitait un prieuré voisin de sa cure, et comptait s'y retirer: j'obtins pour lui cette grâce. Au retour des eaux, l'abbé l'apprit, et vint chez moi pour me dire très-sévèrement que j'agirais d'une manière tout-à-fait opposée aux vœux du roi, si j'obtenais encore de semblables grâces; que les biens de l'Église devaient à l'avenir être uniquement destinés à soutenir la noblesse pauvre; que c'était l'intérêt de l'État, et qu'un prêtre roturier, heureux d'avoir une bonne cure, n'avait qu'à rester curé.

Doit-on s'étonner du parti que prirent peu de temps après les députés du tiers-état, lorsqu'ils furent convoqués en états-généraux?

CHAPITRE X.

Voyage du comte et de la comtesse du Nord en France. — Leur réception à Versailles. — La reine éprouve un moment de timidité. — Réponse singulière du comte du Nord à une demande de Louis XVI. — Fête et souper à Trianon. — Le cardinal de Rohan pénètre dans le jardin pendant la fête, sans l'aveu de la reine. — Elle en est fort irritée. — Froide réception faite au comte d'Haga (Gustave III, roi de Suède). — Anecdotes. — Paix avec l'Angleterre. — Départ du commissaire anglais établi à Dunkerque. — Joie nationale. — Les Anglais accourent en France. — Détails intéressans. — Nuage léger qui s'élève entre le roi et la reine, promptement dissipé. — Conduite qu'il faut tenir à la cour. — Anecdote. — Mission du chevalier de Bressac auprès de la reine. — Cour de Naples. — Marie-Antoinette ne connaît rien de comparable à celle de France. — La reine Caroline, le ministre Acton. — Débats de la cour de Naples avec celle de Madrid. — Réponse insolente de l'ambassadeur espagnol à la reine Caroline. — Intervention de la France. — Trait de bonté de Marie-Antoinette. — Homme devenu fou d'amour pour elle. — Anecdote. — Marie-Antoinette obtient la révision des jugemens portés contre le duc de Guines, et contre MM. de Bellegarde et de Moutier. — Détails relatifs à ces derniers. — Leur famille reconnaissante vient embrasser les genoux de la reine. — Facilité de la reine à s'exprimer en public. — Elle déroge à l'usage adopté en pareil cas. — MM. de Ségur et de Castries, nommés ministres par le crédit de la reine. — Engagement pris par elle avec M. de Ségur. — Tour perfide joué par M. de Maurepas à M. Necker. — M. de Calonne est nommé contre le vœu de la reine. — Elle commence à sentir les inconvéniens d'une société intime. — Judicieuses réflexions de cette princesse.

Plusieurs souverains du Nord, à la fin du dernier siècle, prirent le goût des voyages. Christian III, roi de Danemarck, était venu à la cour de France, sous le règne de Louis XV, en 1763; nous avions vu à Versailles le roi de Suède et Joseph II. Le grand-duc de Russie, fils de Catherine II (depuis Paul Ier), et sa femme, princesse de Wirtemberg, voulurent aussi visiter la France. Ils voyageaient sous le titre de comte et de comtesse du Nord. Leur présentation eut lieu le 20 mai 1782. La reine les reçut avec infiniment de dignité et de grâces. Le jour de leur arrivée à Versailles, ils dînèrent dans les cabinets avec le roi et la reine.

L'extérieur simple et modeste de Paul Ier avait convenu à Louis XVI. Il lui parlait avec plus de confiance et de gaieté qu'à Joseph II. La comtesse du Nord, d'une belle taille, fort grasse pour son âge, ayant la roideur du maintien allemand, instruite, et le faisant connaître peut-être avec trop de confiance, n'avait pas obtenu dans les premiers jours le même succès auprès de la reine. Au moment de la présentation du comte et de la comtesse du Nord, la reine avait été très-intimidée. Elle se retira dans son cabinet avant de se rendre dans la pièce où elle devait dîner avec les illustres voyageurs, demanda un verre d'eau, avouant « qu'elle
» venait d'éprouver que le rôle de reine était plus
» difficile à remplir en présence d'autres souve-
» rains, ou de princes faits pour le devenir, qu'avec
» des courtisans. »

CHAPITRE X.

Elle fut bientôt remise de ce premier trouble, et reparut avec grâces et confiance. Le dîner fut assez gai, la conversation fort animée.

Il y eut de très-belles fêtes à la cour pour le roi de Suède et le comte du Nord. Ils furent reçus dans l'intérieur du roi et de la reine; mais on garda beaucoup plus de cérémonial qu'avec l'empereur, et Leurs Majestés me parurent toujours s'observer beaucoup devant ces souverains. Cependant le roi demanda un jour au grand-duc de Russie, s'il était vrai qu'il ne pût compter sur la foi d'aucun de ceux qui l'accompagnaient; ce prince lui répondit, sans hésiter et devant un assez grand nombre de personnes, qu'il serait très-fâché d'avoir avec lui un caniche qui lui fût très-attaché, parce qu'il ne quitterait pas Paris que sa mère ne l'eût fait jeter dans la Seine avec une pierre au cou : cette réponse que j'entendis me fit peur, soit qu'elle peignît le caractère de Catherine, soit qu'elle exprimât les préventions de ce prince (1).

---

(1) Ce prince qui régna depuis en Russie, sous le titre de Paul Ier, et dont la fin fut si tragique, obtient de Grimm, dans sa Correspondance, les éloges les plus flatteurs; mais il ne faut pas oublier que parmi les souverains auxquels cette Correspondance était adressée, se trouvait l'impératrice de Russie, mère du comte du Nord. Quoi qu'il en soit, voici le passage ; Grimm dit, en parlant de ce prince : « A Versailles, il avait l'air de connaître la cour de France aussi bien que la sienne. Dans les ateliers de nos artistes *, il décelait toutes les connaissances de l'art qui

* Il a vu surtout avec le plus grand intérêt ceux de MM. Greuze et Houdon. (*Note de Grimm.*)

La reine donna au grand-duc un souper à Trianon et en fit illuminer les jardins, comme ils l'avaient été pour l'empereur. Le cardinal de Rohan se permit, très-indiscrètement, de s'y introduire à l'insu de la reine. Toujours traité avec la plus grande froideur depuis son retour de Vienne, il n'avait pas osé s'adresser à elle pour lui demander la permission de voir l'illumination; mais il avait obtenu la

---

pouvait leur rendre l'honneur de son suffrage plus précieux. Dans nos lycées, dans nos académies, il prouvait, par ses éloges et par ses questions, qu'il n'y avait aucun genre de talens et de travaux qui n'eût quelque droit à l'intéresser, et qu'il connaissait depuis long-temps tous les hommes dont les lumières ou les vertus ont honoré leur siècle et leur pays.

» Sa conversation et tous les mots qu'on en a retenus annoncent non-seulement un esprit très-fin, très-cultivé, mais encore un sentiment exquis de toutes les délicatesses de notre langue. Nous ne citerons ici que les traits qui nous ont été rapportés par les personnes même qui ont eu l'honneur de le suivre et d'en être les témoins.

» Dans le nombre des choses obligeantes qu'il dit à plusieurs membres de l'Académie française, à la séance particulière de cette compagnie qu'il voulut bien honorer de sa présence, on ne peut oublier le mot adressé à M. de Malesherbes. M. D'Alembert lui ayant présenté cet ancien ministre du roi : C'est apparemment ici, lui dit-il, que monsieur s'est retiré. L'orateur le plus éloquent de la magistrature demeura tout étonné d'une apostrophe si flatteuse, et ne trouva rien à répondre.

» M. Diderot, n'ayant pu le voir dans son appartement, fut l'attendre à la messe. L'ayant aperçu en sortant : Ah! c'est vous, lui dit-il, vous, à la messe! Oui, M. le comte, on a bien vu quelquefois Épicure au pied des autels.

» Le roi parlait des troubles de Genève : Sire, lui dit-il, c'est pour vous une tempête dans un verre d'eau. On ne savait pas alors

promesse du concierge de Trianon de l'y faire entrer aussitôt que la reine serait partie pour Versailles, et son éminence s'était engagée à rester dans le logement de ce concierge jusqu'à ce que toutes les voitures fussent sorties du château : il ne tint pas la parole qu'il avait donnée, et tandis que le concierge était occupé des fonctions de sa place dans l'intérieur, le cardinal, qui avait conservé ses bas

---

combien il serait aisé d'apaiser cette tempête, même sans renverser le verre.

» Les fêtes données à M. le comte et à madame la comtesse du Nord, à Chantilly, ont été de la plus grande magnificence et du meilleur goût. Le divertissement en vaudeville qui terminait le spectacle parut fort agréable, au moins pour le moment.

» L'auteur, M. Laujon, désirait fort l'honneur d'être présenté au prince ; on le fit apercevoir à M. le comte, qui, après l'avoir remercié avec la bonté la plus affable, lui dit : M. Laujon, vos couplets sont charmans ; vous m'y faites dire de fort jolies choses (les illustres voyageurs paraissaient eux-mêmes dans le divertissement sous des noms déguisés) ; mais il en est une essentielle que vous avez oubliée, oui, très-essentielle, et je ne m'en console point.... On voyait à chaque mot l'inquiétude du poète redoubler sensiblement : après l'avoir laissé ainsi quelques momens dans un embarras fort pénible pour la timidité : Mais sans doute, lui dit-il, vous avez oublié de parler de ma reconnaissance, et c'est dans ce moment tout ce qui m'occupe.

» M. le comte du Nord ayant fait à M. D'Alembert l'honneur d'aller le voir chez lui, on n'a pas oublié que ce philosophe avait été appelé à Pétersbourg pour présider à son éducation ; il lui dit d'une manière très-aimable, à la fin de leur entretien : Vous devez bien comprendre, Monsieur, tout le regret que j'ai aujourd'hui de ne vous avoir pas connu plus tôt. » (*Correspondance de Grimm*, tome Ier, p. 454.)

(*Note de l'édit.*)

rouges et seulement passé une redingote, descendit dans le jardin, et se rangea, avec un air mystérieux, dans deux endroits différens, pour voir défiler la famille royale et sa suite.

Sa Majesté fut vivement offensée de cette hardiesse, et ordonna le lendemain le renvoi de son concierge; on fut généralement révolté de la déloyauté du cardinal envers ce malheureux homme, et peiné de la perte qu'il faisait de sa place. Touchée de l'infortune d'un père de famille, ce fut moi qui obtins sa grâce; je me suis reproché, depuis, le mouvement de sensibilité qui me fit agir. Le concierge de Trianon renvoyé avec éclat, l'humiliation qui en serait rejaillie sur le cardinal eût fait connaître plus publiquement encore les préventions de la reine contre lui; eût probablement empêché la honteuse et trop célèbre intrigue du collier. Sans la manière astucieuse dont le cardinal s'était introduit dans les jardins de Trianon, sans l'air de mystère qu'il avait affecté toutes les fois que la reine l'y avait rencontré, il n'aurait pu se dire trompé par aucun intermédiaire entre la reine et lui.

La reine, fort prévenue contre le roi de Suède, le reçut avec beaucoup de froideur (1). Tout ce que l'on disait sur les mœurs privées de ce souve-

---

(1) Gustave III, roi de Suède, voyagea en France sous le titre de comte d'Haga. A son avènement à la couronne, il conduisit avec autant d'habileté que de sang-froid et de courage la révolu-

rain, ses relations avec le comte de Vergennes, depuis la révolution de Suède en 1772, le caractère de son favori Armsfeld, les préventions de ce monarque contre les Suédois bien vus à la cour de Versailles, formaient les bases de cet éloignement. Il vint un jour demander à dîner à la reine sans être prié, et sans avoir fait connaître son projet. La reine le reçut dans le petit cabinet, et me fit demander de suite. Alors elle m'ordonna de faire à l'instant appeler le contrôleur de sa bouche ; de s'informer si elle avait un dîner suffisant pour l'offrir à M. le comte d'Haga, et de le faire augmenter si cela était nécessaire. Le roi de Suède l'assurait qu'il y aurait toujours assez pour lui ; et moi, pensant à l'étendue du menu du dîner du roi et de la reine, dont plus de la moitié ne paraissait pas quand ils dînaient dans les cabinets, je souriais involontairement. La reine me fit, des yeux, un signe imposant, et je sortis. Le soir, la reine me demanda pourquoi j'avais paru si ébahie quand elle m'avait donné ordre de faire augmenter son dîner ; que j'aurais dû juger de suite la leçon qu'elle donnait au roi de Suède pour sa trop grande confiance. Je lui avouai que la scène m'avait paru si bourgeoise, qu'involontairement j'avais pensé aux côtelettes sur le gril, et à l'omelette qui, dans les

---

tion qui abaissa l'autorité du Sénat. On sait qu'il périt en 1792, assassiné dans un bal masqué, par Ankastroom.

(*Note de l'édit.*)

petits ménages, viennent augmenter un trop mince ordinaire. Elle s'amusa beaucoup de ma réponse, et la conta au roi qui en rit à son tour.

La paix, faite avec l'Angleterre, avait satisfait toutes les classes de la société occupées de l'honneur national. Le départ du commissaire anglais établi à Dunkerque, depuis la honteuse paix de 1763, comme inspecteur de notre marine, causa des transports de joie. Le gouvernement avait eu la prudence de faire notifier à cet Anglais l'ordre de son départ, avant que le traité fût rendu public. Sans cette précaution, le peuple se serait porté à des excès, pour faire éprouver à l'agent de la puissance anglaise les effets d'un long ressentiment causé par son séjour dans ce port. Le commerce seul fut mécontent du traité de 1783. L'article qui permettait la libre entrée des marchandises anglaises, vint tout-à-coup anéantir le commerce de la ville de Rouen et des autres villes manufacturières du royaume. L'industrie française s'est vengée depuis de cette supériorité qui assurait à l'Angleterre le commerce exclusif du monde entier. Les Anglais abondèrent à Paris. Il y en eut un grand nombre de présentés à la cour. La reine affectait de les traiter avec des égards particuliers; elle voulait sans doute leur faire distinguer l'estime qu'elle portait à leur noble nation, des vues politiques du gouvernement dans l'appui qu'il avait donné aux Américains. Il y eut quelques mécontentemens, fortement articulés à la cour, sur les marques d'intérêt données par la reine aux seigneurs anglais; on traitait ces attentions *d'engouement.* On était injuste ; et la reine se plaignait avec raison de cette ridicule jalousie.

Le voyage de Fontainebleau, et l'hiver à Paris et à la cour furent brillans. Le printemps ramena les plaisirs que la reine commençait à préférer à l'éclat des fêtes. L'union la plus intime régnait entre le roi et la reine, et je n'ai jamais vu s'élever, entre cet auguste couple, qu'un nuage promptement dissipé, et dont la cause m'est restée parfaitement inconnue.

Mon beau-père, dont je révérais l'esprit et l'expérience, m'avait recommandé, lorsqu'il me vit placée au service d'une jeune reine, d'éviter toute espèce de confidence. « Elles n'attirent, m'avait-il dit, qu'une
» faveur passagère et dangereuse : servez avec zèle,
» avec toute votre intelligence, et ne faites jamais
» qu'obéir. Loin d'employer votre adresse à savoir
» pourquoi un ordre, une commission, qui peu-
» vent paraître importans, vous sont donnés, met-
» tez-la à vous garantir d'en être instruite. » J'eus à employer cette sage et utile leçon. J'entrai un matin à Trianon, dans la chambre de la reine ; elle était couchée, avait des lettres sur son lit, pleurait abondamment ; ses larmes étaient entremêlées de sanglots interrompus par ces mots : *Ah! je voudrais mourir.* — *Ah! les méchans, les monstres!.... Que leur ai-je fait?.....* Je lui offris de l'eau de fleur d'orange, de l'éther..... *Laissez-moi,* me dit-elle, *si vous m'aimez : il vaudrait mieux*

me donner la mort. Elle jeta en ce moment son bras sur mon épaule, et se mit à verser de nouvelles larmes. Je vis qu'une grande et secrète peine déchirait son pauvre cœur; qu'elle avait besoin d'une confidente, que ce devait être son amie. Je le lui dis, et lui proposai d'envoyer chercher la duchesse de Polignac : elle s'y opposa fortement. Je renouvelai mes motifs et mes instances pour lui procurer la consolation d'un épanchement dont elle avait besoin; l'opposition devint moins forte. Je me dégageai de ses bras, et courus aux antichambres où je savais qu'un piqueur, prêt à monter à cheval, attendait toujours pour se rendre à l'instant à Versailles. Je lui ordonnai d'aller, au plus grand galop, dire à madame la duchesse de Polignac que la reine se trouvait très-incommodée, et la demandait sur-le-champ. La duchesse avait une voiture toujours prête. En moins de dix minutes, elle fut près de la reine. J'y étais seule, j'avais eu la défense de faire appeler d'autres femmes. Madame de Polignac entra : la reine lui tendit les bras, elle s'élança vers elle. J'entendis encore les sanglots et je sortis.

Un quart-d'heure après, la reine, devenue plus calme, sonna pour faire sa toilette. Je fis entrer ses femmes; elle passa une robe et se retira dans son boudoir avec la duchesse. Bientôt après, le comte d'Artois arriva de Compiègne où il était avec le roi. Il traversa l'antichambre et la chambre, en demandant avec empressement où était la reine.

CHAPITRE X.

Il resta une demi-heure avec elle et la duchesse, et en sortant me dit que la reine me demandait. Je la trouvai assise sur son canapé, à côté de son amie; ses traits étaient remis, son visage riant et gracieux. Elle me tendit la main et dit à la duchesse : « Je lui ai fait tant de peine ce matin, » que je dois me hâter d'en alléger son pauvre » cœur. » Puis elle ajouta : « Vous avez sûre- » ment vu, dans les plus beaux jours d'été, un nuage » noir qui vient tout-à-coup menacer de fondre sur » la campagne et de la dévaster; il est chassé bien- » tôt par le plus léger vent, et laisse reparaître le » ciel bleu, et le temps serein; voilà précisément » l'image de ce qui m'est arrivé dans la matinée. » Ensuite elle me dit « que le roi reviendrait de » Compiègne après y avoir chassé; qu'il souperait » chez elle : qu'il fallait que je fisse demander son » contrôleur pour choisir avec lui, sur ses menus » de repas, tous les mets qui convenaient le plus » au roi; qu'elle voulait qu'il n'y en eût point » d'autres de servis le soir sur sa table; que c'était » une attention qu'elle désirait que le roi pût re- » marquer. » La duchesse de Polignac me prit aussi la main, et me dit « combien elle était heu- » reuse d'avoir été près de la reine, dans un mo- » ment où elle avait besoin d'une amie. » J'ignorai toujours ce qui avait pu donner à la reine une si vive et si courte alarme; mais je jugeai, par l'attention particulière qu'elle avait prise au sujet du roi, qu'on avait cherché à l'irriter contre elle; que la noirceur de ses ennemis avait été promptement reconnue et déjouée par le bon esprit et l'attachement du roi, et que le comte d'Artois s'était empressé de lui en apporter la nouvelle.

Ce fut, à ce que je crois, dans l'été de 1787, pendant un voyage de Trianon, que la reine de Naples envoya le chevalier de Bressac près de Sa Majesté, avec une mission secrète, relative à un projet de mariage entre son fils, le prince héréditaire, et Madame, fille du roi; il s'adressa à moi en l'absence de la dame d'honneur : quoiqu'il me parlât beaucoup de la confiance intime dont l'honorait la reine de Naples, et de ses lettres de créance, je lui trouvai tout-à-fait l'air d'un aventurier (1) : il avait à la vérité des lettres particulières pour la reine, et sa mission était réelle ; il m'en entretint fort inconsidérément avant même d'avoir été admis, et me pria de faire tout ce qui dépendait de moi pour disposer l'esprit de la reine en faveur du vœu de sa souveraine : je m'en défendis en l'assurant qu'il ne m'appartenait pas de me mêler d'affaires d'État. Il voulut inutilement me prouver que l'union désirée par la reine de Naples ne devait pas être envisagée de cette manière.

J'obtins pour M. de Bressac l'audience qu'il désirait, mais sans me permettre de paraître instruite

---

(1) J'ai su qu'il avait ensuite passé plusieurs années enfermé au château de l'OEuf.

(*Note de madame Campan.*)

de l'objet de sa mission. Ce fut la reine qui m'en parla; elle blâmait le choix du personnage, et cependant pensait que la reine sa sœur avait très-bien fait de ne pas se servir d'un homme fait pour être avoué, ce qu'elle désirait ne pouvant avoir lieu. J'eus occasion, dans cette circonstance comme dans beaucoup d'autres, de juger combien la reine appréciait et aimait la France et l'éclat de notre cour. Elle me dit alors que Madame, en épousant son cousin le duc d'Angoulême, ne pouvait perdre son rang de fille du roi, et que sa position serait bien préférable à celle de reine dans un autre pays; qu'il n'y avait rien en Europe de comparable à la cour de France, et qu'il faudrait, pour ne pas exposer une princesse française aux plus cruels regrets, si on la mariait à un prince étranger, lui faire quitter le palais de Versailles à sept ans, et l'envoyer, dès cet âge, dans la cour où elle devait vivre; qu'à douze ans, ce serait trop tard, parce que les souvenirs et les comparaisons nuiraient au bonheur de sa vie entière. La reine envisageait la destinée de ses sœurs comme bien inférieure à la sienne, et m'avait plusieurs fois entretenue des peines que la cour d'Espagne faisait éprouver à sa sœur la reine de Naples (1); de la nécessité où elle s'était trou-

---

(1) Le morceau qu'on va lire peut aider à faire connaître le motif de ces peines. On y expose, du moins, avec beaucoup de vraisemblance, de quelle manière l'impératrice Marie-Thérèse espérait servir ses vastes projets, par l'alliance de l'archiduchesse Caroline avec le roi de Naples, et quels obstacles la branche des Bourbons

vée d'implorer la médiation du roi de France. Elle me montra plusieurs lettres de la reine de Naples, au sujet des démêlés qu'elle avait eus avec la cour de Madrid, relativement au ministre Acton : elle le croyait utile à son peuple, par ses lumières et par sa grande activité; dans ses lettres, elle rendait un compte fidèle à Sa Majesté, de la nature des outrages qu'elle avait reçus, et lui représentait

---

d'Espagne mettait à des desseins dont la profondeur ne lui était point échappée.

Les considérations qu'on va lire sont extraites des *Mémoires historiques du règne de Louis XVI*, par l'abbé Soulavie : mais ce qui leur donne un très-grand poids ici, c'est le témoignage de M. le comte Orloff, dans l'ouvrage judicieux, éclairé, instructif, qu'il a publié sur le royaume de Naples. Nous en citons un passage assez étendu sous la lettre (U), et nous en recommandons la lecture, parce qu'il peint, avec intérêt et vérité, l'empire de la reine Caroline sur son époux, le caractère du ministre Acton, les justes sujets du ressentiment qu'éprouvait la cour de Madrid, et le rôle de la France au milieu de ces différends. Voici ce que dit l'abbé Soulavie à ce sujet :

« Sous les beaux règnes de la maison de Bourbon, la France avait établi en Espagne une de ses branches, qui elle-même avait poussé des rejetons en Italie. Marie-Thérèse en était très-jalouse. Héritière de l'ambition de la maison d'Autriche et de ses projets sur l'Italie, elle s'était promis, pendant la paix la plus profonde, de reconquérir par des ruses ce beau pays, en donnant à la cour de Naples une archiduchesse qui, élevée à Vienne, n'oubliât jamais qu'elle était, à Naples, la gardienne des intérêts de sa famille. La reine Caroline servit habilement les desseins de sa mère : ne voyant dans la ville de Naples qu'une propriété jadis autrichienne, et encore mal assurée dans les mains de Ferdinand; habile à créer des ministres soumis à ses volontés, à les conserver, à les défendre, à les détacher de la cour de Madrid où régnait la tige de la branche napoli-

CHAPITRE X.

M. Acton comme un homme que la malveillance même ne pouvait faire supposer capable de l'intéresser autrement que par ses services. Elle avait eu à souffrir des offenses d'un Espagnol, nommé Las-Casas, que le roi son beau-père lui avait envoyé pour la décider à éloigner M. Acton des affaires et de sa personne : elle se plaignait amèrement, à la reine sa sœur, des procédés révoltans de ce chargé d'affaires, auquel elle avait dit, pour le convaincre de la nature des sentimens qui l'attachaient à M. Acton, qu'elle le ferait peindre et sculpter par les plus célèbres artistes de l'Italie, et qu'elle enverrait son buste et son portrait au roi d'Espagne, afin de lui prouver que le désir de fixer un homme d'une capacité supérieure pouvait seul l'avoir portée à

---

taine des Bourbons, elle réussit à détacher le cœur de son mari du pacte de famille, force principale des descendans de Louis XIV, tant elle était dévouée à son frère Joseph, seule divinité qu'elle adorait.

» Cette conduite de Caroline, reine de Naples, et les précautions que la maison d'Autriche eut, dans tous ses traités de paix avec la France, de se conserver des droits sur l'Italie, développent les vues de la maison d'Autriche sur cet ancien héritage que la valeur et la politique des Bourbons lui avaient ôté. Sans la fermeté de don Carlos, roi de Naples, à son avènement à la couronne d'Espagne, l'Autriche aurait cet ancien domaine, en vertu des clauses de reversibilité que Marie-Thérèse avait adroitement introduites dans le traité d'Aix-la-Chapelle, et qu'elle avait obtenu de nouveau d'insérer dans le traité de 1758 : preuve évidente que l'Autriche n'a pas perdu de vue le projet d'un nouvel établissement dans le fond de l'Italie. » Des événemens récens pourraient ajouter encore un grand poids à ces conjectures sur la politique ambitieuse de la maison d'Autriche. (*Note de l'édit.*)

lui conserver la faveur dont il jouissait. Ce M. Las-Casas avait osé lui répondre qu'elle prendrait une peine inutile; que la laideur d'un homme ne l'empêchait pas toujours de plaire, et que le roi d'Espagne avait trop d'expérience pour ignorer qu'on ne pouvait s'expliquer les caprices d'une femme.

Une réponse aussi audacieuse avait saisi d'indignation la reine de Naples, et l'impression de la douleur qu'elle en avait ressentie lui avait fait faire une fausse couche dans la journée même. Louis XVI s'étant porté pour médiateur, la reine de Naples eut satisfaction entière dans cette affaire, et M. Acton fut conservé dans son poste de ministre principal (1).

Dans le nombre des traits qui caractérisaient l'extrême bonté de la reine, on doit placer son respect pour la liberté individuelle. Je l'ai vue éprouver les plus grandes importunités de gens dont l'esprit était aliéné, sans permettre qu'ils fussent arrêtés. Sa patiente bonté fut mise à une bien désagréable épreuve par un ancien conseiller au parlement de Bordeaux, nommé Castelnaux : cet homme s'était déclaré l'amoureux de la reine, et était généralement connu sous ce nom. Durant dix années consécutives, il fit tous les voyages de la cour; pâle, hâve comme les gens dont l'esprit est égaré, son aspect sinistre inspirait un senti-

---

(1) Voyez, sous la lettre (U), des détails sur ce ministre et sur sa conduite envers la France. (*Note de l'édit.*)

ment pénible : pendant les deux heures que durait le jeu public de la reine, il restait sans bouger en face de la place de Sa Majesté ; à la chapelle, il se plaçait de même sous ses yeux, et ne manquait pas de se trouver au dîner du roi ou au grand couvert ; au spectacle de la ville, il s'asseyait le plus près possible de la loge de la reine ; il partait toujours pour Fontainebleau, pour Saint-Cloud, un jour avant la cour ; et lorsque Sa Majesté arrivait dans ces différentes habitations, la première personne qu'elle rencontrait, en descendant de voiture, était ce lugubre fou qui ne parlait jamais à personne. Pendant les séjours de la reine au petit Trianon, la passion de ce malheureux homme devenait encore plus importune ; il mangeait à la hâte un morceau chez quelque suisse, et passait le jour entier, même par les temps de pluie, à faire le tour du jardin, marchant toujours aux bords des fossés. La reine le rencontrait souvent quand elle se promenait seule ou avec ses enfans ; cependant elle ne voulait permettre aucun moyen de violence pour la soustraire à cette insoutenable importunité. Ayant un jour donné à M. de Sèze une permission d'entrer à Trianon, elle lui fit dire de se rendre chez moi, et m'ordonna d'instruire ce célèbre avocat de l'égarement d'esprit de M. de Castelnaux ; puis de l'envoyer chercher, pour que M. de Sèze eût avec lui un entretien. Il lui parla près d'une heure, et fit beaucoup d'impression sur son esprit : enfin M. de Castelnaux me pria d'annoncer à la reine que, décidément, puisque sa présence lui était importune, il allait se retirer dans sa province. La reine fut fort aise et me recommanda de bien exprimer à M. de Sèze toute sa satisfaction. Une demi-heure après que M. de Sèze fut parti, on m'annonça le malheureux fou; il venait me dire qu'il se rétractait, qu'il ne pouvait, par le seul effet de sa volonté, cesser de voir la reine aussi souvent que cela lui était possible. Cette nouvelle réponse était désagréable à porter à Sa Majesté; mais combien je fus touchée de l'entendre dire : Eh bien, qu'il m'ennuie ! mais qu'on ne lui ravisse pas le bonheur d'être libre (1).

On n'avait connu l'influence directe de la reine, dans les affaires, pendant les premières années du règne, que par la bonté qu'elle mit à obtenir du roi la révision de deux procès célèbres (2).

---

(1) Lors de la funeste arrestation du roi et de la reine à Varennes, ce malheureux Castelnaux voulut se laisser mourir de faim; ses hôtes, inquiets de son absence, firent forcer la porte de sa chambre; on le trouva sans connaissance, étendu sur le parquet. J'ignore ce qu'il est devenu depuis le 10 août.

(*Note de madame Campan.*)

(2) La reine ne s'était permis de se mêler de ces deux procès que pour en solliciter seulement la révision; car il n'était nullement dans ses principes d'intervenir en rien dans ce qui concernait la justice, et jamais elle ne se servit de son influence auprès des tribunaux. La duchesse de Praslin, par une criminelle bizarrerie, avait porté son inimitié pour son mari jusqu'à déshériter ses enfans en faveur de la famille de M. de Guéménée. Cette injustice amena naturellement un grand procès dont Paris était très-occupé. La

CHAPITRE X.

Si le roi n'a point inspiré à la reine un vif sentiment d'amour, il est au moins bien sûr qu'elle lui en accordait un mêlé d'enthousiasme et d'attendrissement, pour la bonté de son caractère et l'équité dont il a donné tant de preuves multipliées pendant son règne. Nous la vîmes rentrer un soir fort tard; elle sortait des cabinets du roi, et nous dit à M. de Mizery et à moi, en essuyant ses yeux remplis de larmes : « Vous me voyez pleurer, mais n'en prenez pas d'inquiétude : ce sont les plus douces larmes qu'une femme puisse verser; elles sont causées par l'impression que m'ont faite la justice et la bonté du roi; il vient d'accorder à ma demande la révision du procès de MM. de Bellegarde et de Monthieu, victimes de la haine du duc d'Aiguillon contre le duc de Choiseul. Il a été tout aussi juste pour le duc de Guines, dans son affaire avec Tort. Il est heureux pour une reine de pouvoir admirer, estimer celui qui lui fait partager son trône; et vous, je vous félicite d'avoir à vivre sous le règne d'un souverain aussi vertueux. » Nos larmes d'attendrissement se mêlèrent à celles de la reine; elle voulut bien nous permettre de baiser ses char-

---

duchesse de Choiseul, vivement intéressée dans cette affaire, suppliait un jour la reine, en ma présence, de vouloir bien au moins faire demander à M. le premier président quand on appellerait sa cause; la reine lui répondit qu'elle ne ferait pas même cette démarche, puisqu'elle dénoterait un intérêt qu'il était de son devoir de ne pas manifester.

(*Note de madame Campan.*)

mantes mains. Cette scène si touchante ne s'est jamais effacée de mon souvenir. Et c'est sous le règne de souverains aussi clémens, aussi sensibles, que nous avons eu à souffrir des fureurs que la plus cruelle tyrannie n'eût pas même excusées; et ce sont des êtres augustes, si bien formés par la divine Providence pour le bonheur des peuples, que nous avons eu la douleur de voir eux-mêmes victimes de ces fureurs aussi insensées qu'elles ont été barbares !

La reine fit parvenir au roi tous les mémoires de M. le duc de Guines, compromis, dans son ambassade en Angleterre, par un secrétaire qui avait joué sur les fonds publics à Londres, pour son propre compte, mais de manière à en faire soupçonner l'ambassadeur. MM. de Vergennes et Turgot, ayant peu de bienveillance pour le duc de Guines, ami du duc de Choiseul, n'étaient pas disposés à servir cet ambassadeur. La reine parvint à fixer l'attention particulière du roi sur cette affaire, et la justice de Louis XVI fit triompher l'innocence du duc de Guines.

Il existait sans cesse une guerre sourde entre les amis et les partisans de M. de Choiseul, que l'on nommait les Autrichiens, et tout ce qui tenait à MM. d'Aiguillon, de Maurepas, de Vergennes, qui, par la même raison, entretenaient le foyer des intrigues existantes à la cour et dans Paris, contre la reine. De son côté, Marie-Antoinette soutenait ceux qui pouvaient avoir souffert dans cette rixe politique; ce fut ce même sentiment qui la décida à demander la révision du procès de MM. de Bellegarde et de Monthieu. Le premier, colonel et inspecteur d'artillerie, le second propriétaire de forges à Saint-Étienne, avaient été condamnés, sous le ministère du duc d'Aiguillon, à vingt ans et un jour de prison, pour avoir réformé, dans les arsenaux de la France, d'après un ordre du duc de Choiseul, un nombre infini de fusils, livrés comme n'ayant plus que la valeur du fer, tandis que la plus grande partie de ces fusils furent, à l'instant même, embarqués et vendus aux Américains. Il paraît que le duc de Choiseul avait fait connaître à la reine, comme moyens de défense pour les condamnés, les vues politiques qui l'avaient décidé à autoriser cette réforme et cette vente, de la manière dont elle avait été exécutée. Ce qui rendait la cause de MM. de Bellegarde et de Monthieu plus défavorable, c'est que l'officier d'artillerie qui avait fait la réforme, en qualité d'inspecteur, se trouvait, par un mariage clandestin, beau-frère du propriétaire des forges, acquéreur des armes réformées. Cependant l'innocence des deux prisonniers fut prouvée; ils vinrent à Versailles, avec leurs femmes et leurs enfans, se jeter aux pieds de leur bienfaitrice. Cette scène touchante se passa dans la grande galerie, à la sortie de l'appartement de la reine : elle voulut empêcher les femmes de se mettre à genoux, disant *que la justice seule leur avait été rendue ; qu'elle devait en ce moment même être félicitée sur le bonheur le plus réel qui fût attaché à sa position, celui de faire parvenir jusqu'au roi de justes réclamations* (1).

Dans toutes les occasions où il fallait exprimer sa pensée en public, malgré la gêne que pouvait éprouver une étrangère, la reine rencontrait toujours le mot précis, noble et touchant. Elle répondait à toutes les harangues, et avait mis de la persévérance à conserver cette habitude puisée à la cour de Marie-Thérèse. Depuis long-temps, les princesses de la maison de Bourbon ne prenaient plus, dans de semblables circonstances, la peine d'articuler la réponse. Madame Adélaïde fit reproche à la reine de n'avoir pas suivi cet usage, l'assurant qu'il suffisait de marmoter quelques mots en simulacre de réponse; et que les harangueurs, très-occupés de ce qu'ils venaient de dire eux-mêmes, trouvaient toujours qu'on avait répondu d'une manière parfaite. La reine jugea que la paresse seule avait pu dicter un semblable protocole, et que l'usage adopté de marmoter quelques mots, constatant la nécessité de répondre, il fallait le faire

---

(1) Il existe une gravure du temps qui représente assez bien cette scène de reconnaissance et de bonté. Ce morceau a pour nous, aujourd'hui, le mérite de reproduire fidèlement les lieux, les costumes du temps, et la ressemblance des principaux personnages. On distingue parmi ceux-ci M. le comte de Provence (Sa Majesté Louis XVIII), madame la comtesse de Provence, M. le comte et madame la comtesse d'Artois, et l'empereur Joseph II.

(*Note de l'édit.*)

simplement mais clairement, et le mieux possible. Quelquefois même, prévenue du sujet des harangues, elle écrivait le matin ses réponses, non pour les apprendre par cœur, mais pour fixer les idées ou les sentimens qu'elle voulait y développer.

Le crédit de la duchesse de Polignac augmentait chaque jour; ses amis en profitèrent pour amener des changemens dans le ministère. La disgrâce de M. de Montbarrey, homme sans talens et sans mœurs, fut généralement approuvée; on l'attribuait avec raison à la reine; il avait été placé au ministère par M. de Maurepas, et soutenu par sa vieille femme : l'un et l'autre furent, plus que jamais, déchaînés contre la reine et la société Polignac.

La nomination de M. de Ségur au ministère de la guerre, et celle de M. de Castries à celui de la marine, furent entièrement l'ouvrage de cette société. La reine craignait de faire des ministres; sa favorite pleurait souvent quand les hommes de sa société la forçaient d'agir. Les hommes reprochent aux femmes de se mêler d'affaires, et, dans les cours, ce sont eux qui se servent de leur ascendant pour des choses dont elles ne devraient jamais s'occuper.

Le jour où M. de Ségur fut présenté à la reine, à raison de son nouveau poste, elle me dit : « Vous
» venez de voir un ministre de ma façon; j'en suis
» bien aise pour le service du roi, car je crois le
» choix fort bon; mais je suis presque fâchée de la
» part que j'ai à cette nomination; je m'attire une
» responsabilité : j'étais heureuse de n'en point

» avoir; et, pour m'en alléger autant que possible,
» je viens de promettre à M. de Ségur, et cela sur
» ma parole d'honneur, de n'apostiller aucun pla-
» cet, et de n'entraver aucune de ses opérations
» par des demandes pour mes protégés. »

La reine avait espéré le rétablissement des finances, lors du premier ministère de M. Necker que
son ambition n'avait pas encore entraîné vers des
plans étrangers à ses propres talens, et ses vues lui
semblaient fort sages. Sachant que M. de Maurepas
voulait amener M. Necker à donner sa démission,
elle l'engageait alors à patienter jusqu'à la mort
d'un vieillard que le roi conservait près de lui, par
respect pour son premier choix et par égard pour
son grand âge. Elle alla même jusqu'à lui dire que
M. de Maurepas était toujours malade, et que l'é-
poque de sa fin ne pouvait être éloignée. M. Necker
ne voulut point attendre ce moment; la prédiction
de la reine se réalisa : M. de Maurepas termina
ses jours à la suite d'un voyage de Fontainebleau,
en 1781 (1).

M. Necker s'était retiré; il avait surtout été ou-

---

(1) « Louis XVI, dit la Biographie universelle, regretta hautement Maurepas. Dans le temps de sa dernière maladie, il était
venu lui faire part lui-même de la naissance de M. le dauphin,
l'annoncer à son ami et s'en féliciter avec lui : ce furent ses propres
expressions. Le lendemain de ses obsèques, il disait d'un air profondément pénétré : « Ah ! je n'entendrai plus les matins mon
» ami au-dessus de ma tête. » — Éloge simple et touchant trop peu
mérité par celui qui en était l'objet. »

(*Note de l'édit.*)

tragé par une perfidie du vieux ministre, qu'il ne pouvait lui pardonner. J'avais su quelque chose de cette intrigue, à l'époque où elle eut lieu; elle m'a été confirmée depuis par la maréchale de Beauvau. M. Necker voyant son crédit baisser à la cour, et craignant que cela ne nuisît à ses opérations en finances, écrivit au roi pour le supplier de lui accorder une grâce qui pût manifester, aux yeux du public, qu'il n'avait pas perdu la confiance de son souverain; il terminait sa lettre en désignant cinq choses différentes, telle charge ou telle marque d'honneur, ou telle décoration, et il la remit à M. de Maurepas. Les *ou* furent changés en *et :* le roi fut mécontent de l'ambition de M. Necker, et de la confiance avec laquelle il osait la manifester.

Madame la maréchale de Beauvau m'a assuré que le maréchal de Castries avait vu la minute de cet écrit de M. Necker, tout-à-fait conforme à ce qu'il lui avait dit, et qu'il avait vu de même la copie dénaturée (1).

L'intérêt que la reine avait pris à M. Necker, s'anéantit pendant sa retraite, et se changea même en de fortes préventions. Il écrivait trop sur les opérations qu'il avait voulu faire, et sur le bien qui en serait résulté pour l'État. Les ministres qui l'avaient successivement remplacé, crurent leurs opérations entravées par le soin que M. Necker et ses

---

(1) J'ai cette anecdote écrite de la main de cette dame.
(*Note de madame Campan.*)

partisans prenaient d'occuper sans cesse le public de ses plans; ses amis étaient trop chauds : la reine vit de l'esprit de parti dans ces opinions de société, et se rangea entièrement parmi ses ennemis.

Après MM. Joly de Fleury et d'Ormesson, faibles contrôleurs-généraux, on fut obligé de recourir à un homme d'un talent plus reconnu, et les amis de la reine, réunis en ce moment au comte d'Artois, et, par je ne sais quel motif, à M. de Vergennes, firent nommer M. de Calonne. La reine en eut un déplaisir extrême, et son intimité avec la duchesse de Polignac commença à en souffrir : c'est à cette époque qu'elle disait que lorsque les souverains avaient des favoris, ils élevaient auprès d'eux des puissances, qui, encensées d'abord pour leurs maîtres, finissaient par l'être pour eux-mêmes, avaient un parti dans l'État, agissaient seuls, et faisaient retomber le blâme de leurs actions sur les souverains auxquels ils devaient leur crédit.

Les inconvéniens de la vie privée, pour une souveraine, frappaient alors la reine sous tous les rapports; elle m'en entretenait avec confiance, et m'a souvent dit que j'étais la seule personne instruite des chagrins que ses habitudes de société lui donnaient; mais qu'il fallait supporter des peines dont on était seule l'auteur; que l'inconstance dans une amitié telle que celle qui l'avait liée à la duchesse, et une rupture totale, avaient des inconvéniens encore plus graves, et ne pouvaient amener que de nouveaux torts. Ce n'est pas qu'elle eût à reprocher à madame de Polignac un seul défaut qui pût lui faire regretter le choix qu'elle en avait fait comme amie; mais elle n'avait pas prévu l'inconvénient d'avoir à supporter les amis de ses amis, et la société y contraint.

Sa Majesté, continuant à me parler des inconvéniens qu'elle avait rencontrés dans la vie privée, me dit que les ambitieux sans mérite trouvaient là des moyens de tirer parti de leurs importunités, et qu'elle avait à se reprocher d'avoir fait nommer M. d'Adhemar à l'ambassade de Londres, uniquement parce qu'il l'excédait chez la duchesse. Elle ajouta cependant à cette espèce de confession, qu'on était en pleine paix avec les Anglais; que le ministre connaissait aussi bien qu'elle la nullité de M. d'Adhemar, et qu'il ne pouvait faire ni bien ni mal (1).

Souvent, dans des entretiens d'un entier épanchement, la reine avouait qu'elle avait acquis à ses dépens une expérience qui la rendrait bien attentive à veiller à la conduite de ses belles-filles; qu'elle serait surtout fort scrupuleuse sur les qua-

---

(1) Grimm rapporte, dans sa Correspondance, des couplets faits, dit-il, par M. d'Adhemar, dix-huit ans avant son ambassade. Cette chanson ne prouve rien assurément contre ses talens diplomatiques; de nos jours, la chanson mène à tous les honneurs; mais la muse qui inspirait M. d'Adhemar n'est pas fort sévère, ou paraît fort indiscrète: il donnerait, si l'on pouvait l'en croire, une bien mauvaise idée de la bonne compagnie du temps. Par ce double motif, nous reléguons la chanson dans les notes; ira l'y chercher qui voudra (*lettre* V).

(*Note de l'édit.*)

lités et les vertus de leurs dames, et qu'aucun égard ni pour le rang, ni pour la faveur, ne la déterminerait dans un choix si important. Elle attribuait à une dame fort légère qu'elle avait trouvée dans son palais en arrivant en France, plusieurs démarches de sa première jeunesse. Elle se proposait aussi d'interdire aux princesses qui dépendraient d'elle l'usage de faire de la musique avec des professeurs, et disait avec sincérité et aussi sévèrement qu'auraient pu le faire ses détracteurs : « Je devais entendre chanter Garat, et ne jamais » chanter de duo avec lui (1). » C'est avec cette

---

(1) On lit dans la Correspondance de Grimm, année 1784, le passage suivant, au sujet de ce chanteur célèbre :

« Nous avons ici, depuis quelque temps, un jeune homme dont le talent est un de ces phénomènes extraordinaires qui tiennent à la réunion la plus heureuse de différens dons de la nature. Son nom est M. Garat, fils d'un célèbre avocat au parlement de Bordeaux. Il est à peine âgé de vingt ans. Il ignore jusqu'aux premiers élémens de la musique, et personne en France, peut-être même dans toute l'Italie, ne chante avec un goût aussi sûr, aussi exquis. Sa voix, espèce de tenor, participant de la haute-contre, est d'une flexibilité, d'une égalité, d'une pureté dont on ne connaît point d'exemples. Ses accens ont cette sensibilité que l'art ne donne point, et qu'il imite à peine. Son oreille est d'une exactitude, d'une précision rare, même parmi ceux qui connaissent le mieux les principes de l'art du chant, et sa mémoire, don sans lequel tous les autres seraient perdus pour lui, est telle qu'il retient par cœur non-seulement tout ce qu'il entend chanter, mais même les parties les plus compliquées des accompagnemens et les traits d'orchestre les plus difficiles. L'harmonie commande si fort cette tête naturellement musicale, que quand il chante sans accompagnement

impartialité qu'elle parlait de sa jeunesse. Que ne devait-on pas espérer de son âge mûr !

---

des airs qui en ont d'obligés, il remplit les suspensions ou les intervalles du chant par les traits que devrait rendre l'orchestre ; enfin l'art du chant est tellement inné chez ce jeune homme, que MM. Piccini, Sacchini et Grétry, qui l'ont tous entendu avec enthousiasme, lui ont conseillé de ne point s'appliquer à une étude des règles dont la nature semble avoir voulu le dispenser. Il joint à ce don précieux un esprit facile, la vivacité de son pays et une figure aimable. La reine a désiré plusieurs fois l'entendre, et M. le comte d'Artois vient de le nommer secrétaire de son cabinet. Nous l'avons entendu exécuter plusieurs fois tout l'opéra d'Orphée, depuis l'ouverture jusqu'aux derniers airs de danse du ballet qui le termine. Un opéra est, dans le gosier de cet être étonnant, un seul morceau de musique qu'il exécutera avec la même facilité qu'un autre chanterait une ariette. Quel dommage que l'état dans lequel il est né l'empêche d'employer un talent aussi rare à sa fortune et aux plaisirs du public ! »

(Note de l'édit.)

CHAPITRE XI.

La reine mécontente de la nomination de M. de Calonne. — Million qui lui est offert par ce ministre pour secourir les pauvres. — Elle le refuse. — Par quels motifs. — Actes et secours de bienfaisance. — Acquisition de Saint-Cloud ; à quelle occasion. — Règlemens de police intérieure : *de par la reine*. — Ces mots excitent des murmures. — La reine en témoigne sa surprise. — État de la France. — Beaumarchais. — Le Mariage de Figaro. — Le roi veut connaître la pièce manuscrite. — Lecture qu'en fait madame Campan en présence de Leurs Majestés seules. — Jugement que Louis XVI porte sur la pièce. — Intrigues pour en favoriser la représentation. — Elle est défendue une première fois. — On la joue chez M. de Vaudreuil. — Nouvelles intrigues. — Elle est représentée. — Louis XVI et la reine surpris et mécontens. — Marie-Antoinette en conserve du ressentiment contre M. de Vaudreuil. — Caractère de M. de Vaudreuil. — Anecdote. — Il aspirait à devenir gouverneur du dauphin. — Réflexions de la reine à ce sujet.

La reine, n'ayant pu empêcher la nomination de M. de Calonne, ne déguisa pas assez le mécontentement qu'elle en avait ; elle dit même un jour chez la duchesse, au milieu des partisans et des protecteurs de ce ministre, que les finances de la France passaient alternativement des mains d'un honnête homme sans talent dans celle d'un habile intrigant. M. de Calonne fut donc bien loin d'agir de concert avec la reine tout le temps qu'il resta en

CHAPITRE XI.

place, et, tandis qu'il circulait dans Paris de plats couplets où l'on peignait la reine et sa favorite puisant à leur gré dans les coffres du contrôleur-général, la reine évitait toute communication avec lui.

Pendant le long et cruel hiver de 1783 à 1784, le roi donna trois millions pour le soulagement des infortunés. M. de Calonne, qui sentait la nécessité de se rapprocher de la reine, saisit infructueusement cette occasion de lui montrer son respect et son dévouement. Il vint lui offrir de lui remettre un million sur les trois destinés au secours des indigens, pour qu'il fût distribué en son nom et selon sa volonté. Sa proposition fut rejetée ; la reine lui répondit que ce bienfait en entier devait être distribué au nom du roi, et qu'elle se priverait cette année des moindres jouissances pour ajouter au soulagement des malheureux ce que ses épargnes lui permettraient de leur offrir.

A l'instant où M. de Calonne sortit du cabinet, la reine me fit demander : « Faites-moi votre com-
» pliment, ma chère, me dit-elle ; je viens d'éviter
» un piége, ou tout au moins une chose qui, par
» la suite, aurait pu me donner de grands cha-
» grins. » Elle me raconta mot à mot la conversation qu'elle venait d'avoir, en ajoutant : « Cet
» homme achèvera de perdre les finances de l'État.
» On dit qu'il est placé par moi : on a fait croire
» au peuple que je suis prodigue ; je n'ai pas voulu
» qu'une somme du Trésor royal, même pour l'u-

» sage le plus respectable, ait jamais été entre mes
» mains. »

La reine faisant chaque mois des économies sur les fonds de sa cassette, et n'ayant pas dépensé les dons d'usage à l'époque de ses couches, possédait, par le fruit de ses propres épargnes, cinq à six cent mille francs. Elle employa donc une somme de deux à trois cent mille francs, que ses premières femmes envoyèrent à M. Lenoir, aux curés de Paris, de Versailles, aux sœurs hospitalières, et répandirent sur des familles indigentes.

La reine désirant placer dans le cœur de Madame, sa fille, non-seulement le désir de soulager l'infortune, mais les qualités nécessaires pour se bien acquitter de ce devoir sacré, quoiqu'elle fût encore bien jeune, l'occupait sans cesse des souffrances que le pauvre avait à subir pendant une saison si cruelle. La princesse avait déjà une somme de huit à dix mille francs pour ses charités, et la reine lui en fit distribuer elle-même une partie.

Voulant donner encore à ses enfans une leçon de bienfaisance, elle m'ordonna de faire apporter de Paris, comme les autres années, la veille du jour de l'an, tous les joujoux à la mode, et de les faire étaler dans son cabinet. Prenant alors ses enfans par la main, elle leur fit voir toutes les poupées, toutes les mécaniques qui y étaient rangées, et leur dit qu'elle avait eu le projet de leur donner de jolies étrennes ; mais que le froid rendait les pauvres si malheureux, que tout son argent avait été employé en couvertures, en hardes, pour les garantir de la rigueur de la saison et leur donner du pain ; ainsi, que cette année ils n'auraient que le plaisir de voir toutes ces nouveautés. Rentrée dans son intérieur avec ses enfans, elle dit qu'il y avait cependant une dépense indispensable à faire; que sûrement un grand nombre de mères feraient cette année la même réflexion qu'elle; que le marchand de joujoux devait y perdre, et qu'elle lui donnait cinquante louis pour l'indemniser de ses frais de voyage et le consoler de n'avoir rien vendu.

Une chose, fort simple en elle-même, et qui eut, à raison de l'esprit qui régnait alors, des résultats très-défavorables pour la reine, fut l'acquisition de Saint-Cloud.

Le palais de Versailles, tourmenté en dedans par une infinité de distributions nouvelles, et mutilé dans son ordonnance, tant par la suppression de l'escalier des ambassadeurs, que par celle du péristyle à colonnes placé au fond de la cour de marbre, avait également besoin de réparations pour la solidité et la beauté du monument. Le roi demanda donc à M. Micque plusieurs plans pour la restauration du palais. Il me consulta sur quelques distributions analogues au service de la reine, et demanda, en ma présence, à M. Micque, ce qu'il fallait d'argent pour exécuter la totalité de ses plans, et combien d'années il emploierait à cet ouvrage. J'ai oublié le nombre de millions qui furent indiqués; mais je me souviens que M. Micque

répondit que six années suffiraient pour terminer toute l'entreprise, si le Trésor royal pouvait effectuer les paiemens sans aucun retard. « Et combien
» d'années demandez-vous, dit le roi, si les paie-
» mens ne sont pas aussi exacts ? — *Dix ans*, Sire,
» répondit l'architecte. — Il faut alors compter sur
» dix années, reprit Sa Majesté, et remettre cette
» grande entreprise à l'année 1790 ; *cela occupera le*
» *reste du siècle.* » Le roi parla ensuite de la baisse qu'avaient éprouvée les propriétés à Versailles pendant le temps où le régent avait fait transporter la cour de Louis XV aux Tuileries, et dit qu'il faudrait aviser aux moyens de parer à cet inconvénient : ce fut ce projet qui favorisa celui de l'acquisition de Saint-Cloud. La première idée en était venue à la reine, un jour qu'elle s'y promenait en calèche avec la duchesse de Polignac et la comtesse Diane ; elle en parla au roi à qui cela convint très-fort : cette acquisition favorisait l'intention qu'il avait de quitter Versailles pendant dix années consécutives.

Le roi se proposait de faire rester à Versailles les ministres et les bureaux, les pages et une grande partie de ses écuries. MM. de Breteuil et de Calonne furent chargés de traiter l'affaire de l'acquisition de Saint-Cloud avec M. le duc d'Orléans, et l'on crut d'abord qu'elle serait faite par de seuls échanges : la valeur du château de Choisy, de celui de la Muette et d'une forêt, formait la somme demandée par la maison d'Orléans, et, dans cet échange dont la reine se flattait, elle ne vit qu'une économie à obtenir, au lieu d'une augmentation de dépense. On supprimait par cet arrangement le gouvernement de Choisy, qu'avait le duc de Coigny, et celui de la Muette, qui était au maréchal de Soubise. On avait de même à supprimer les deux conciergeries et tous les serviteurs employés dans ces deux maisons royales; mais pendant qu'on traitait cette affaire, MM. de Breteuil et de Calonne cédèrent sur l'article des échanges, et plusieurs millions en numéraire remplacèrent la valeur de Choisy et de la Muette.

La reine conseilla au roi de lui donner Saint-Cloud, comme un moyen d'éviter d'y établir un gouverneur, son projet étant de n'y avoir qu'un simple concierge, ce qui épargnerait toutes les dépenses qu'amenaient les gouverneurs des châteaux. Le roi y consentit. Saint-Cloud fut acheté pour la reine : elle fit prendre sa livrée aux suisses des grilles, aux garçons du château, etc., comme à ceux de Trianon, où le concierge de cette maison avait fait afficher quelques règlemens de police intérieure, avec ces mots : *De par la reine*. Cet usage fut imité à Saint-Cloud. Cette livrée de la reine à la porte d'un palais où l'on ne croyait trouver que celle du roi, ces mots : *De par la reine*, à la tête des imprimés collés auprès des grilles, firent une grande sensation et produisirent un effet très-fâcheux, non-seulement dans le peuple, mais parmi les gens d'une classe supérieure : on y voyait une atteinte portée aux usages de la monarchie, et les usages tiennent de près aux lois. La reine en fut instruite et crut que sa dignité serait compromise, si elle faisait changer la forme de ces règlemens, qui même pouvait être supprimée sans inconvénient. « Mon nom n'est » point déplacé, disait-elle, dans les jardins qui » m'appartiennent ; je puis y donner des ordres » sans porter atteinte aux droits de l'État. » Ce fut la seule réponse qu'elle fit aux représentations que quelques serviteurs fidèles crurent pouvoir se permettre de lui adresser à ce sujet. Le mécontentement que les Parisiens en manifestèrent porta sans doute M. d'Esprémenil, à l'époque des premiers troubles du parlement, à dire qu'il était également *impolitique* et *immoral* de voir des palais appartenir à une reine de France (1) : ainsi, un

---

(1) La reine n'oublia jamais cette offense de M. d'Esprémenil; elle disait qu'ayant été faite dans un temps où l'ordre social n'était pas encore troublé, elle en avait éprouvé la peine la plus vive. Peu de temps avant la chute du trône, M. d'Esprémenil ayant embrassé hautement le parti du roi, fut insulté, par les jacobins, dans le jardin des Tuileries, et si maltraité qu'on le rapporta chez lui fort malade. A raison des opinions royalistes qu'il professait alors, quelqu'un invita la reine à envoyer savoir de ses nouvelles ; elle répondit qu'elle était vraiment affligée de ce qui arrivait à M. d'Esprémenil, mais que la politique ne la mènerait jamais jusqu'à donner des preuves d'un intérêt particulier à l'homme qui, le premier, avait porté l'atteinte la plus outrageante à son caractère.

(*Note de madame Campan.*)

changement opéré par un motif d'économie, prit, aux yeux du public, un caractère tout différent.

La reine fut très-mécontente de la manière dont cette affaire avait été traitée par M. de Calonne; l'abbé de Vermond, le plus actif et le plus persévérant des ennemis de ce ministre, voyait avec plaisir que les moyens des gens dont on pouvait espérer de nouvelles ressources, s'épuisaient successivement, parce que cela avançait l'époque où l'archevêque de Toulouse pourrait arriver au ministère des finances.

La marine royale avait repris une attitude imposante pendant la guerre pour l'indépendance de l'Amérique; une paix glorieuse avec l'Angleterre avait réparé, pour l'honneur français, les anciens outrages de nos ennemis; le trône était environné de nombreux héritiers : les finances seules pouvaient donner de l'inquiétude; mais cette inquiétude ne se portait que sur la manière dont elles étaient administrées. Enfin la France avait le sentiment intime de ses forces et de sa richesse, lorsque deux événemens qui ne semblent pas dignes de prendre place dans l'histoire, et qui cependant en ont une marquée dans celle de la révolution française, vinrent jeter, dans toutes les classes de la société, l'esprit de sarcasme et de dédain, non-seulement sur les rangs les plus élevés, mais sur les têtes les plus augustes : je veux parler d'une comédie et d'une grande escroquerie.

Depuis long-temps Beaumarchais était en possession d'occuper quelques cercles de Paris, par son esprit et ses talens en musique, et les théâtres par des drames plus ou moins médiocres, lorsque sa comédie du Barbier de Séville lui acquit des suffrages plus marqués sur la scène française. Ses mémoires contre M. Goësman avaient amusé Paris, par le ridicule qu'ils versaient sur un parlement mésestimé; et son admission dans l'intimité de M. de Maurepas lui procura de l'influence sur des affaires importantes. Dans cette position assez brillante, il ambitionna la funeste gloire de donner une impulsion générale aux esprits de la capitale, par une espèce de drame, où les mœurs et les usages les plus respectés étaient livrés à la dérision populaire et philosophique. Après plusieurs années d'une heureuse situation, critiquer et rire étaient devenus plus généralement la disposition de l'esprit français; et lorsque Beaumarchais eut terminé son monstrueux et plaisant Mariage de Figaro, tous les gens connus ambitionnèrent le bonheur d'en entendre une lecture, les censeurs de la police ayant prononcé que cette pièce ne pouvait être représentée. Ces lectures de Figaro se multiplièrent à tel point, par la complaisance calculée de l'auteur, que, chaque jour, on entendait dire : J'ai assisté ou j'assisterai à la lecture de la pièce de Beaumarchais. Le désir de la voir représenter devint universel; une phrase qu'il avait eu l'adresse d'insérer dans son ouvrage, avait comme forcé le suffrage des grands seigneurs ou des gens puissans qui visaient à l'honneur d'être rangés parmi les esprits supérieurs : il faisait dire à son Figaro, *qu'il n'y avait que les petits esprits qui craignissent les petits écrits.* Le baron de Breteuil, et tous les hommes de la société de madame de Polignac, étaient rangés parmi les plus ardens protecteurs de cette comédie. Les sollicitations auprès du roi devenaient si pressantes, que Sa Majesté voulut juger elle-même un ouvrage qui occupait autant la société, et fit demander à M. Le Noir, lieutenant de police, le manuscrit du Mariage de Figaro. Je reçus, un matin, un billet de la reine qui m'ordonnait d'être chez elle à trois heures, et de ne point venir sans avoir dîné, parce qu'elle me garderait fort long-temps.

Lorsque j'arrivai dans le cabinet intérieur de Sa Majesté, je la trouvai seule avec le roi; un siége et une petite table étaient déjà placés en face d'eux, et sur la table était posé un énorme manuscrit en plusieurs cahiers; le roi me dit : « C'est la comédie
» de Beaumarchais, il faut que vous nous la lisiez;
» il y aura des endroits bien difficiles à cause des
» ratures et des renvois; je l'ai déjà parcourue,
» mais je veux que la reine connaisse cet ouvrage.
» Vous ne parlerez à personne de la lecture que
» vous allez faire. »

Je commençai. Le roi m'interrompait souvent par des exclamations toujours justes, soit pour louer, soit pour blâmer. Le plus souvent il se récriait: « C'est de
» mauvais goût; cet homme ramène continuelle-
» ment sur la scène l'habitude des *Concetti* italiens. »

Au monologue de Figaro, dans lequel il attaque diverses parties d'administration, mais essentiellement à la tirade sur les prisons d'État, le roi se leva avec vivacité et dit : « C'est détestable, cela ne
» sera jamais joué : il faudrait détruire la Bastille
» pour que la représentation de cette pièce ne fût
» pas une inconséquence dangereuse. Cet homme
» déjoue tout ce qu'il faut respecter dans un gou-
» vernement. » Certes, le roi avait porté le jugement auquel l'expérience a dû ramener tous les enthousiastes de cette bizarre production. « On
» ne la jouera donc point? dit la reine. — Non,
» certainement, répondit Louis XVI; vous pouvez
» en être sûre. »

Cependant on ne cessait de dire dans la société que le Mariage de Figaro allait être joué; il y avait même beaucoup de gageures à ce sujet : je n'aurais pas pu en faire moi-même, me croyant sur ce point beaucoup plus instruite que toute autre personne; je me serais bien trompée. Les protecteurs de Beaumarchais, ou plutôt de son ouvrage, comptant réussir dans le projet de le rendre public, avaient, malgré la défense du roi, fait distribuer les rôles du Mariage de Figaro aux acteurs du Théâtre-Français. Beaumarchais les avait pénétrés de l'esprit de ses personnages, et l'on voulut au moins jouir d'une représentation de ce prétendu chef-d'œuvre dramatique. Le premier gentilhomme de la chambre consentit à ce que M. de La Ferté prêtât la salle de spectacle de l'hôtel des Menus-Plaisirs à

Paris, qui servait aux répétitions de l'Opéra; on donna des billets à une foule de gens de la première classe de la société, et le jour de cette représentation fut indiqué. Le roi n'en fut instruit que le matin même, et signa une lettre-de-cachet (1), qui défendait cette représentation. Lorsque le courrier qui portait cet ordre arriva, une partie de la salle était déjà garnie de spectateurs, et les rues qui aboutissaient à l'hôtel des Menus-Plaisirs étaient remplies de voitures; la pièce ne fut point jouée. Cette défense du roi parut une atteinte à la liberté publique.

Toutes les espérances déçues excitèrent le mécontentement à tel point que les mots d'*oppression*, de *tyrannie* ne furent jamais prononcés, dans les jours qui précédèrent la chute du trône, avec plus de passion et de véhémence. La colère emporta Beaumarchais jusqu'à lui faire dire : *Eh bien! Messieurs, il ne veut pas qu'on la représente ici, et je jure, moi, qu'elle sera jouée, peut-être dans le chœur même de Notre-Dame!* On pourrait trouver un sens prophétique à ces paroles (2). Peu de temps après,

---

(1) On appelait *lettre-de-cachet* tout ordre écrit émané de la volonté du roi; cette dénomination ne s'appliquait pas seulement aux ordres d'arrestation. (*Note de madame Campan.*)

(2) Le garde-des-sceaux s'était continuellement opposé à la représentation de cette comédie. Le roi dit un jour en sa présence : « Vous verrez que Beaumarchais aura plus de crédit que M. le garde-des-sceaux. » Ce prince croyait-il dire si bien la vérité ?
(*Note de l'édit.*)

on insinua dans le monde la résolution que Beaumarchais avait enfin prise de supprimer tous les passages de son ouvrage qui pouvaient blesser le gouvernement, et, sous prétexte de juger les sacrifices faits par l'auteur, M. de Vaudreuil obtint la permission de faire jouer ce fameux Mariage de Figaro à sa maison de campagne. M. Campan y fut invité ; il avait entendu plusieurs lectures de l'ouvrage, et n'y trouva point les changemens annoncés ; il en faisait la remarque à plusieurs personnes de la cour, qui lui soutenaient que l'auteur avait fait tous les sacrifices prescrits. Chacun venait à son tour l'en entretenir ; M. Campan fut si étonné de ces assertions sur une chose évidemment fausse, qu'il leur répondit par une phrase de Beaumarchais lui-même, dans son Barbier de Séville, et prenant le ton de Bazile, leur dit : « Ma foi, Messieurs, je ne sais pas qui l'on trompe ici, tout le monde est dans le secret. » On en vint alors au fait, et on lui demanda avec instance de dire positivement à la reine que tout ce qui avait été jugé répréhensible dans la comédie de M. de Beaumarchais en avait disparu : mon beau-père se contenta de répondre que sa position à la cour ne le mettant dans le cas d'articuler son opinion que dans l'occasion où la reine lui en parlerait la première, il n'en dirait son sentiment que si elle le lui demandait. La reine ne lui en parla pas. Peu de temps après, on obtint enfin la représentation de cet ouvrage. La reine croyait que Paris allait être bien attrapé en ne voyant qu'une pièce mal conçue et dénuée d'intérêt, depuis que toutes les satires en avaient été supprimées (1). Monsieur, persuadé qu'il n'y avait pas un seul passage susceptible d'applications malicieuses ou dangereuses, se rendit à la première représentation en grande loge : tout le monde sait quel fut le fol enthousiasme du public pour cette pièce, et le juste mécontentement de Monsieur ; bientôt après la détention de l'auteur eut lieu, tandis que son ouvrage était porté aux nues, et que la cour n'aurait pas osé en suspendre les représentations (2).

---

(1) C'était aussi l'opinion de Louis XVI. « Le roi, dit Grimm, comptait que le public jugerait l'ouvrage sévèrement, et il demanda au marquis de Montesquiou, qui partait pour en voir la première représentation : Eh bien, qu'augurez-vous du succès ? — Sire, j'espère que la pièce tombera. — Et moi aussi, répondit le roi. » (*Note de l'édit.*)

(2) Il y a quelque chose de plus fou que ma pièce, disait Beaumarchais lui-même, c'est le succès. Mademoiselle Arnould l'avait prévu le premier jour en s'écriant : C'est un ouvrage à tomber cinquante fois de suite.

A la soixante-douzième représentation, il y avait autant de monde qu'à la première. Une anecdote que rapporte Grimm vint ajouter encore à la curiosité du public. Voici ce qu'on lit dans sa Correspondance :

« *Réponse de M. de Beaumarchais à M. le duc de Villequier qui lui demandait sa petite loge pour des femmes qui voulaient voir Figaro sans être vues.*

» Je n'ai nulle considération, M. le duc, pour des femmes qui se permettent de voir un spectacle qu'elles jugent malhonnête,

La reine témoigna son mécontentement à toutes les personnes qui avaient aidé l'auteur du Mariage de Figaro à surprendre le consentement du roi pour la représentation de sa comédie. Ses reproches s'adressaient plus directement à M. de Vaudreuil pour l'avoir fait jouer chez lui. Le caractère violent et dominateur de l'ami de sa favorite avait fini par lui déplaire.

---

pourvu qu'elles le voient en secret; je ne me prête point à de pareilles fantaisies. J'ai donné ma pièce au public pour l'amuser et non pour l'instruire; non pour offrir à des bégueules mitigées le plaisir d'en aller penser du bien en petite loge, à condition d'en dire du mal en société. Le plaisir du vice et les honneurs de la vertu, telle est la pruderie du siècle. Ma pièce n'est point un ouvrage équivoque. Il faut l'avouer ou la fuir.

» Je vous salue, M. le duc, et je garde ma loge. »

» C'est ainsi que cette lettre, ajoute Grimm, a couru huit jours tout Paris. D'abord on la disait adressée à M. le duc de Villequier, ensuite à M. le duc d'Aumont. Elle a été sous cette forme jusqu'à Versailles, où on l'a jugée, comme elle méritait de l'être, d'une impertinence rare; elle a paru d'autant plus insolente que l'on n'ignorait pas que de très-grandes dames avaient déclaré que, si elles se déterminaient à voir le Mariage de Figaro, ce ne serait qu'en petite loge. Les plus zélés protecteurs de M. de Beaumarchais n'avaient pas même osé entreprendre de l'excuser. Après avoir joui de ce nouvel éclat de célébrité, soit qu'il le dût à ses propres soins ou à ceux de ses ennemis, M. de Beaumarchais fut obligé d'annoncer publiquement que cette fameuse lettre n'avait jamais été écrite à un duc et pair, mais à un de ses amis dans le premier feu du mécontentement. »

Il fut prouvé que la lettre avait été écrite au président d'un parlement, et dès-lors l'indignation s'apaisa. Ce qui paraissait impertinent envers des hommes de la cour, ne l'était plus envers des hommes de robe. (*Note de l'édit.*)

Un soir que la reine rentrait de chez la duchesse, elle dit à son valet de chambre d'apporter sa queue de billard dans son cabinet, et m'ordonna d'ouvrir l'étui qui contenait cette queue. Je fus étonnée de n'en pas trouver le cadenas dont la reine portait la clef à la chaîne de sa montre. J'ouvris l'étui et j'en retirai la queue en deux morceaux. Elle était d'ivoire, et faite d'une seule dent d'éléphant; la crosse en était d'or, travaillée avec infiniment de goût. « Voilà, me dit-elle alors, de quelle manière M. de
» Vaudreuil a arrangé un bijou auquel j'attachais
» un grand prix. Je l'avais posée sur le canapé,
» pendant que je parlais à la duchesse dans le
» salon ; il s'est permis de s'en servir, et dans un
» mouvement de colère, pour une bille bloquée,
» il a frappé la queue si violemment contre le bil-
» lard, qu'il l'a cassée en deux. Le bruit me fit ren-
» trer dans la salle ; je ne lui dis pas un seul mot ;
» mais je le regardai avec l'air du mécontentement
» dont j'étais pénétrée. Il a été d'autant plus affligé
» de cet accident, qu'il vise déjà à la place de gou-
» verneur du dauphin, et qu'avec cette ambition,
» l'emportement n'est pas un défaut à laisser éclater.
» Je n'ai jamais pensé à lui pour cette place. C'est
» bien assez d'avoir agi selon mon cœur pour le
» choix d'une gouvernante, et je ne veux pas que
» celui de gouverneur du dauphin dépende en
» rien de l'influence de mes amis. J'en serais res-
» ponsable à la nation.

» Le pauvre malheureux, ajouta la reine, ne

» sait pas que ma décision est formée, car je ne
» m'en suis jamais expliquée avec la duchesse. Aussi
» jugez de la nuit qu'il a dû passer. Au reste, ce
» n'est pas le premier événement qui m'ait prouvé
» que, si les reines s'ennuient dans leur intérieur,
» elles se compromettent chez les autres. »

FIN DU TOME PREMIER.

ÉCLAIRCISSEMENS HISTORIQUES

RECUEILLIS ET MIS EN ORDRE

PAR MADAME CAMPAN.

[*] *Page* 97.

MAISON DE LA REINE.

Première charge : la surintendante.

La reine Marie Leckzinska, épouse de Louis XV, eut mademoiselle de Clermont, princesse du sang, pour surintendante de sa maison. Mademoiselle de Clermont mourut, et la reine demanda au roi de ne la point remplacer, les droits de la charge de surintendante étant si étendus, qu'ils en devenaient gênans pour la souveraine : nomination aux emplois, droit de juger les différends des possesseurs de charges, de destituer (1), d'interdire les servi-

---

(1) On était interdit par ordre du chef de la maison ou quinze jours, un mois, ou plus. La destitution était moins rare que l'interdiction; mais on signait soi-même sa démission. Il ne faut pas oublier que tous les emplois étaient charges, et que l'on avait prêté serment entre les mains de la reine, de la surintendante, de la dame d'honneur ou du chevalier d'honneur.

teurs, etc. Il n'y avait donc pas eu de surintendante depuis mademoiselle de Clermont, et la reine Marie-Antoinette n'en eut point à l'époque de l'avènement à la couronne. Mais peu de temps après, touchée de l'existence de la jeune princesse de Lamballe, restée veuve et sans enfans, la reine voulut lui donner plus de considération personnelle en la fixant à la cour, et la fit nommer surintendante de sa maison. Elle séjourna habituellement à Versailles, dans le commencement de sa nomination, et mettait une très-grande importance à l'exécution fidèle de tous les devoirs de sa place. La reine la restreignit un peu sur ceux qui contrariaient ses volontés, et la liaison intime de la reine avec madame de Polignac s'étant ensuite établie, la princesse fut moins assidument à la cour. Son dévouement au moment où tous les grands du royaume se livrèrent au système de l'émigration, la porta à rentrer en France, et à ne plus quitter la reine, alors privée de tous ses amis, et de cette société intime qui avait établi une sorte d'éloignement entre la reine et la surintendante ; la fin tragique de cette intéressante princesse ajoute encore à l'intérêt que son zèle et sa fidélité doivent inspirer. La princesse surintendante était, de plus, chef du conseil de la reine, mais à ce titre, ses fonctions ne devenaient importantes qu'en cas de régence.

Dame d'honneur : madame la princesse de Chimay.

La place de dame d'honneur perdant beaucoup

de ses avantages par la nomination d'une surintendante, madame la maréchale de Mouchy donna sa démission ; lorsque la reine accorda ce titre à madame la princesse de Lamballe, la dame d'honneur nommait aux emplois et aux charges ; recevait les prestations de serment en l'absence de la surintendante ; faisait les présentations ; envoyait les invitations au nom de la reine pour les voyages de Marly, de Choisy, de Fontainebleau, pour les bals, les soupers, les chasses ; le renouvellement du mobilier, du linge et des dentelles de lit et de toilette, se faisait par ses ordres. Le chef du garde-meuble de la reine travaillait avec la dame d'honneur sur ces objets ; le renouvellement des draps, serviettes, chemises, dentelles, avait lieu, jusqu'à l'époque où M. de Silhouette fut nommé contrôleur-général, tous les trois ans ; ce ministre fit prononcer à Louis XV qu'il ne se ferait que tous les cinq ans. M. Necker, à son premier ministère, éloigna encore l'époque du renouvellement de deux années, et il n'eut plus lieu que tous les sept ans. La réforme entière appartenait à la dame d'honneur. Lorsqu'on allait au-devant d'une princesse étrangère, à l'époque de son mariage avec l'héritier présomptif ou un fils de France, l'étiquette était de lui porter son trousseau ; et dans le pavillon construit ordinairement sur les frontières, on déshabillait la jeune princesse, et on changeait jusqu'à sa chemise ; mais les cours étrangères n'en fournissaient pas moins de très-beaux trousseaux qui appartenaient aussi, comme droit, à la dame d'honneur et à la dame d'atours. Il est à remarquer que les émolumens et les profits de toute espèce appartenaient ordinairement aux grandes charges. A la mort de Marie Leckzinska, la totalité du mobilier de sa chambre fut remise à la comtesse de Noailles, depuis maréchale de Mouchy, à l'exception de deux grands lustres de cristal de roche que Louis XV ordonna de conserver comme meubles de la couronne. La dame d'atours était chargée du soin de commander les étoffes, les robes, les habits de cour; de régler, de payer les mémoires; tous lui étaient soumis et n'étaient acquittés que sur sa signature et ses ordres, depuis les souliers, jusqu'aux habits brodés à Lyon. Je crois que la somme annuelle fixe était de cent mille francs pour cette partie de dépense, mais il pouvait y avoir des sommes additionnelles, lorsque les fonds assignés pour cet objet étaient insuffisans; la dame d'atours faisait vendre à son profit les robes et parures réformées; les dentelles pour coiffure, manchettes, robes, étaient fournies par elle, et séparées de celles qui regardaient la dame d'honneur. Il y avait un secrétaire de la garde-robe, chargé de la tenue des livres, du paiement et des lettres qu'exigeait ce détail.

La dame d'atours avait aussi, sous ses ordres, une première femme des atours chargée du soin et de l'entretien de tous les habillemens de la reine; deux femmes pour plier et repasser les objets qui en étaient susceptibles; deux valets de garde-robe et un garçon de garde-robe : ce dernier était chargé de transporter à l'appartement, tous les matins, des corbeilles, couvertes en taffetas, qui contenaient tout ce que la reine devait porter dans le jour, et de grandes toilettes, en taffetas vert, qui enveloppaient les grands habits et les robes. Le valet de garde-robe de service présentait, tous les matins, à la première femme de chambre, un livre sur lequel étaient attachés les échantillons des robes, grands habits, robes déshabillées, etc. Une petite portion de la garniture indiquait de quel genre elle était ; la première femme présentait ce livre, au réveil de la reine, avec une pelotte ; S. M. plaçait des épingles sur tout ce qu'elle désirait pour la journée : une sur le grand habit qu'elle voulait, une sur la robe déshabillée de l'après-midi, une sur la robe parée, pour l'heure du jeu ou le souper des petits appartemens. On reportait ce livre à la garde-robe, et bientôt on voyait arriver, dans de grands taffetas, tout ce qui était nécessaire pour la journée. La femme de garde-robe, pour la partie du linge, apportait de son côté une corbeille couverte contenant deux ou trois chemises, des mouchoirs, des frottoirs ; la corbeille du matin s'appelait *le prêt* du jour : le soir elle en apportait une contenant la camisolle, le bonnet de nuit et les bas pour le lendemain matin ; cette corbeille s'appelait *le prêt* de nuit : ces deux objets étaient du ressort de la dame d'honneur, le linge ne concernant point la dame d'atours. Rien n'était rangé, rien n'était soigné par les femmes de la reine.

Aussitôt la toilette terminée, on faisait entrer les valets et garçons de garde-robe qui emportaient le tout pêle-mêle dans ces mêmes toilettes de taffetas, à la garde-robe des atours, où tout était reployé, suspendu, revu, nettoyé avec un ordre et un soin si étonnans, que les robes même réformées avaient tout l'éclat de la fraîcheur : la garde-robe des atours consistait en trois grandes pièces environnées d'armoires, les unes à coulisses, les autres à porte-manteau ; de grandes tables, dans chacune de ces pièces, servaient à étendre les robes, les habits, et à les reployer.

La reine avait ordinairement, pour l'hiver, douze grands habits, douze petites robes dites de fantaisie, douze robes riches sur panier, servant pour son jeu ou pour les soupers des petits appartemens.

Autant pour l'été ; celles du printemps servaient en automne ; toutes ces robes étaient réformées à la fin de chaque saison, à moins qu'elle n'en fît conserver quelques-unes qu'elle avait préférées. On ne parle point des robes de mousseline, percale ou autres de ce genre ; l'usage en était récent, mais ces robes n'entraient pas dans le nombre de celles fournies à chaque saison : on les conservait plusieurs années. Les premières femmes étaient chargées de la garde, du soin et de la révision des diamans. Ce détail important avait été anciennement confié à la dame d'atours, mais depuis bien des années il était du nombre des fonctions des premières femmes de chambre.

Chambre de la reine.

Il n'y avait autrefois qu'une seule première femme de chambre. Le revenu considérable de cette place, la faveur dont elle était ordinairement accompagnée, firent juger nécessaire de la partager.

La reine en avait deux et deux survivancières:

Madame de Misery, titulaire, fille de M. le comte de Chemant, et, par sa mère qui descendait d'une Montmorency, cousine de M. le prince de Tingry qui lui donnait ce titre en présence même de la reine;

— Madame Campan, titre survivance;

— Madame Thibaut, titulaire, ancienne femme de chambre de la reine Marie Leckzinska;

— Madame Regnier de Jarjaye, en survivance; son mari officier de l'état-major de l'armée avec le grade de colonel.

Les fonctions des premières femmes étaient de veiller à l'exécution de tout le service de la chambre, de recevoir l'ordre de la reine pour les heures du lever, de la toilette, des sorties, des voyages. Elles étaient de plus chargées de la cassette de la reine, du paiement des pensions et gratifications. Les diamans leur étaient aussi confiés. Elles avaient les honneurs du service, quand les dames d'honneur ou d'atours étaient absentes, et les remplaçaient de même pour faire les présentations à la reine. Leurs appointemens n'excédaient pas douze mille francs ; mais la totalité des bougies de la chambre, des cabinets et du salon de jeu, leur appartenait chaque jour, allumées ou non, et cette rétribution faisait monter leur charge à plus de cinquante mille francs pour chacune. Les bougies du grand cabinet du *salon des nobles*, pièce qui précédait la chambre de la reine, celles des antichambres et corridors, appartenaient aux garçons de la chambre. Les robes négligées étaient, à chaque réforme, portées, par ordre de la dame d'atours, aux premières femmes. Les grands habits, robes de parure et tous les autres accessoires de la toilette de la reine appartenaient à la dame d'atours elle-même.

Les reines étaient très-circonspectes sur le choix de leurs premières femmes ; elles eurent toujours soin de les prendre parmi les douze femmes ordinaires, pour les mieux connaître et soustraire cette place de confiance aux intrigues de la cour ou de la capitale. La reine Marie-Antoinette, ayant connu madame Campan lorsqu'elle était lectrice des filles de Louis XV, et voulant se l'attacher comme première femme, lui donna la promesse de cette place ; mais pendant plusieurs années, elle remplit celle de femme ordinaire. Une dame de famille noble, très-aimée de la reine qui l'avait distinguée, à son arrivée en France, parmi ses femmes, et qui se flattait d'avoir la place de première, en fut privée parce qu'elle avait eu l'imprudence de profiter de la bienveillance de la jeune dauphine, pour faire payer deux fois ses dettes au moment où elle espérait être nommée à la place de première. La dauphine, devenue reine, donna pour motif de son refus qu'il était trop imprudent de donner la garde de son argent aux gens connus par leur désordre; qu'on exposait, non-seulement le dépôt, mais l'honneur des familles. La reine adoucit ce refus en plaçant les enfans de cette dame à Saint-Cyr et à l'École militaire, et en leur accordant des pensions. Lorsqu'il fut question, à l'époque de la Constitution, de recréer la maison en abolissant les titres de dames et chevaliers d'honneur, et que le roi voulut porter une économie sévère dans toutes les parties de sa dépense et de celle de la reine, on arrêta la suppression du renouvellement journalier des bougies. La charge de première femme se trouvait, par cette réforme, privée de son plus fort revenu. Le roi, en travaillant avec M. de La Porte, le fixa à vingt-quatre mille livres, en ajoutant qu'elles auraient de plus les fonctions et les bénéfices des dames d'atours dont la charge serait supprimée; qu'il fallait que les premières femmes fussent choisies parmi des femmes estimables et bien nées, et que leur traitement les mît toujours au-dessus des dangers de l'intrigue ou de la corruption. Le plan de la maison, formée d'après les lois constitutionnelles, fut arrêté, mais la seule partie militaire fut mise en activité.

La reine avait douze femmes ordinaires;

Madame de Malherbe, femme d'un ancien commissaire des guerres, maître-d'hôtel de la reine; morte depuis la révolution;

— Madame de Frégals, fille de M. Émengard de Beauval, major de la ville de Compiègne, lieutenant des chasses, et femme d'un capitaine de cavalerie; elle vit dans ses terres en Picardie, et a de la fortune;

— Madame Regnier de Jarjaye, en même temps première femme en survivance. Son mari est retiré du service. Ils vivent à Paris dans une honnête aisance;

— Madame Campan, en même temps première femme en survivance et lectrice des princesses filles de Louis XV, ne remplissait depuis long-temps que les fonctions de la place de première; madame de Misery, sa titulaire, étant retirée dans sa terre de Biache, près Péronne;

— Madame Auguié, morte victime de la révolution pour avoir prêté vingt-cinq louis à la reine pendant les deux jours qu'elle passa aux Feuillans. M. Auguié était alors receveur-général des finances du duché de Lorraine et de Bar, et administrateur des subsistances;

— Madame Térasse des Mareilles. Son mari est placé dans une administration. Sa fille a épousé le frère de M. Miot, conseiller d'État;

— Mademoiselle de Marolles. Demoiselle de Saint-Cyr, restée pauvre, retirée dans sa province, aux environs de Tours.

— Madame Cardon, veuve du major d'Arras, restée avec de la fortune, vivant dans ses terres;

— Madame Arcambal. Son mari et son beau-frère sont placés dans le département de la guerre;

— Madame de Gougenot. Son mari, gentilhomme, propriétaire fort riche, receveur-général des régies, maître-d'hôtel du roi, est mort victime de la révolution. Elle vit retirée à Paris et dans l'aisance. Elle serait restée fort riche, si elle avait eu des enfans;

— Madame de Beauvert, femme d'un commissaire des guerres, ancien mousquetaire, chevalier de Saint-Louis. Restée fort pauvre;

— Madame Le Vacher, morte. Son mari est actuellement receveur des octrois de Marseille.

— Madame Henri. Son mari est actuellement dans les bureaux de la guerre. Son père était chargé en chef de la liquidation de la liste civile. Ils ont beaucoup d'enfans.

Les huit femmes de la reine les plus anciennes réunissaient trois mille six cents francs de traitement.

Les quatre dernières avaient deux mille quatre cents livres.

On avait trois cents livres de moins sur les appointemens, lorsqu'on obtenait un logement dans le château de Versailles ou dans le grand commun. Lorsque le roi allait à Compiègne en juillet, et à Fontainebleau en octobre, on ajoutait trois cents livres par voyage aux appointemens des femmes, pour les indemniser des frais de déplacement. On doit observer qu'avec économie ces voyages faisaient dépenser mille ou douze cents livres. Mais les maris de ces dames avaient tous des états honorables et lucratifs, et l'on ne considérait nullement les appointemens de ces sortes de places; l'appui et la protection de la reine étaient les seules raisons qui les faisaient briguer. J'ai vu un moment où la moins fortunée jouissait de quinze à vingt mille francs de revenu, tandis que quelques-unes d'entre elles avaient, par l'état de leurs maris, depuis soixante jusqu'à quatre-vingt mille francs par an; mais ces fortunes venaient des emplois de finances, des places accordées ou du bien patrimonial, et n'étaient nullement puisées sur le Trésor royal, les pensions accordées étant rares et peu considérables.

On n'accordait point de retraite aux premières femmes; elles conservaient la totalité des émolumens de leur place trop considérable pour qu'on pût les indemniser. Les survivancières les remplaçaient à la cour, et avaient six mille livres d'appointemens.

Les femmes de chambre ordinaires obtenaient quatre mille livres de pension après trente années révolues de service, trois mille livres après vingt-cinq ans, deux mille livres après vingt années de fonctions.

Les douze femmes servaient quatre par semaine,

deux par jour ; ainsi les quatre femmes qui avaient servi une semaine, avaient quinze jours de repos, à moins qu'on n'eût besoin d'une remplaçante, et, dans la semaine de service, elles avaient encore deux ou trois jours d'intervalle. Le service en femmes n'avait de table que lorsqu'on quittait Versailles. Les premières avaient leur cuisine et leur cuisinier. Les autres se faisaient apporter à dîner dans leur appartement.

Femme de garde-robe : la nommée R.........

Cette femme était chargée de tous les détails qui concernaient sa place, mais son service durant toute l'année la rendait fort utile pour beaucoup d'objets du service de domesticité intérieure, qui auraient été mal exécutés par des femmes de la classe de celles qui servaient la reine. Son utilité et les bontés de sa maîtresse l'avaient rendue malheureusement trop nécessaire. On ne put lui cacher quelques détails relatifs au départ pour Varennes, et il paraît démontré qu'elle avait trahi les secrets de la reine en les communiquant à des députés ou à des membres de la commune de Paris. Elle était sous les ordres directs de la première femme qui, assez ordinairement, en cas de vacance, procurait cette place à sa propre femme de chambre. Lorsque la reine, à son retour de Varennes, renvoya la dame R........., elle la remplaça par la gouvernante du fils de madame Campan.

Il y avait aussi deux baigneuses chargées de tout ce qui regardait les bains, et en ayant fait une étude particulière. Les fleurs, les vases, les porcelaines et tout ce qui décorait l'appartement, étaient soignés tous les matins par une femme de garde-robe, qui n'avait pas d'autres fonctions.

Maître de la garde-robe.

Cette charge, importante chez les princes, n'était qu'un simple titre chez une princesse, la dame d'atours étant chargée de tout ce qui concernait cette partie, et ayant sous ses ordres un secrétaire de la garde-robe pour la correspondance et la liquidation. La charge de maître de la garde-robe était cependant de soixante mille francs. Elle était possédée par le comte de La Morlière, mort général il y a quelques années, et, en survivance, par M. Poujaud, fermier-général. Les seules prérogatives se bornaient à l'entrée de la chambre.

Premier valet de chambre

Les fonctions de la première femme avaient de même réduit cette charge au seul avantage du titre et des entrées à la toilette. La finance en était de quarante mille francs.

Porte-manteau ordinaire.

Cette charge avait des fonctions journalières et

très-assidues. Il fallait être noble, fils d'anobli, ou décoré de la croix de Saint-Louis pour la posséder; le chevalier d'honneur, étant obligé de le recevoir dans la voiture de suite où il était, n'y eût pas consenti sans cette condition. Le titulaire de cette charge éprouvait un désagrément habituel, étant obligé, par l'étiquette, de céder la queue de la robe de la reine à son page toutes les fois que Sa Majesté entrait dans la chapelle ou dans les appartemens intérieurs du roi. Ainsi, après avoir porté la robe dans les grands appartemens et la galerie des glaces, il la cédait au page à l'entrée de la chapelle et de l'appartement du roi. Il gardait le manteau ou la pelisse de la reine, mais les présentait au chevalier d'honneur ou au premier écuyer, si la reine désirait s'en servir. Cet usage était ce qu'on appelait rendre les honneurs du service, et s'observait toujours de la charge inférieure à la supérieure.

Secrétaires des commandemens : MM. Augeard et Beaugeard.

Ils étaient chargés de faire signer à la reine les ordonnances des paiemens des offices de sa maison, ce qu'elle faisait exactement tous les trois mois à l'heure de sa toilette.

Les secrétaires des commandemens étaient aussi chargés de répondre aux lettres d'étiquette, telles que celles des souverains sur les naissances, les morts, etc. La reine signait seulement ces sortes de lettres.

Le secrétaire particulier des secrétaires des commandemens prenait tous les dimanches, sur la commode de la chambre de la reine, la totalité des placets qui lui avaient été présentés pendant le cours de la semaine. Il en faisait un relevé, et ils étaient envoyés par le secrétaire des commandemens aux différens ministères. Il en résultait ordinairement fort peu de chose pour les solliciteurs, à moins qu'il ne se trouvât parmi ces mémoires des réclamations de toute justice; mais au moins on était sûr que les certificats originaux, les titres de famille, que l'on a souvent l'imprudence de joindre aux mémoires ou pétitions, étaient fidèlement renvoyés. La reine emportait dans son cabinet particulier tous les mémoires qu'elle avait le projet d'apostiller ou de remettre elle-même aux ministres.

Surintendant des finances, domaines et affaires :
M. Bertier, intendant de Paris.

Cette charge était presque sans fonctions.

Intendant de la maison et des finances : M. Gabriel de Saint-Charles.

Point de fonctions.

Lecteur : M. l'abbé de Vermond.

Ce simple titre fait peu connaître les fonctions et le pouvoir de cet homme. Ayant été l'instituteur de la reine avant son mariage, il avait conservé un pouvoir absolu sur son esprit. Il était son secrétaire intime, son confident, et malheureusement son conseiller.

Lectrice : Madame la comtesse de Neuilly ; Madame de La Borde en survivance.

Cette dernière dame a épousé depuis peu d'années M. de Rohan-Chabot ; son premier mari a été victime de la révolution. Il avait été premier valet de chambre de Louis XV, et était frère de la comtesse d'Angiviller.

La charge de lectrice fut sans fonctions sous la règne de Marie-Antoinette, l'abbé de Vermond s'étant opposé à ce que la lectrice eût l'avantage de lire à la reine ; il trouvait bon cependant que les femmes ou premières femmes le remplaçassent. Madame Campan avait habituellement cet honneur.

Secrétaire du cabinet : M. Campan.

Il était chargé de toute la partie de correspondance qui ne regardait pas les secrétaires des commandemens ou l'abbé de Vermond. Il possédait la confiance de sa maîtresse, et remplaça l'abbé de Vermond qui émigra le 17 juillet 1789, jusqu'à sa fin arrivée en septembre 1791. La reine voulut bien donner des larmes à sa mort occasionée par la douleur que ce serviteur fidèle éprouva pendant les scènes sanglantes de la révolution. Son sang tourna entièrement dans la nuit du 5 au 6 octobre, à Versailles, et les premiers symptômes d'une hydropisie de poitrine se manifestèrent le lendemain.

M. Campan était de plus bibliothécaire de la reine depuis son arrivée en France, quoiqu'elle en eût laissé le titre à M. Moreau, historiographe de France. Elle était arrivée de Vienne avec de fortes préventions contre cet homme de lettres dont, à la vérité, le caractère et la conduite politiques avaient souffert pendant les troubles parlementaires, vers la fin du règne de Louis XV. Elle lui fit notifier de remettre les clefs de sa bibliothèque à M. Campan, en lui faisant dire que, respectant la nomination du roi, elle lui laissait son titre et les appointemens de sa place.

Il est à présumer que l'abbé de Vermond, pendant qu'il remplissait ses fonctions d'instituteur à Vienne, avait été effarouché de la nomination d'un homme de lettres à la place de bibliothécaire de la jeune dauphine, d'autant que M. Moreau, charmé de son nouveau poste, avait fait imprimer un ouvrage ayant pour titre : *Bibliothèque de madame la dauphine.* Il y traçait un cours d'histoire et d'étude pour la princesse. L'abbé de Vermond, voulant rester seul chargé de ce genre de fonctions, prépara de loin si parfaitement sa chute qu'il la fit à son premier pas. Ce M. Moreau vient de mourir très-âgé, à sa terre de Chambourcy près de Saint-

Germain. Cette disgrâce, dont il fut si vivement affecté, a probablement préservé ses jours et sauvé sa fortune.

La reine avait :

Deux valets de chambre *ordinaires*;

Un huissier *ordinaire*;

(Les fonctions des charges, ayant cette dénomination d'*ordinaire*, étaient de remplacer ceux qui ne pouvaient venir faire leur service de quartier.)

Quatre huissiers de la chambre servant par quartier;

Deux huissiers du cabinet;

Deux huissiers de l'antichambre;

Huit valets de chambre par quartier;

Six garçons de la chambre, ou, pour donner une idée plus juste de cette charge, *valets de chambre de la chambre à coucher*. Ces six charges, chez la reine et chez le roi, étaient très-préférées à celles de valets de chambre, parce qu'elles étaient beaucoup plus dans l'intérieur. Chez le roi, elles étaient montées successivement à quatre-vingt mille francs de finances.

Un valet de garde-robe ordinaire;

Deux valets de garde-robe, servant six mois chacun;

Un garçon de garde-robe, transportant les toilettes de taffetas et les corbeilles de la chambre à la garde-robe des atours.

Un garde-meuble ordinaire de la chambre :
M. Bonnefoi du Plan.

Il était de plus concierge du petit Trianon. C'est lui qui a fait dessiner et exécuter l'armoire ou espèce de secrétaire destiné à serrer les bijoux de la reine, et qui est actuellement à Saint-Cloud. Son nom et l'année où a été fait ce meuble remarquable par sa richesse et les peintures dont il est orné, sont gravés sur une plaque de cuivre qui est dans le fond du meuble. Boulard, fameux tapissier de Paris, a été long-temps garçon du garde-meuble sous les ordres de Bonnefoi.

Quatre valets de chambre tapissiers.

Ils venaient faire le lit le matin et le découvrir le soir.

La reine avait deux coiffeurs uniquement attachés à sa personne : ils étaient frère et cousin du fameux coiffeur Léonard. Ce dernier avait aussi une charge de coiffeur, mais ne quittait pas Paris, et venait seulement le dimanche à midi, pour la toilette de la reine. Il se rendait aussi à Versailles les jours de fêtes ou de bals. Il est actuellement à Saint-Pétersbourg.

Son frère a été guillotiné à Paris; son cousin est mort en émigration. C'étaient de fort bons et fidèles serviteurs.

Faculté.

Un premier médecin : M. Vicq-d'Azyr depuis la mort de M. de Lassone ;

Un médecin ordinaire : M. de Lassone le fils ;

Un premier chirurgien : M. de Chavignac ;

Un chirurgien ordinaire servant pour la maison ;

Deux chirurgiens du commun, soignant la livrée, les cuisines et les gens d'écurie ;

Un apothicaire du corps ;

Un apothicaire du commun ;

Une apothicairerie très-bien montée où le service inférieur faisait prendre les drogues et remèdes nécessaires. Tout ce qui était au-dessus de la classe des valets de pied, ou cuisiniers, ne croyait pas devoir faire usage de ce droit, mais en avait la liberté.

Bouche.

Un premier maître-d'hôtel : M. le marquis de Talaru ;

Un maître-d'hôtel ordinaire : M. Chalut de Vérin.

M. de Guimps, en survivance.

MM. Dufour et Campan fils, en survivance ;

Cosson de Guimps ;

De Malherbe, en survivance ;

Despriez, Moreau d'Olibois, en survivance ;

Clément de Ris.

Ces charges exigeaient la noblesse. Les maîtres-d'hôtel remplaçaient les écuyers de main, si par hasard la reine en manquait pour sortir en grand cortége. — Ils faisaient par quartier, à Versailles, comme dans les voyages, les honneurs d'une table à laquelle étaient admis le lieutenant et l'exempt des gardes de service, l'écuyer de main ordinaire avec celui de quartier, et l'aumonier de la reine.

La reine avait :

Un gentilhomme servant ordinaire,

Douze gentilshommes servant par quartier.

Leurs fonctions étaient de mettre sur table, au diner du roi et de la reine, et au grand couvert.

Malgré ce titre de gentilhomme, cette place n'exigeait pas la noblesse.

Un contrôleur-général de la maison de la reine :
M. Mercier de la Source.

Il inspectait et réglait toutes les dépenses de la bouche, étant comme intermédiaire entre la maison de la reine et le Trésor royal ; il avait le pouvoir, sur la seule demande de la reine, en cas de dépense extraordinaire, de demander une addition de fonds ; la reine ne s'est servie de cette facilité que très-rarement, et pour des choses relatives à la protection qu'elle devait accorder aux arts.

Ce fut M. de la Source qui jugea, de cette manière, la somme accordée pour l'édition in-quarto de Métastase : hommage que la reine crut devoir rendre à cet auteur célèbre, son ancien maître d'italien à la cour de Vienne.

Quatre contrôleurs de la bouche, servant par quartier.

Un contrôleur ordinaire chargé spécialement de la table de la reine.

Écuries.

Premier écuyer : M. le comte de Tessé.

M. le duc de Polignac ; en survivance.

Écuyer cavalcadour : M. de Salvert.

Gouverneur des pages : M. de Perdreauville.

Un précepteur ;

Un aumonier ;

Et tous les maîtres employés à l'éducation des pages du roi.

Douze pages.

Chevalier d'honneur : M. le comte de Saulx-Tavannes.

Un écuyer ordinaire : M. Petit de Vievigne.

Écuyers par quartier :

MM. de Wallans ;

de Billy ;

Le chevalier de Vaussay de Beauregard ;

Le comte de Saint-Angel.

Chapelle.

Un grand-aumonier : M. l'évêque duc de Laon.

Un premier aumonier : M. l'évêque de Meaux.

Aumonier ordinaire : M. l'abbé de Beaupoil de Saint-Aulaire.

Confesseur : M. l'abbé Poupart.

Quatre aumoniers par quartier.

Un aumonier ordinaire.

Quatre chapelains par quartier.

Un chapelain ordinaire.

Élèves de chapelle.

Quatre élèves de chapelle par quartier.

Un élève de chapelle ordinaire.

Deux sommiers de la chapelle.

Il y avait encore une infinité de charges, surtout pour la bouche, telles qu'écuyer de la bouche, chef de la panneterie, du gobelet, officiers, etc. Mais ils n'avaient aucune occasion de servir directement auprès de la reine.

La reine avait douze valets de pied.

L'Almanach de Versailles et les anciens états contiennent la totalité des emplois inférieurs.

[**] *Page* 178.

DÉTAILS SUR L'ÉTIQUETTE.

Intérieur de la reine, et distribution de sa journée.

Lorsque le roi couchait chez la reine, il se levait toujours avant elle; l'heure précise était donnée à la première femme de chambre qui entrait, précédée d'un garçon de la chambre portant un bougeoir; elle traversait la chambre, allait ôter le verrou de la porte qui séparait l'appartement de la reine de celui du roi. Elle y trouvait le premier valet de chambre de quartier et un garçon de la chambre. Ils entraient, ouvraient les rideaux du lit du côté où était le roi, lui présentaient des pantoufles, ordinairement en étoffe d'or ou d'argent, comme la robe de chambre qu'il passait dans ses bras. Le premier valet de chambre reprenait une épée courte qui était toujours placée dans l'intérieur de la balustrade du roi. Quand le roi couchait chez la reine, on apportait cette épée sur le fauteuil destiné au roi, et qui était placé près du lit de la reine, dans l'intérieur de la balustrade décorée qui environnait son lit. La première femme reconduisait le roi jusqu'à la porte, refermait le verrou, et sortant de la chambre de la reine, n'y rentrait qu'à l'heure indiquée la veille par Sa Majesté. Le soir, la reine était couchée avant le roi; la première femme restait assise au pied de son lit jusqu'à l'arrivée de Sa Majesté, pour reconduire, comme le matin, le service du roi, et mettre le verrou après leur sortie. Le réveil de la reine était habituellement à huit heures, son déjeuner à neuf, souvent dans son lit, quelquefois debout, sur une petite table en face de son canapé.

Pour détailler convenablement le service intérieur de la reine, il faut rappeler que toute espèce de service était *honneur*, et n'avait pas même d'autre dénomination. *Rendre les honneurs du service* était présenter le service à une charge d'un grade supérieur qui arrivait au moment où on allait s'en acquitter; ainsi, en supposant que la reine eût demandé un verre d'eau, le garçon de la chambre présentait à la première femme une soucoupe de vermeil, sur laquelle étaient placés un gobelet couvert et une petite carafe; mais la dame d'honneur survenant, elle était obligée de lui présenter la soucoupe, et si Madame ou madame la comtesse d'Artois entrait en ce moment, la soucoupe passait encore des mains de la dame d'honneur dans celles de la princesse, avant d'arriver à la reine. Il faut observer cependant que s'il était entré une princesse du sang, au lieu d'une personne de la famille même, le service passait directement de la première femme à la princesse du sang, la dame d'honneur étant dispensée de le rendre, à moins que ce ne fût aux princesses de la famille royale. On ne présentait rien directement à la reine; son mouchoir, ses gants étaient placés sur une soucoupe longue, d'or ou de vermeil, qui se trouvait, comme meuble d'étiquette, sur la commode, et qui se nommait *gantière*. La première femme lui présentait, de cette manière, tout ce dont elle avait besoin, à moins que ce ne fût la dame d'atours, la dame d'honneur, ou une princesse, et toujours en observant la gradation indiquée pour le verre d'eau.

La reine déjeunant dans son lit, ou levée, les petites entrées étaient également admises; elles étaient accordées, de droit, à son premier médecin, au premier chirurgien, au médecin ordinaire, à son lecteur, à son secrétaire du cabinet, aux quatre premiers valets de chambre du roi, à leurs survivanciers, aux premiers médecins et chirurgiens du roi; il y avait souvent dix à douze personnes à cette première entrée : si la dame d'honneur s'y trouvait ou la surintendante, c'étaient elles qui posaient la table de déjeuner sur le lit; la princesse de Lamballe a très-souvent rempli ces fonctions.

La reine se levait, la femme de garde-robe était admise pour enlever les oreillers, et mettre le lit en état d'être fait par des valets de chambre. Elle en tirait les rideaux, et le lit n'était ordinairement fait que lorsque la reine allait à la messe. Cette femme avait de même été introduite, au premier réveil, pour enlever les tables de nuit, et remplir toutes les fonctions de sa place; elle préparait l'eau pour laver les jambes de la reine, lorsqu'elle ne se baignait pas; assez ordinairement, excepté à Saint-Cloud où la reine se baignait dans un appartement au-dessous du sien, on roulait un sabot dans sa chambre; ses baigneuses étaient introduites avec toutes les choses accessoires au bain. La reine se baignait avec une grande chemise de flanelle anglaise boutonnée jusqu'au bas, et dont les manches, à l'extrémité, ainsi que le collet, étaient doublés de linge. Lorsqu'elle sortait du bain, la première femme tenait un drap très-élevé pour la séparer entièrement de la vue de ses femmes; elle le jetait sur ses épaules. Les baigneuses l'en enveloppaient, l'essuyaient complétement; elle passait ensuite une très-grande et très-longue chemise ouverte et entièrement garnie de dentelle, de plus un manteau de lit de taffetas blanc. La femme de garde-robe bassinait le lit; les pantoufles étaient de basin, garnies de dentelle. Ainsi vêtue, la reine venait se mettre au lit; les baigneuses et les garçons de la chambre enlevaient tout ce qui avait servi au bain. La reine, replacée dans son lit, prenait un livre ou son ouvrage de tapisserie. Le déjeuner, les jours de bain, se faisait dans le bain même. On plaçait le plateau sur le couvercle de la baignoire. Ces détails minutieux ne se trouvent ici que pour rendre hommage à l'extrême modestie de la reine. Sa sobriété était aussi remarquable; elle déjeunait avec du café ou du chocolat; ne mangeait à son dîner que de la viande blanche, ne buvait que de l'eau, et soupait avec du bouillon, une aile de volaille, et un verre d'eau dans lequel elle trempait de petits biscuits.

A midi, la toilette de représentation avait lieu. On tirait la toilette au milieu de la chambre. Ce meuble était ordinairement le plus riche et le plus orné dans l'appartement des princesses. La reine s'en servait de même, et à la même place, pour son déshabiller du soir. Elle couchait lacée avec des corsets à crevés de ruban, et des manches garnies de dentelle, et portait un grand fichu. Le peignoir de la reine était présenté par sa première femme, si elle était seule au commencement de la toilette; ou, de même que les autres objets, par les dames d'honneur, si elles étaient arrivées. A midi, les femmes qui avaient servi vingt-quatre heures étaient relevées par deux femmes en grand habit; la première avait été de même faire sa toilette. Les grandes entrées étaient admises pendant la toilette; des plians étaient avancés, en cercles, pour la surintendante, les dames d'honneur et d'atours, la gouvernante des enfans de France, lorsqu'elle y venait; les fonctions des dames du palais, dégagées de toute espèce de devoirs de domesticité, ne commençaient qu'à l'heure de sortir pour la messe; elles attendaient dans le grand cabinet, et entraient quand la toilette était terminée. Les princes du sang, les capitaines des gardes, toutes les grandes charges, ayant les entrées, faisaient leur cour à l'heure de la toilette. La reine saluait de la tête, ou par une inclination du corps, ou en s'appuyant sur sa toilette, pour indiquer le mouvement de se lever : cette dernière manière de saluer était pour les princes du sang. Les frères du roi venaient aussi assez habituellement faire leur cour à Sa Majesté pendant qu'on la coiffait. L'habillement de corps se faisait, pendant les premières années du règne, dans la chambre et selon les lois de l'étiquette, c'est-à-dire que la dame d'honneur passait la chemise, versait l'eau pour le lavement des mains ; la dame d'atours passait le jupon de la robe ou du grand habit, posait le fichu, nouait le collier. Mais lorsque les modes occupèrent plus sérieusement la jeune reine, lorsque les coiffures devinrent d'une hauteur si prodigieuse, qu'il fallait passer la chemise par en bas; lorsqu'enfin elle voulut avoir à son habillement sa marchande de modes, mademoiselle Bertin, que les dames auraient refusé d'admettre pour partager l'honneur de servir la reine, l'habillement cessa d'avoir lieu dans la chambre ; et la reine faisait un salut général en quittant sa toilette, et se retirait dans ses cabinets pour s'habiller.

La reine, une fois rentrée dans sa chambre, placée debout vers le milieu, environnée de la surintendante, des dames d'honneur et d'atours, de ses dames du palais, du chevalier d'honneur, du premier écuyer, de son clergé prêt à la suivre à la messe, des princesses de la famille royale qui arrivaient, accompagnées de tout leur service, en dames et en charges d'honneur, passait en ordre par la galerie, comme pour se rendre à la messe. Les signatures des contrats se faisaient ordinairement au moment de l'entrée de la chambre. Le secrétaire des commandemens présentait la plume. Les présentations des colonels, pour prendre congé, avaient ordinairement lieu à cette heure. Celles des dames, et les prises de tabouret se faisaient le dimanche soir, avant l'heure du jeu, à la rentrée du salut. Les ambassadeurs étaient introduits chez la reine, tous les mardis matin, accompagnés de l'introducteur des ambassadeurs de service, et de M. de Séqueville, secrétaire des ambassadeurs. L'introducteur venait ordinairement, à la toilette de la reine, la prévenir des présentations d'étrangers qui auraient lieu. L'huissier de la chambre, placé à la porte de la reine, n'ouvrait les battans que pour les princes et princesses de la famille royale, les annonçait à haute voix. Il quittait son poste pour venir nommer, à la dame d'honneur, les personnes que l'on présentait ou qui venaient prendre congé : cette dame les nommait, en second, à la reine, au moment où ils saluaient; si elle était absente, ainsi que la dame d'atours, la première femme prenait sa place, et remplissait les mêmes fonctions. Les dames du palais, choisies uniquement pour faire la compagnie de la reine, n'étaient chargées d'aucune fonction de domesticité, quelque honorable que l'opinion établie dans un gouvernement monarchique pût les rendre. La lettre du roi, en les nommant, portait entre autres for-

mules d'étiquette : « Vous ayant choisie pour faire
» la société de la reine. » Il n'y avait presque point
d'appointemens attachés à cette place purement
honorifique.

La reine entendait la messe avec le roi, dans la
tribune en face du maître-autel et de la musique,
à l'exception des jours de grandes cérémonies, où
leurs fauteuils étaient placés en bas, sur des tapis
de velours à franges d'or : ces jours étaient désignés
par le titre de *grande chapelle*.

La reine avait d'avance nommé la quêteuse, et
le lui avait fait dire par sa dame d'honneur qui, de
plus, était chargée de lui faire parvenir la bourse.
On choisissait presque toujours les quêteuses parmi
les nouvelles présentées. Après être rentrée de la
messe, la reine dînait, tous les dimanches, avec le
roi seul, en public, dans le cabinet des nobles,
pièce qui précédait sa chambre. Les dames titrées,
ayant les honneurs, s'asseyaient, pendant les dîners,
sur des plians placés aux deux côtés de la table.
Les dames non titrées se plaçaient debout autour
de la table ; le capitaine des gardes, le premier
gentilhomme de la chambre, étaient derrière le
fauteuil du roi ; derrière celui de la reine, son premier maître-d'hôtel, son chevalier d'honneur, le
premier écuyer. Le maître-d'hôtel de la reine tenait un grand bâton de six à sept pieds de hauteur, orné de fleurs de lis en or, et surmonté de
fleurs de lis en couronne. Il entrait dans la chambre,
avec ce signe de sa charge, pour annoncer que la

reine était servie. Le contrôleur lui remettait le menu du dîner ; il le présentait lui-même à la reine, en cas d'absence du premier maître d'hôtel ; autrement il lui rendait les honneurs du service. Le maître d'hôtel ne quittait point sa place, il ordonnait seulement de servir et desservir ; les contrôleurs et gentilshommes servans mettaient sur table, et recevaient les plats des garçons servans.

Le prince le plus près de la couronne présentait à laver les mains au roi, au moment où il allait se mettre à table ; une princesse rendait les mêmes devoirs à la reine.

Le service de table était anciennement fait, chez la reine, par la dame d'honneur et quatre femmes en grand habit ; cette partie du service des femmes leur avait été attribuée à la destruction des charges de filles d'honneur. La reine supprima cette étiquette dans la première année de son règne. A la sortie du dîner, la reine rentrait seule dans son appartement avec ses femmes ; elle ôtait son panier et son bas de robe.

[***] *Page* 179.

CASSETTE DE LA REINE.

Manière d'ordonnancer les fonds.

Les premières femmes servaient par mois et rendaient les comptes de la cassette à la reine elle-même, à la fin de chaque mois ; la reine, après les avoir examinés, écrivait au bas de la dernière page : *Vu bon Marie-Antoinette*. Chacune des premières femmes emportait chez elle ce compte ainsi arrêté, après avoir laissé, dans le bureau qui était dans leur appartement du château, les quittances des pensions ou objets qu'elles avaient payés pendant leur mois de service. Dans ce même bureau était l'état des pensions. Il fut enlevé au 10 août, et probablement confondu avec un grand nombre d'effets transportés à la commune de Paris. L'Assemblée ayant décrété que les pensions de bienfaisance seraient conservées, n'en trouvant plus l'état, donna un autre décret qui autorisait les pensionnés à réclamer des certificats des chefs ou sous-chefs des chambres de la reine ; comme il n'existait plus en France ni surintendance, ni dame d'honneur, les premières femmes, depuis la déchéance, ont été autorisées à donner ces certificats. Les fonds de la cassette étaient remis tous les premiers de chaque mois à la reine. M. Randon de la Tour lui présentait cette somme, à midi, heure de sa toilette ; elle était toujours en or et contenue dans une bourse de peau blanche, doublée en taffetas et brodée en argent. Les fonds de la cassette étaient de 300,000 livres ; les mois n'étaient point égaux ; la bourse du mois de janvier était plus forte, celles qui correspondaient aux foires de Saint-Germain et de Saint-Laurent étaient aussi plus considérables C'était une ancienne étiquette, qui venait de l'usage que les rois avaient de donner aux reines pour faire des acquisitions aux foires. Cette somme de trois cent mille livres n'était absolument que pour le jeu de la reine, ses actes de bienfaisance ou les présens qu'elle voulait faire. Sa toilette était payée à part, jusqu'à son rouge et à ses gants y étaient compris. La reine avait conservé toutes les anciennes pensionnaires de Marie Leckzinska, femme de Louis XV. Elle payait sur ses trois cent mille livres annuellement pour quatre-vingt mille livres de pensions ou aumônes, et faisait des économies sur le reste : chaque mois la première femme serrait deux ou trois cents louis qui n'avaient pas été dépensés, dans un coffre-fort placé dans le cabinet intérieur de la reine. Sur ces économies, la reine avait payé, pendant l'espace de plusieurs années, quatre cent mille francs pour une paire de girandoles à poires égales et à un seul diamant, qu'elle avait achetée du joaillier Bœhmer, en 1774. Elles ne furent entièrement payées qu'en 1780. Bœhmer ayant vu que la jeune reine avait pris ce temps pour acquitter, sur ses économies, un objet dont elle avait été tentée, et qu'elle ne voulut point faire payer par le Trésor public, aurait dû se refuser à l'idée que, huit ou dix ans après, elle ferait acheter, à l'insu du roi, une parure de quinze cent mille livres. Mais l'envie de se défaire d'un objet aussi cher que ce fameux collier dont l'histoire est si généralement et si mal connue, et l'espoir d'être payé de manière ou d'autre, le portèrent à croire à ce qu'il ne devait pas juger vraisemblable. La reine avait encore plus de cent dix mille livres en or dans son appartement des Tuileries, peu de jours avant le 10 août; trompée par un intrigant qui se disait l'ami de Pétion, et promettait de le rendre favorable au roi, en cas d'attaque des Tuileries, elle ne conserva que quinze cents louis en or qui furent portés à l'Assemblée lors de la prise des Tuileries. Elle avait fait changer quatre-vingt et quelques mille livres en assignats, pour composer une somme de cent mille francs, qui devait être remise au maire. Un signe de convention, que Pétion devait faire en revoyant le roi, le 9 août, et qu'il ne fit pas, plus encore sa conduite dans la désastreuse journée du 10, firent juger que l'intermédaire était tout simplement un filou.

La cassette de la reine aussi bien administrée, et ayant toujours surpassé ses besoins, la reine ayant même fait quelques placemens d'argent, il est facile de croire à une grande vérité, c'est que jamais elle n'avait tiré de somme extraordinaire sur le Trésor public. Elle en était cependant faussement accusée dans toutes les provinces, et même dans Paris, où les gens les plus distingués par leur éducation et leur rang adoptent et répètent, avec une légèreté inconcevable, les opinions défavorables aux grands.

FIN DES ÉCLAIRCISSEMENS RASSEMBLÉS PAR MAD. CAMPAN.

ÉCLAIRCISSEMENS HISTORIQUES

ET PIÈCES OFFICIELLES.

Note (A), *page* 34.

Le duc d'Aiguillon, petit-neveu du cardinal de Richelieu, était l'ami intime du dauphin; et ce que ce prince ne pouvait que penser, à cause de la discrétion nécessaire à l'héritier de la couronne, le duc d'Aiguillon l'exécutait. Choiseul, au contraire, né Lorrain, et fils d'un ambassadeur de l'époux de Marie-Thérèse, étranger à la France, sujet et parent de l'empereur, était tout dévoué aux intérêts de la cour de Vienne, fort de la puissance de madame de Pompadour que l'impératrice avait enivrée de gloire et de vanité, en lui donnant le titre de *ma cousine* et des cadeaux analogues; appuyé du crédit des parlemens dont il se disait *le protecteur*, ennemi déclaré des jésuites, depuis qu'il avait manifesté sa haine à leur général, à Rome.

Ces circonstances et sa vanité singulière le rendaient peu soucieux de faire sa cour au dauphin qui professait, sur l'autorité du roi envers les parlemens, et sur la politique française à l'égard de la maison d'Autriche, des principes absolument opposés. Audacieux et vain, cependant réfléchi et profond, avec beaucoup de suite et de ténacité dans ses plans, il avait toutes les qualités requises, dans un temps où le roi paraissait maîtrisé par la crainte, pour devenir en France, très-impunément, le premier commis de la cour de Vienne; pour resserrer les nœuds de l'alliance de 1756, éloigner l'abbé de Bernis d'un ministère où il n'avait pas assez fait pour la cour de Vienne, et détruire, à tout prix, les obstacles qui s'élèveraient à ses plans. Né avec une fortune au-dessous de la médiocre, et ayant peu à perdre, son système lui offrait la perspective de cette pompe et de cette puissance que nous lui avons vues. Pour s'y élever et s'y maintenir, il avait dans la légation de Vienne, dans madame de Grammont, sa sœur, femme profonde et hardie, et dans la favorite du roi, un conseil pourvu de moyens assez puissans pour arriver à ses fins.

Le duc d'Aiguillon, son ennemi, avait des principes bien différens. Toujours appuyé en secret du dauphin, pour toutes les oppositions contre la nouvelle politique, héritier des maximes de Richelieu, son grand-oncle, qui avait établi en France le despotisme, et qui était le fondateur de la haine des Bourbons contre la maison d'Autriche, il était peu capable d'administrer les affaires d'État, autrement qu'en suivant le système du gouvernement militaire: ami du dauphin, il gémissait chaque jour avec lui, mais en silence, de l'alliance autrichienne; il aimait les jésuites, il était l'ennemi secret des parlemens qui montraient une plus grande inclination pour la liberté. Il haïssait les philosophes novateurs, et il formait un parti puissant à la tête des jésuites de St.-Sulpice et des dévots de la cour. Le parti de Choiseul avait tout à craindre; le parti d'Aiguillon avait tout à espérer d'un changement de règne et de l'avénement du dauphin à la couronne. Tels étaient les deux personnages et les deux systèmes contradictoires du gouvernement, qui agitèrent la France vers la fin du règne de Louis XV.

D'un côté, le duc de Choiseul, avec son alliance autrichienne, ses jansénistes, ses parlemens et ses philosophes, attaque les jésuites dans l'intérieur, et sacrifie au-dehors la gloire et la prépondérance de la France, aux intérêts et à la vanité de la maison d'Autriche. D'un autre côté, le duc d'Aiguillon, s'unissant aux jésuites, soit pour les sauver, soit pour les rétablir après leur chute, travaille avec eux à la ruine du parlement et à l'établissement de l'autorité absolue. En donnant des fers à la nation, d'Aiguillon voulait retirer les puissances secondaires, amies de la France, de la gêne où les tenait la monstrueuse union des grandes puissances, la France, la Russie et l'Autriche. Le duc de Choiseul, en formant cette union, préparait de loin des fers à la Pologne, à la Prusse et à la Turquie. Ainsi, le duc de Choiseul, par ses principes, devenait le tyran des puissances subalternes, terrorisées par la grande alliance, et il favorisait la liberté dans l'intérieur de la France, tandis que d'Aiguillon tendait à soulager les puissances secondaires, et à tyranniser l'intérieur ; et c'est ainsi qu'avec des Choiseul, des Grammont et des Pompadour, le duc de Choiseul anéantit le système des Henri IV, des Richelieu, des Davaux, des Mazarin, des Louis XIV, des Servien, des Belle-Isle, et même du cardinal de Fleury qui fit deux fois la guerre à la maison d'Autriche, et lui enleva, soit de vive force, soit par négociation, le royaume de Naples et des Deux-Siciles, la Lorraine et le Barrois. C'est ainsi que d'Aiguillon, d'un autre côté, travaillait à consolider le despotisme que son grand-oncle avait établi dans l'intérieur. (*Mém. hist. et polit. du règne de Louis XVI*, par Soulavie ; tom. I.)

Note (B), *page* 48.

« QUELQUE temps avant le départ de l'ambassadeur, il m'arriva (dit l'abbé Georgel) une aventure devenue la source des plus importantes découvertes, et dont les suites heureuses ont été un des plus grands services rendus par l'ambassade du prince Louis de Rohan.

» En rentrant un soir à l'hôtel, le suisse me remit un billet bien cacheté à mon adresse, et je lus en toutes lettres : *Trouvez-vous ce soir, entre onze heures et minuit, à tel lieu sur le rempart, on vous y révélera des choses de la plus haute importance.....* Un billet anonyme ainsi conçu, avec toutes les formes du mystère, l'heure indue de ce rendez-vous, tout pouvait paraître dangereux et suspect. Mais je ne me connaissais point d'ennemis, et ne voulant pas avoir à me reprocher d'avoir manqué une occasion peut-être unique pour le bien du service du roi, je me décidai à me trouver au lieu désigné. Cependant, à tout événement, je pris des précautions de prudence, en plaçant à une certaine distance, et sans pouvoir être vues, deux personnes sûres qui pourraient voler à mon secours à un cri convenu. Je trouvai au rendez-vous un homme en manteau et masqué. Il me remit des papiers à voix basse et contrefaite.... « Vous » m'avez inspiré de la confiance; je veux, en conséquence, » concourir au succès de l'ambassade de M. le prince de » Rohan. Ces papiers vous diront les services essentiels que » je puis vous rendre. Si vous les agréez, revenez demain » à la même heure (à tel autre endroit; il l'indiqua), et » apportez-moi mille ducats. » Rentré à l'hôtel de France, je m'empressai d'examiner les papiers qui venaient de m'être remis. Leur contenu me causa la plus agréable surprise. Je vis que nous avions le pouvoir de nous procurer deux fois la semaine toutes les découvertes du cabinet secret de Vienne, le mieux servi de l'Europe. Ce cabinet secret avait, au dernier degré, l'art de déchiffrer en peu de temps les dépêches des ambassadeurs et des cours qui correspondaient avec sa cour. J'en eus la preuve par le déchiffrement de nos propres dépêches et de celles de notre cour, même celles qui étaient écrites avec le chiffre le plus compliqué et le plus récent; que ce cabinet avait trouvé le moyen de se procurer les dépêches de plusieurs cours de l'Europe, de leurs envoyés et de leurs agens, par l'infidélité et l'audace des directeurs et maîtres de poste des frontières, soudoyés. A cet effet, on m'avait remis des copies de dépêches du comte de Vergennes, notre ambassadeur à Stockholm; du marquis de Pons à Berlin ; des dépêches secrètes du roi de Prusse à ses agens secrets à Vienne et à Paris, agens auxquels seuls il confiait la vraie marche de sa politique, et dont la mission était entièrement ignorée de ses envoyés en titre. Ce même cabinet avait découvert la correspondance très-secrète de la politique privée de Louis XV, correspondance parfaitement ignorée de son conseil, et surtout de son ministre des affaires étrangères. Le comte de Broglie, qui avait succédé au feu prince de Conti, était le ministre privé, et surtout très-caché d'une diplomatie aussi extraordinaire. Il avait pour secrétaire M. Favier auquel ses ouvrages diplomatiques ont fait une réputation, et enfin M. Dumouriez, élève de Favier. Le mystère de cette politique n'était pas confié à tous nos ambassadeurs. Quelquefois c'était le secrétaire d'ambassade ou tout autre Français, qui, voyageant sous différens prétextes, était trouvé propre à jouer ce rôle. Le comte de Broglie ne confiait le fil de ce labyrinthe qu'à des personnes dont il avait éprouvé l'attachement et la discrétion. Une confiance si marquée et des rapports si intimes avec le roi qui gratifiait lui-même sur sa cassette ce travail mystérieux, ne pouvaient que flatter ceux qui s'en trouvaient honorés. Le comte de Broglie, ennemi de la maison de Rohan, s'était bien gardé d'initier le prince Louis de Rohan ou moi dans une semblable correspondance. Sa défiance était apparemment bien motivée, et je ne veux pas l'en blâmer. Au nombre des papiers qui me furent remis au rendez-vous nocturne, se trouvait la correspondance déchiffrée du comte de Broglie avec le comte de Vergennes, notre ambassadeur à Stockholm. Muni de ces pièces et des preuves indubitables qui m'en assuraient l'authenticité, je me rendis sans délai et avec la plus grande vitesse chez l'ambassadeur pour lui en rendre compte. J'étalai devant lui les échantillons du trésor politique où nous pouvions puiser. Le prince en sentit d'autant mieux le prix, pour lui personnellement, que cette grande découverte devait nécessairement effacer les impressions fâcheuses que le duc d'Aiguillon n'avait pas manqué de faire sur l'esprit du roi en cherchant à lui persuader que le prince Louis, trop léger et trop occupé de ses plaisirs, n'avait point à Vienne la surveillance qu'exigeait le bien du service. Cet événement lui fit reprendre toute la sérénité qu'avait altérée la persécution sourde et continuelle de ce ministre acariâtre et haineux. Il envisagea le nouveau rôle qu'il allait jouer comme une voie certaine pour arriver à la considération que devait lui assurer sa conduite et son travail.

» Je reparus le lendemain au rendez-vous de l'homme masqué. Je lui donnai les mille ducats : il me remit d'autres papiers dont l'intérêt allait toujours croissant, et pendant tout le temps de mon séjour à Vienne, il a gardé sa parole. Les rendez-vous avaient lieu deux fois la semaine, et toujours vers minuit. M. l'ambassadeur jugea sagement que le travail relatif à cette découverte devait être concentré entre lui et moi avec un ancien secrétaire dont nous connaissions la discrétion à toute épreuve. Le secrétaire copiait pour la cour les papiers de l'homme masqué à qui il fallait les rendre.

» Un courrier extraordinaire fut sur-le-champ expédié à Versailles pour y porter les prémices du trésor découvert. Il eut ordre de ne coucher nulle part, et de porter sur lui jusqu'à sa destination le paquet particulier des dépêches secrètes. Cet envoi contenait deux paquets ; l'un adressé au roi, sous seconde enveloppe, par l'entremise du prince de Soubise, ministre d'État, ami de Louis XV, et cousin de l'ambassadeur. Le prince de Soubise devait le remettre à Sa Majesté elle-même sans intermédiaire. On suppliait le roi de vouloir bien faire passer ses ordres en conséquence par ce même canal, à l'abri de toute indiscrétion. Ce premier paquet contenait les preuves de la correspondance mystérieuse du comte de Broglie, autorisée par Sa Majesté. On assurait Louis XV que, dans l'envoi des autres découvertes, adressé au duc d'Aiguillon, on avait pris les précautions les plus sévères, afin que ce ministre ne pût avoir aucun indice de la correspondance privée dont le roi avait jugé à propos de lui dérober la connaissance. Le second paquet secret fut adressé directement au ministre. C'était la copie des dépêches prussiennes interceptées, ainsi que d'autres dépêches particulières du ministère autrichien à l'ambassadeur impérial à Paris. Dans ces dernières on traçait au comte de Mercy la conduite publique ou secrète qu'il devait tenir dans telle ou telle circonstance, soit à l'égard du roi, soit à l'égard de madame la dauphine et de notre ministère. Une lettre séparée rendait compte de la manière dont s'était faite cette révélation : cette lettre informait le ministre que j'en étais l'agent intermédiaire. Le retour de notre courrier fut prompt. Je dois déclarer ici la vérité et rendre une justice entière au duc d'Aiguillon. Le prince de Soubise manda à son cousin comment ce ministre s'était expliqué au conseil de la manière la plus énergique et la plus flatteuse sur l'importance de cette découverte et sur le service signalé rendu par l'ambassadeur à l'État. La dépêche officielle de M. d'Aiguillon, et une lettre de sa main, dont j'ai l'original, s'expriment en des termes qui semblent effacer jusqu'aux moindres traces du froid et de l'aigreur jusqu'alors manifestés.

« Je partage avec sensibilité, disait-il, et la satisfaction
» que le roi a de vos services, et la gloire que cette décou-
» verte fait rejaillir sur votre mission. » Il est ensuite recommandé à l'ambassadeur de conserver, à tout prix, le fil de cette secrète et importante relation. Carte blanche lui est donnée, ainsi qu'à moi, pour les sommes que nous jugerions utiles et nécessaires à cette conservation.

» Le roi, qui avait mis le prince de Soubise dans le secret de sa politique privée, lui avoua que notre découverte avait jeté l'alarme parmi les premiers agens de ce ministère secret. Le comte de Broglie surtout en était très-alarmé. Il craiguait, d'après le caractère connu de Louis XV, tous les inconvéniens qui pourraient en résulter, si le duc d'Aiguillon venait à percer ce voile jusqu'alors impénétrable à ses yeux. Sa Majesté le rassura en lui disant les précautions prises et l'ordre formel donné de sa part au prince Louis, pour garder sur cet objet le secret le plus inviolable. Cet ordre fut en effet transmis par le prince de Soubise avec les témoignages les plus flatteurs et les plus honorables de la satisfaction et de la bienveillance du roi.

» Depuis cette découverte, tous les quinze jours un courrier extraordinaire partait pour les nouveaux envois avec les mêmes formes et les mêmes précautions. L'absence et les voyages de l'ambassadeur, et même son retour, n'interrompirent point, pendant un an que je restai seul chargé des affaires du roi, et n'apportèrent point d'obstacles au départ de courriers si intéressans. L'homme masqué semblait même redoubler de zèle à chaque rendez-vous. »

Note (C), page 48.

« A une grande défiance de ses propres forces, dit l'abbé Georgel, à un abandon total de volonté dans les affaires du gouvernement de son royaume, Louis XV joignait une excessive curiosité de connaître le secret des intrigues de sa cour, les propos de Paris, la vie privée de ses ministres, et leur conduite dans les relations de leur ministère. Indépendamment du lieutenant de police, il avait à Versailles et à Paris des agens secrets. Laroche, un de ses valets de chambre, était l'intermédiaire de cette inquisition clandestine : l'intendant de la poste aux lettres, Jeannet, et, après lui, le baron d'Ogny, avaient, tous les dimanches, un travail avec Sa Majesté, pour lui rendre compte de ce qu'ils avaient découvert par l'ouverture des lettres. Ces deux hommes de confiance intime faisaient des extraits, pour le roi, des lettres qu'ils jugeaient à propos de décacheter. Les ministres eux-mêmes étaient soumis à cette inconcevable inquisition. On sent tout le danger d'un pareil ministère, quand, ou l'animosité, ou l'intérêt personnel, ou enfin des considérations particulières, dirigeaient de tels extraits. Vingt commis, inconnus à l'administration, étaient, nuit et jour, secrètement occupés à intercepter les lettres et à faire les extraits. C'est par ce moyen que Louis XV découvrit la correspondance du comte d'Argenson avec une de ses maîtresses favorites, et dans laquelle ce ministre, si favorisé de son maître, s'exprimait, avec peu de retenue et de respect, sur le caractère du roi. Sa disgrâce subite et inattendue suivit de près la violation du secret des lettres.

» Par une suite de son caractère défiant et curieux, ce monarque s'était aussi ménagé, près des cours de l'Europe, un ministère secret, absolument ignoré du ministre des affaires étrangères. Le roi, pour qui ce mystère était une véritable jouissance, voulait, de cette manière, juger la conduite de son ministre dans les différentes cours, et comparer les rapports que celui-ci faisait avec ceux que lui transmettait son ministère secret : les agens et les correspondans de cette ténébreuse politique étaient soudoyés par le roi lui-même sur sa cassette particulière. Ils étaient du choix du ministre secret qui travaillait directement avec Sa Majesté, et lui répondait de la discrétion des personnes à qui, par son intermédiaire, ses instructions étaient confiées. Le voile le plus épais couvrait cette obscure diplomatie. Le ministre secret arrivait chez le roi, par des détours connus du valet de chambre de confiance qui l'introduisait, aux jours et heures convenus.

» On donnait, pour cette correspondance, la préférence, soit à un ambassadeur, soit à un secrétaire, quand on avait la certitude de leur discrétion ; mais si l'on croyait leur en devoir dérober à tous deux la connaissance, on prenait des mesures pour faire arriver et séjourner près d'eux les suppôts de cette ligue anti-ministérielle. C'est ainsi que, pendant l'ambassade du prince de Rohan, le comte de Broglie fit voyager en Allemagne le jeune comte de Guibert, qui, sous divers prétextes, fit de longs séjours à Vienne.

» Dans les recherches que j'ai été à portée de faire sur cette étrange politique de Louis XV, il m'a été assuré, par des personnes bien instruites, qu'elle lui avait été suggérée par le vieil abbé de Broglie, oncle du maréchal et du comte. »

A ces renseignemens curieux, il faut joindre ceux que donne l'abbé Soulavie sur le ministère secret de Louis XV, sur l'espionnage des cours et la violation du secret des lettres. Par ce qu'on vient de lire, on reconnaîtra que l'abbé Soulavie était souvent bien instruit, et quelquefois véridique : les deux témoignages se prêtent un appui mutuel.

« La maison d'Autriche était parvenue à se procurer la communication de nos dépêches politiques du nord et du midi; mais le prince Louis de Rohan, notre ambassadeur, habile dans le secret des ruelles, avait réussi de même à se procurer des copies des lettres intimes de l'empereur au roi de Prusse et de celles du prince de Kaunitz au comte de Mercy, ambassadeur de Marie-Thérèse à Versailles. Les deux cours dépensaient des sommes prodigieuses, non pour se rapprocher, vers la fin du règne du feu roi, mais pour s'épier, se sonder, se connaître, surtout relativement aux affaires de Pologne.

» Le prince Louis, depuis cardinal de Rohan, était parvenu, à cet égard, à des découvertes importantes. Il avait fait passer à sa cour les pièces secrètes relatives aux entrevues de Frédéric et de Joseph II à Neiss et Neustadt, en se procurant, à prix d'argent, des intelligences directes dans sa chancellerie. Le prince de Kaunitz qui en entretenait lui-même à Versailles, dans notre cabinet, parvint jusqu'à la source de la trahison de ses bureaux, et fit noyer un commis dans le Danube. Le prince Louis, sans s'en étonner, en gagna d'autres dans les bureaux du prince de Kaunitz et jusque dans l'intérieur des appartemens de l'impératrice et de son fils. Il apprit que l'Autriche allait s'unir à la Russie contre la Porte et la France, et eut le bonheur de prévenir ces désastres que l'Autriche pouvait préparer à notre alliée. Le prince Louis réussit à intercepter les lettres de Kaunitz au comte de Mercy, ambassadeur autrichien en France; il apprit par-là que la cour de Vienne s'était procuré des copies des dépêches du prince de Rohan au duc d'Aiguillon. Le comte de Mercy payait à la cour auprès de Louis XV, et dans les bureaux du duc d'Aiguillon, des traîtres qui préféraient les récompenses pécuniaires du comte de Kaunitz à la satisfaction sentimentale qu'éprouve un bon Français dans sa fidélité. Louis XV, indigné, ordonna à chacun de ses ministres, séparément, de lui faire connaître par écrit leurs soupçons, pour parvenir à dévoiler ce courtisan autrichien.

» Le prince Louis, de son côté, se procura des copies de la correspondance du prince de Kaunitz avec l'ambassadeur autrichien à Pétersbourg. La politique de la maison d'Autriche avec Catherine II y était encore mise au jour. Le comte de Mercy, qui eut communication de ces pièces envoyées par Rohan à Louis XV, en avertit Marie-Thérèse; et Rohan avertit sa cour que le prince de Kaunitz, dépaysé, avait porté la précaution au point de faire changer les serrures de son cabinet, ne confiant qu'à son secrétaire exclusivement le dépôt des dépêches les plus sérieuses. Ces anecdotes diplomatiques démontrent les défiances et les sollicitudes des deux cours de Vienne et de Versailles, pendant le ministère du duc d'Aiguillon, et motivent le courroux ultérieur de Marie-Antoinette contre lui, quand elle fut devenue reine de France.

» Le 10 janvier 1774, le prince Louis avertit la cour que le prince de Kaunitz était parvenu à acheter les chiffres de

sa correspondance avec le roi et avec nos ambassadeurs à Constantinople, Stockholm, Dantzick, Pétersbourg. Il fit plus : il prouva à Louis XV que la cour de Vienne avait le déchiffrement de toutes les dépêches entre le duc d'Aiguillon et les ministres de toutes les cours de l'Europe. Pour le prouver, il envoya, par extrait, des copies des lettres du duc d'Aiguillon à Berlin, à Munich, à Dresde, à Pétersbourg. Il apprit que les bureaux d'interception étaient à Liége, à Bruxelles, à Francfort, à Ratisbonne, et que le mécanisme de nos chiffres était tel aujourd'hui, que les déchiffreurs autrichiens parvenaient, sans beaucoup de difficulté, à mettre au net nos dépêches. « De mon cabinet, disait le
» prince Louis, je lis toutes les correspondances dont je viens
» de parler; j'apprends les secrets que les ministres croient
» devoir me taire dans les lettres qu'ils m'écrivent. C'est là
» que j'ai connu et révélé dans une lettre secrète, remise au
» roi par le prince de Soubise, que le comte de Broglie
» avait, par l'autorisation même de Sa Majesté, continué
» pendant son exil sa correspondance secrète et particu-
» lière avec M. Durand à Pétersbourg, et avec d'autres
» ministres. A cette lettre étaient joints les chiffres dont on
» se servait......... Depuis ces connaissances, heureusement
» acquises et communiquées avec empressement à notre
» ministère, je n'ai cessé d'insister sur la nécessité d'un
» changement de chiffres; je suis toujours sans moyens
» sûrs pour les avis secrets que j'avais à transmettre à Cons-
» tantinople, Stockholm et Pétersbourg. Toutes les dépêches
» du prince de Kaunitz, toutes celles des princes étran-
» gers interceptées, passent par ce qu'on appelle ici *le ca-*
» *binet des déchiffreurs.* Le baron de Pichler en est le direc-
» teur. Il travaille seul avec l'impératrice, et ne rend
» compte qu'à elle. Ce directeur lui remet cinq copies, une
» pour l'empereur, une pour le grand-duc de Toscane,
» successeur éventuel de la monarchie autrichienne; une à
» Bruxelles, au prince de Stharemberg, désigné pour rem-

» placer le prince de Kaunitz, et une au comte de Rosem-
» berg, homme de confiance. Chacun renvoie ces copies à
» l'impératrice, avec des observations à mi-marge ; et c'est
» de ces observations combinées ou discutées, que se for-
» ment les projets et les résolutions. L'impératrice fait quel-
» quefois *ajouter* ou *retrancher*, dans les dépêches intercep-
» tées, lorsqu'elle veut faire parvenir à l'empereur des con-
» seils ou des avis dont elle ne voudrait pas paraître l'au-
» teur. » (*Mém. hist. et polit. du règne de Louis XVI*, par
Soulavie ; tom. III.)

Note (D), *page* 67.

CETTE notice de personnages de la cour décèle l'esprit de parti que l'impératrice alimentait en France. Elle avait chargé le comte de Mercy d'en avoir soin : elle indiquait, sans exception, tous les Lorrains nés dans une province qui avait été le berceau de son mari, François Ier, et dans laquelle la maison d'Autriche conservait soigneusement un parti qui n'oublia jamais ses anciens souverains. C'était, dans la politique de la maison d'Autriche, une pierre d'attente. L'attachement, sans trop d'*impegno*, est digne des formes délicates d'une femme habile, qui savait nuancer et couvrir ses sentimens. Le duc de Choiseul, avec raison, est à la tête de la liste ; il était le chef du parti lorrain et autrichien ; il l'avait le premier organisé en France. Les Montazet étaient vendus totalement à ce parti, au point que depuis, l'abbé de Montazet fut archevêque de Lyon par la protection du duc de Choiseul, pour ses opinions jansénistes et pour l'esprit de persécution qu'il manifesta contre les sulpiciens, et en général contre le parti des jésuites.

Quant au comte de Broglie, l'impératrice aura été bien trompée par cet adroit politique. Il était chef de la fameuse correspondance secrète qui ne cessa de travailler contre les intérêts de Marie-Thérèse, en traversant, en secret, l'alliance autrichienne de 1756.

Le comte de Broglie n'était pas homme à vendre son secret et sa patrie. Il fut même persécuté par le prince de Kaunitz : la recommandation du comte de Broglie est donc le résultat de ces incompréhensibles conduites de plusieurs diplomates habiles dans l'art de contrefaire leurs principes, lorsqu'ils en ont, ou d'en professer une grande variété, suivant les circonstances. Le profond secret qui fut sans cesse gardé par les agens de la correspondance secrète, sous le comte de Broglie, invite à croire qu'il était du nombre des premiers. (*Mém. hist. et polit. du règne de Louis XVI*, par Soulavie.)

Note (E), page 69.

L'ABBÉ Georgel, secrétaire d'ambassade à Vienne, homme habile, dont nous avons déjà parlé, page 68 de ce volume, raconte en ces mots, dans ses Mémoires, le rappel du cardinal. Son récit confirme, en quelques parties, celui de madame Campan. Rien n'éclaire plus l'histoire que cette concordance de témoignages différens.

« Au départ du prince Louis de Rohan pour Compiègne où le nouveau roi tenait sa cour, je restai à Vienne, chargé des affaires de France près le ministère autrichien. Je reçus en conséquence des instructions pour continuer les négociations, comme chargé de la correspondance politique avec notre ministère et l'ambassadeur du roi à Constantinople. Le prince Louis de Rohan apprit, à son arrivée, les plaintes de Marie-Thérèse, et les démarches déjà faites en son nom par Marie-Antoinette pour son rappel. Il eut une audience du roi : elle fut courte et ne dut pas le satisfaire. Louis XVI l'écouta quelques minutes, et lui dit ensuite brusquement : « Je vous ferai bientôt savoir mes volontés. »

» Jamais il ne put obtenir une audience de la reine, et, sans vouloir le recevoir, elle lui fit demander la lettre que lui avait remise pour elle sa mère, l'impératrice Marie-

Thérèse. Ses parens ne lui dissimulèrent pas que les préventions du roi et de la reine contre lui étaient très-fortes. Ils lui conseillèrent de ne point faire de tentatives pour son retour à Vienne ; qu'elles seraient à pure perte, et ne pourraient donner que plus de publicité à sa défaveur. Le nouveau ministre des affaires étrangères était encore à Stockholm, et celui qui avait l'*interim* n'avait pas assez de crédit pour appuyer avec succès la demande du retour à Vienne du prince Louis, qui se trouva dans cet état de perplexité et d'incertitude pendant plus de deux mois, et qui croyait son honneur intéressé à retourner à son ambassade. Il crut devoir écrire au roi une lettre où il lui retraçait sa situation avec des couleurs faites pour intéresser la justice et la sensibilité du monarque. Cette lettre demeura sans réponse : seulement Louis XVI dit à madame la comtesse de Marsan, cousine de l'ambassadeur, que l'ambassade de Vienne était destinée à un homme désiré par l'impératrice et désigné par la reine, qu'il n'avait pu refuser. Bientôt on apprit que cet homme était le baron de Breteuil. A cette nouvelle, le prince Louis ne put plus douter de sa disgrâce complète et des désagrémens qu'il aurait à essuyer sous le nouveau règne. »

Note (F), *page* 77.

L'ARCHEVÊQUE de Paris, Christophe de Beaumont, ardent apôtre des fréquentes communions, était arrivé de Paris dans l'intention de solliciter, en public, l'administration du roi, et de la retarder autant qu'il le pourrait secrètement ; cette cérémonie ne pouvait avoir lieu *sans l'expulsion éclatante et antérieure de la concubine*, suivant les canons de l'Église et le parti jésuitique dont Christophe était le chef : ce parti, qui s'était servi de madame Du Barry pour anéantir les parlemens, pour soutenir le duc d'Aiguillon, et pour ruiner la faction des Choiseul, ne consentait pas volontiers à la déshonorer canoniquement, après des services aussi éclatans. L'archevêque de Paris avait toujours dit très-haut, dans tous les temps, qu'elle avait rendu à la religion les plus signalés services (1). A ce parti moliniste, se joignaient les ducs de Richelieu, de Fronsac et d'Aiguillon, Bertin, Maupeou et Terray. Madame Du Barry étant leur appui auprès du roi faible et pusillanime, ils devaient la défendre, prévenir un affront et les vengeances qu'avait méditées en pareil cas la duchesse de Châteauroux, en 1745.

Le parti opposé, celui des Choiseul, qui se montrait partout, brûlait, au contraire, d'accélérer une cérémonie religieuse qui devait faire rentrer dans le néant une favorite qui avait expulsé de la cour leur chef, le duc de Choiseul. Il était plaisant de voir le parti de celui-ci, qui fut en France le fléau de la religion, l'appeler à son secours, pendant la maladie du roi, pour se venger de madame Du Barry, tandis qu'on voyait le parti contraire, celui de l'archevêque et des dévots, se réunir pour empêcher la communion de Louis XV. *Ils agitaient et trafiquaient de sang-froid, en ce moment, de la conscience et des remords du roi,* me dit le cardinal de Luynes.

Il s'engagea donc une espèce de rixe à la cour. On mit en question : *Si le roi devait ou ne devait pas être sur-le-champ administré. Faut-il,* disait le maréchal de Richelieu, *faut-il laisser renvoyer madame Du Barry avec ignominie, et pouvons-nous oublier ses services et nous exposer aux vengeances de son retour? Ou bien devons-nous attendre l'état désespéré du malade pour effectuer un simple départ et procéder, sans bruit et sans éclat, à une simple administration de sacremens?* Telle était l'émotion et tel était l'état des esprits de la cour, lorsque, le 1er mai, l'archevêque de Paris se présenta pour la première fois au roi malade, à onze heures et demie du

---

(1) Il est fort douteux que le sévère Christophe de Beaumont ait tenu de pareils discours; quant à nous, nous n'en croyons rien.

(*Note des édit.*)

matin. Il était à peine à la porte de l'antichambre du roi, que le maréchal de Richelieu vient à sa rencontre et le conjure de ne pas faire mourir le roi par *une proposition théologique* (1) qui faisait périr tant de malades. « Mais si vous
» êtes si curieux d'entendre des péchés jolis et mignons, di-
» sait-il au prélat, mettez-vous là, Monsieur l'archevêque,
» je me confesserai et vous en apprendrai de tels que vous
» n'en avez jamais entendu de pareils depuis que vous êtes
» archevêque de Paris. Que si vous voulez absolument con-
» fesser le roi, et renouveler ici les scènes de M. l'évêque de
» Soissons à Metz, si vous voulez congédier madame Du
» Barry avec éclat, réfléchissez sur les suites et sur vos pro-
» pres intérêts. Vous opérez le triomphe du duc de Choiseul,
» votre cruel ennemi, dont madame Du Barry a tant con-
» tribué à vous délivrer, et vous persécutez votre amie au
» profit de votre ennemi. Oui, Monsieur, je vous le répète,
» votre amie; et elle est si bien votre amie qu'elle m'a dit
» hier : Que M. l'archevêque nous laisse, il aura sa calotte
» de cardinal; c'est moi qui m'en charge et qui en ré-
» ponds. »

L'archevêque de Paris comprit facilement que l'affaire des sacremens souffrirait de grandes oppositions. Il se trouva avec madame Adélaïde dans la chambre du roi, avec le duc d'Aumont, l'évêque de Senlis et le maréchal de Richelieu, avec lesquels l'archevêque résolut de ne point parler ce jour-là de confession. Cette circonspection satisfit tellement Louis XV, qu'à la sortie de l'archevêque il fit rappeler madame Du Barry dont il baisa encore les belles mains avec attendrissement.

Le 2 mai, le roi se trouva un peu mieux. Madame Du Barry

---

(1) La vérité de ces détails est confirmée par les Mémoires de Besenval, tome I.

(*Note des édit.*)

lui avait donné deux médecins affidés, Lorry et Bordeu, chargés de lui cacher la nature de sa maladie et de lui taire sa situation réelle, pour écarter les prêtres et prévenir un congé humiliant. Le meilleur état du roi permit à madame Du Barry de reprendre avec lui ses airs libres, et de le divertir avec ses gentillesses et ses propos accoutumés. Mais La Martinière, qui était du parti des Choiseul, La Martinière à qui on n'avait osé refuser ses entrées, et qui se sentait offensé de la confiance accordée à Lorry et à Bordeu, ne cacha point au roi la nature ni le danger de sa maladie. Il répondit à ses demandes sur la nature des pustules qui se multipliaient de toutes parts d'une manière effrayante : « Sire, ces boutons » sont trois jours à se former, trois jours à suppurer et trois » jours à sécher. » Le roi, qui n'avait pas oublié qu'il avait eu la petite vérole, convaincu de la gravité de la maladie, fit appeler madame Du Barry et lui dit : « Ma mie, j'ai la » petite vérole, et mon mal est très-dangereux à cause de » mon âge et de mes autres maladies. Je ne dois pas oublier » que je suis le *roi très-chrétien et le fils aîné de l'Église.* » J'ai soixante-quatre ans ; le temps approche où il faudra » peut-être nous séparer. Je veux prévenir une scène semblable à celle de Metz. Avertissez le duc d'Aiguillon de ce » que je vous dis, afin qu'il s'arrange avec vous, si ma maladie empire, pour nous séparer sans éclat. »

Les jansénistes et le parti du duc de Choiseul triomphaient de la nullité de l'archevêque. On les entendait dire hautement, dans les compagnies, que M. d'Aiguillon et M. l'archevêque de Paris avaient résolu de laisser mourir le roi sans sacremens, pour ne pas déranger madame Du Barry. Beaumont, tourmenté par leurs critiques, prit le parti d'aller s'établir à Versailles dans sa maison des Lazaristes, pour en imposer au public, profiter du dernier moment du roi et sacrifier madame Du Barry, lorsque le roi serait dans un état désespéré. Il arriva le 3 mai à Versailles, mais sans voir le roi. Ce prélat n'avait plus cette impétuosité de zèle que nous lui avons connue, ni son ancien ton de mé-, pris de toute politesse et des formes les plus usitées de la bonne société, lorsqu'il s'agissait de remplir ses devoirs. Il n'avait pour but que de soumettre dans ces circonstances les ennemis de son parti, et de soutenir jusqu'à la dernière extrémité la favorite qui lui avait servi à les dompter.

Un zèle contraire animait l'évêque de Carcassonne, aux prises avec le cardinal de La Roche-Aymon. Un esprit de complaisance avait élevé celui-ci à ses dignités et à ses places à la cour. Moins religieux que courtisan, il pensait, avec les Richelieu et la maîtresse, qu'on ne devait pas effrayer le monarque par aucun propos relatif à l'administration des sacremens. Il disait, comme eux, que la seule annonce des sacremens pouvait faire sur l'esprit du roi des impressions très-dangereuses. L'évêque de Carcassonne (le second Fitz-James, évêque de Soissons, qui avait joué le même rôle à Metz) voulait au contraire « que le roi fût ad-
» ministré, la concubine expulsée, et que le roi donnât un
» exemple de repentir à la France et à l'Europe chrétienne
» qu'il avait scandalisées. »

« De quel droit me donnez-vous des avis? lui disait le car-
» dinal de La Roche-Aymon. — Voilà mon droit, lui répli-
» quait l'évêque de Carcassonne en détachant sa croix pec-
» torale. Apprenez, Monseigneur, à respecter ce droit, et
» ne laissez pas mourir votre roi sans les sacremens de l'É-
» glise dont le roi très chrétien est le fils aîné. » Dans cette agitation, les scènes scandaleuses de Metz allaient se renouveler, lorsque le duc d'Aiguillon et l'archevêque de Paris, témoins de ces débats, jugèrent à propos de les terminer. D'Aiguillon alla prendre les ordres du roi relativement à madame Du Barry. « Il faut la mener sans bruit à votre
» campagne de Ruelle, lui dit le roi; je saurai gré à ma-
» dame d'Aiguillon des soins qu'elle prendra pour elle. »

Madame Du Barry vit encore le roi un moment le 4 au soir, lui promit de revenir à la cour à sa convalescence.

Madame d'Aiguillon la mit dans son carrosse avec mademoiselle Du Barry et madame de Serre, et l'emmena à Ruelle pour attendre l'événement. A peine était-elle sortie que le roi la demanda.... *Elle est partie*, répondit-on à Louis XV. Dès ce moment, la maladie empira; il se crut mort sans ressource.

Les journées du 5 et du 6 se passèrent sans qu'on parlât de confession, du viatique ou de l'extrême-onction. Le duc de Fronsac menaça le curé de Versailles de le jeter par la fenêtre s'il osait en prononcer les mots. C'est de lui-même que je tiens l'anecdote. Mais le 7, à trois heures du matin, le roi demanda *impérieusement* l'abbé Maudoux. La confession dura dix-sept minutes. Les ducs de La Vrillière et d'Aiguillon voulaient retarder le viatique; mais La Martinière, pour consommer l'expulsion de madame Du Barry, dit au roi ces paroles : « Sire, j'ai vu Votre Majesté dans des cir-
» constances bien intéressantes ; mais jamais je ne l'ai ad-
» mirée comme aujourd'hui. Si elle me croit, elle achèvera
» de suite ce qu'elle a si bien commencé. » Le roi fit rappeler son confesseur Maudoux, pauvre prêtre qu'on lui avait donné depuis quelques années, parce qu'il était vieux et aveugle. Il lui donna l'absolution.

Quant à la réparation éclatante que désirait le parti de M. de Choiseul, pour humilier et anéantir avec solennité madame Du Barry, il n'en fut plus question. Le grand-aumonier, de concert avec l'archevêque, avait composé une formule qui fut ainsi proclamée en présence du viatique :
« Quoique le roi ne doive compte de sa conduite qu'à Dieu
» seul, il déclare qu'il se repent d'avoir causé du scandale à
» ses sujets, et qu'il ne désire vivre que pour le soutien de
» la religion et le bonheur de ses peuples. » On multiplia ensuite les descentes et les ouvertures de la châsse de Sainte-Geneviève pour obtenir sa guérison.

Dans les journées du 8 au 9, la maladie empira; le roi vit tomber de toutes parts son corps en lambeaux et en pourriture. Délaissé de ses amis et de cette foule de courtisans qui avaient si long-temps rampé devant lui, la piété de Mesdames fut l'image consolante qui s'offrit à lui (1). (*Mém. histor. et polit.*, par Soulavie, T. I.)

Note (G), page 81.

« Lorsque l'exclusion du duc de Choiseul du ministère fut décidée, il ne fut plus question que de choisir entre les trois proposés, et chers au feu dauphin et aux enfans de Louis XV, depuis surtout qu'ils avaient été exilés par les intrigues de madame de Pompadour si détestée de la famille royale. Le dauphin les avait recommandés à son successeur. Ces trois ministres étaient M. le cardinal de Bernis, M. de Maurepas et M. de Machault. Le cardinal fut d'abord écarté, quoique proposé par madame Adélaïde, qui observa cependant que le cardinal pouvait avoir, dans le premier traité de 1756 avec l'Autriche, un titre capable de former un parti avec la reine. Le duc d'Aiguillon, qui conduisait l'intrigue, opéra pour son oncle Maurepas.

M. de Machault se trouvant plus impartial sur la question relative à la politique extérieure, Louis XVI se détermina en sa faveur. Il s'y détermina d'ailleurs parce que M. de Machault passait pour avoir un caractère de probité fortement prononcé. Le roi, dans cette circonstance, écrivit une lettre d'in-

---

(1) Ces notes, relatives à la dernière maladie de Louis XV, m'ont été données par M. de la Borde, premier valet de chambre de Louis XV (qui a laissé des Mémoires précieux sur la cour de Louis XV); par l'abbé Dupinet, chanoine de Notre-Dame, qui les tenait de M. l'archevêque de Paris; par le cardinal de Luynes; par madame d'Aiguillon; par le duc de Fronsac, et par le maréchal de Richelieu. J'ai puisé dans les partis opposés ce que j'avais à dire sur les intrigues qui tourmentèrent le mourant.

(*Note de Soulavie.*)

vitation à cet ancien garde-des-sceaux, dans laquelle il peint le caractère timide et embarrassé de son esprit. Il dit qu'il partage avec toute la France sa juste douleur de la mort de Louis XV, tandis que toute la France en avait appris la nouvelle avec délices. Il reconnaît qu'il a de grands devoirs à remplir, qu'il manque des connaissances nécessaires au gouvernement, et il invoque la probité et l'habileté de M. de Machault.

L'abbé de Radonvilliers, rôdant autour du jeune roi dans ces circonstances, pour placer un mot à propos suivant ses vues, effrayé du retour de l'inflexible et sévère Machault, l'ennemi du sacerdoce, fit observer à madame Adélaïde que les mœurs de cet ancien ministre étaient très-sévères et très-jansénistes, et qu'il serait très-déplacé à la cour dont le caractère avait beaucoup changé dans les dernières années de Louis XV. Il ajouta qu'il fallait s'attendre à des coups violens et terribles s'il était rappelé, parce qu'il s'était rouillé dans son exil, tandis que M. de Maurepas avait conservé dans le sien la facilité, les grâces et l'esprit des Français. Il fit encore observer que la lettre invitatoire du roi qui appelait M. de Machault, pouvait convenir également à M. de Maurepas, et proposa de demander au roi d'en changer seulement l'enveloppe.

L'ex-jésuite Radonvilliers avait un but secret qu'il ne manifestait pas. Les jésuites et les sulpiciens ne pouvaient souffrir M. de Machault depuis que, par l'édit de 1748, il avait proscrit toute donation de biens-fonds au clergé en France. Maurepas était au contraire l'ami de M. d'Aiguillon, dévoué aux jésuites et détesté des parlemens. Le jeune roi, cédant à ces observations, permit que la même lettre signée en faveur de M. de Machault fût adressée à M. de Maurepas. Radonvilliers et d'Aiguillon, sans le savoir, préparaient la ruine de l'État. M. de Maurepas était bien au-dessous de sa place dans les affaires relatives à la conservation d'un grand empire. M. de Machault était au contraire un homme réfléchi et profond, capable de le conserver, comme l'ont été les empires de Russie, de Turquie, l'Angleterre et l'Autriche, etc. Machault avait une sorte d'esprit prévoyant, et Maurepas ne paraît s'être intéressé à conserver l'État que pendant la durée de sa vie. L'abbé de Radonvilliers, faisant observer que le duc d'Aiguillon était le seul et dernier partisan qui restât aux jésuites dans le cabinet de Versailles, imagina que M. de Maurepas, oncle du duc, l'y maintiendrait. L'esprit de corps, dans cette circonstance, favorisa parmi les trois candidats le plus chétif, et M. de Maurepas, qui n'avait ni génie, ni caractère prononcé, ni des vues assez élevées pour devenir principal ministre, fut préféré. » (*Mémoires historiques et politiques du règne de Louis XVI*, par Soulavie, tom. II.)

Note (H), *page* 84.

Liste de plusieurs personnages recommandés par M. le dauphin à celui de ses enfans qui succédera à Louis XV; confiée à MM. de Nicolaï avec plusieurs autres papiers.

M. de Maurepas est un ancien ministre qui a conservé, suivant ce que j'apprends, son attachement aux vrais principes de la politique que madame de Pompadour a méconnus et trahis.

M. le duc d'Aiguillon est d'une maison qui s'est illustrée du système politique que la France sera tôt ou tard obligée, pour sa sûreté, de ramener. Il se formera avec l'âge, et il peut être utile à beaucoup d'égards. Ses principes sur l'autorité royale sont purs comme ceux de sa famille, qui sont sans lacune depuis le cardinal de Richelieu.

Mon père a renvoyé un homme roide de caractère avec quelques erreurs dans l'esprit, mais un honnête homme, *M. de Machault.* Le clergé le déteste pour ses sévérités contre lui ; l'âge l'a beaucoup modéré.

M. de Trudaine jouit d'une grande réputation de probité et d'attachement, avec beaucoup de connaissances.

M. le cardinal de Bernis est enfin récompensé des services qu'il a rendus à la maison d'Autriche. Mais son système politique, relatif à cette puissance, était conçu avec plus de mesure que celui du duc de Choiseul. Il a été renvoyé parce qu'il n'a pas assez fait pour l'impératrice, et qu'il s'est ressouvenu qu'il était Français. S'il modère son ressentiment trop connu contre un parti puissant dans le clergé, et le plus attaché à notre maison, il peut devenir très-utile.

M. de Nivernois a de l'esprit, des grâces; il peut être employé dans les ambassades où il faut en avoir absolument. C'est *là* qu'il faut le placer.

M. de Castries est bon pour le militaire, il a de l'honneur et du savoir.

M. du Muy est la vertu personnifiée. Il a hérité de toutes les qualités que je sais, par ouï-dire, qu'avait M. de Montausier. Il sera ferme dans la vertu et dans l'honneur.

MM. de Saint-Priest se sont avancés par madame de Pompadour, mais ils ont de la capacité et du désir de s'avancer. Le père doit être bien distingué du fils et du chevalier. Celui-ci peut un jour devenir très-utile.

M. le comte de Périgord est prudent et honnête homme.

M. le comte de Broglie a de l'activité et de l'esprit, comme aussi des combinaisons politiques.

M. le maréchal de Broglie a des talens pour le commandement en cas de guerre.

M. le comte d'Estaing a les talens de son état.

M. de Bourcet a des connaissances sûres, ainsi que le *baron d'Espagnac*.

M. de Vergennes est dans les ambassades; il a un esprit

d'ordre, sage et capable de conduire une longue affaire dans les bons principes.

Il y a dans *le parlement*, dans les *familles des présidens*, des hommes de talens très-attachés à leurs devoirs ; il y en a aussi quelques-uns parmi les conseillers.

M. le président *Ogier* est d'un caractère propre aux négociations difficiles et orageuses ; mais il y a dans la magistrature des esprits en effervescence, et des hommes qui tiennent à d'autres qui sont incapables d'être employés ailleurs qu'au parlement à cause de l'activité de leur tête.

Quant au clergé, *M. de Jarente* a élevé dans ce corps bien des sujets dignes d'être ignorés. Il a pris le contre-pied de son prédécesseur qui voulait un clergé exemplaire et attaché à la religion. M. de Jarente fait des choix de personnes trop semblables à lui.

M. l'évêque de Verdun est trop connu pour avoir besoin de recommandation, ainsi que sa famille dont l'attachement est bien connu.

M. le duc de La Vauguyon est également trop connu pour avoir besoin d'être recommandé. Il avait trop à cœur de rendre ses élèves des princes polis, éclairés et capables, pour qu'il soit jamais oublié. Je dis de même pour les personnes appelées à l'éducation des enfans de France.

Quant à M. l'ancien évêque de Limoges, sa vertu, sa candeur, sa délicatesse parlent assez en sa faveur.

Il est d'autres personnes bien recommandables ; mais, outre qu'elles ont des charges, elles tiennent par l'amitié et la parenté aux personnes citées ci-dessus. On n'en parlera pas.

M. l'archevêque de Paris (de Beaumont) doit être considéré comme une des colonnes de la religion, que la famille est obligée, en conscience et par intérêt, de maintenir, *combien qu'il en coûte*. La tendre mère de mes enfans en dira davantage. Elle saura bien distinguer ce qui est bien d'avec ce qui est mal, et il n'est pas nécessaire de démontrer ici combien elle est digne du plus tendre dévouement. (*Mém. hist. et polit. du règne de Louis XVI*, par Soulavie, T. I.)

Note (I), *page* 103.

« AVANT François-Étienne, la cour impériale d'Allemagne était la plus magnifique, la plus fastueuse de l'Europe. Nulle part on n'observait, avec plus de rigueur, plus de scrupule, ce que l'on appelle l'étiquette. François la laissa subsister pour les cérémonies d'apparat, et la bannit absolument de l'intérieur de la cour. L'impératrice-reine se prêta volontiers à ce changement qui s'accordait avec sa bienveillance naturelle. Ils substituèrent donc à l'ancienne étiquette, l'aisance et même la bonhomie qu'on avait vues régner, avec tant de succès, à Lunéville. Ils vivaient, au milieu de ceux qui les approchaient, comme de simples particuliers vivant au milieu de leurs égaux. Hors les jours de cérémonies, leur table était frugale, et ils y admettaient, sans distinction de naissance, toutes les personnes de l'un et de l'autre sexe qui avaient quelque mérite. Dans leurs divertissemens, ils éloignaient avec soin toute espèce de gêne ; et leurs vêtemens ne les distinguaient en rien de ceux qui partageaient ces plaisirs. Enfin, l'un et l'autre accueillaient avec une affabilité véritablement populaire quiconque avait à leur parler. Cet accueil avait encore quelque chose de plus prévenant pour l'homme obscur que pour le grand, pour le pauvre que pour le riche.

Il faut envier le bonheur des souverains qui peuvent impunément descendre à cette familiarité ; car il doit être bien doux quelquefois d'oublier les charges de la royauté, pour goûter les douceurs de la vie privée. Mais *Marie-Antoinette* se trompa en croyant qu'elle pourrait aussi ouvrir son cœur à ces émotions délicieuses qu'on n'éprouve jamais quand on se tient à une trop grande distance des hommes.

Elle ne connaissait pas le génie de notre nation qui, comme le dit La Bruyère, veut du sérieux et du sévère dans ses maîtres : et quand elle le connut, il était trop tard. » (*Histoire de Marie-Antoinette-Josèphe-Jeanne de Lorraine, archiduchesse d'Autriche, reine de France*, par Montjoie.)

Note (K), *page* 112.

« Peu de jours avant le mariage de M. le dauphin, il se répandit que mademoiselle de Lorraine, fille de la comtesse de Brionne et sœur du prince de Lambesc, grand-écuyer de France, danserait son menuet au bal paré immédiatement après les princes et princesses du sang, et que le roi lui avait accordé cette distinction à la suite d'une audience que M. le comte de Mercy, ambassadeur de l'empereur et de l'impératrice-reine, avait eue de Sa Majesté. Quoique les étiquettes et l'ordre des menuets d'un bal paré ne soient nullement du ressort de ces feuilles, il ne faut pas croire que ce soit une matière stérile pour l'esprit philosophique ; et tout ce qui caractérise d'ailleurs l'esprit d'une cour, d'une nation, d'un siècle, est toujours intéressant à remarquer. La nouvelle du menuet de mademoiselle de Lorraine causa la plus grande fermentation parmi les ducs et pairs qui lièrent à leur cause, à cette occasion, toute la haute noblesse du royaume. On établissait pour principe incontestable qu'il ne pouvait y avoir de rang intermédiaire entre les princes du sang et la haute noblesse, et que, par conséquent, mademoiselle de Lorraine ne pouvait avoir à la cour de rang distinct de celui des femmes de qualité présentées. L'archevêque de Reims, premier pair ecclésiastique, s'étant trouvé incommodé, on s'assembla chez l'évêque de Noyon, second pair ecclésiastique, frère du maréchal de Broglie. On dressa un mémoire à présenter au roi : les ducs et pairs, en le signant, laissèrent des lacunes entre leurs signatures, afin que la haute noblesse pût signer pêle-mêle, sans distinction de titres ni de rang ; et ce fut l'évêque de Noyon qui présenta à Sa Majesté le mémoire concernant le menuet.

Cette requête fut à peine connue, qu'il en courut dans le public la parodie suivante :

> Sire, les grands de vos États
> Verront avec beaucoup de peine
> Une princesse de Lorraine
> Sur eux, au bal, prendre le pas.
> Si Votre Majesté projette
> De les flétrir d'un tel affront,
> Ils quitteront la cadenette,
> Et laisseront les violons.
> Avisez-y ; la ligue est faite.
> Signé, l'évêque de Noyon,
> La Vaupallière, Beaufremout,
> Clermont, Laval et de Villette.

On disait, en effet, tout haut, que si la réponse du roi à ce mémoire n'était pas favorable, toutes les femmes de qualité se trouveraient subitement indisposées, et qu'aucune ne danserait au bal paré. Au reste, cette requête versifiée ne manque pas de sel. Indépendamment du ridicule de voir un prélat présider aux délibérations, et présider aux démarches et aux efforts de la noblesse française au sujet d'un menuet, on y a enchâssé le nom de quelques anciennes illustres maisons, entre deux grands de la monarchie de très-fraîche date. On prendrait cela pour une mauvaise plaisanterie, mais le fait est certain ; et l'on assure que le marquis de Villette, fils d'un trésorier de l'extraordinaire des guerres, qui ne s'est illustré, jusqu'à présent, que par quelques petits écrits et d'assez grands écarts de jeunesse, a eu la permission de signer une requête au bas de laquelle on lit les noms de Beaufremont, de Clermont, de Montmorency. Il n'est pas douteux que ses descendans ne lui sachent gré de cette signature ; ils diront : « Un de nos ancêtres a signé la fameuse requête du menuet, au mariage du petit-fils de Louis XV, avec tous les pairs et toute la haute noblesse du royaume ; donc notre nom était dès-lors compté parmi les plus illustres de la monarchie. » Ils pourront dire encore : « En 1770, au bal paré du mariage du dauphin, un Villette disputa le pas aux princes de la maison de Lorraine. C'est ce grand Villette, ajoutera un de ses petits-fils, qui publia, à ses frais, un éloge de *Charles V* et un éloge de *Henri IV*, qui n'ont pu se dérober à l'injure du temps, ni dans les archives de la littérature, ni dans celles de notre maison ; » et ils diront vrai. Beaucoup de preuves historiques ne sont pas établies sur des fondemens plus solides. » (*Correspondance de Grimm*, tome VII, page 143.)

Voici quelques détails que Soulavie ajoute à ceux qu'on vient de lire :

« Marie-Thérèse connaissait bien la cour de Versailles ; cependant elle commit la faute de faire demander diplomatiquement par M. de Mercy, son ambassadeur, que mademoiselle de Lorraine, sa parente, et le prince de Lambesc, eussent rang après les princes du sang de la maison, dans les fêtes du mariage de sa fille avec le dauphin de France.

» Louis XV, pour plaire à la dauphine qui le désirait, à Marie-Thérèse qui le demandait, crut devoir en faire une affaire d'État. Il connaissait la jalousie des grands de sa cour, relativement à leurs droits d'étiquette, et il leur demanda, en vertu de la soumission et de l'attachement qu'ils lui devaient, et qu'ils lui avaient témoigné, ainsi qu'à ses prédécesseurs, de ne le point contrarier dans cette circonstance. Il témoignait le désir de marquer à l'impératrice sa reconnaissance du présent qu'elle faisait de sa fille à la France ; il avait recours au langage de l'amitié, et invoquait ce sentiment en cette circonstance, pour obtenir cette condescendance des grands de l'État.

La docilité des grands, depuis quelques années, avait changé à l'égard de Louis XV, et le roi ne calcula point les obstacles que les ducs devaient élever contre cette nouvelle prétention. Les femmes de la cour, dont Louis XV devait attendre le plus de soumission et de déférence, jouèrent un rôle opiniâtre et fier, opposant une résistance invincible à la demande du roi de laisser danser mademoiselle de Lorraine immédiatement après les princesses du sang; leur fermeté alla jusqu'à se priver du bal, plutôt que de se laisser dépouiller du droit de danser les premières. Madame de Bouillon, parmi toutes ces dames, se distingua par l'éclat de ses refus et de ses observations. Louis XV en parut si offensé, que cette dame ne revint plus à la cour. La dauphine, de son côté, en eut un tel dépit, qu'elle se procura une des lettres que Louis XV avait écrites aux pairs. Elle la renferma dans sa cassette, et y ajouta ces mots : *Je m'en souviendrai.* Cependant, pour terminer la fête, mademoiselle de Lorraine accepta de danser avec la duchesse de Duras, que sa place retenait à la cour. Ce moyen terme diminua le scandale des dames, des refus et des observations, et tempéra l'éclat de sa retraite et du retour à Paris des dames titrées qui avaient refusé de danser au mariage de la jeune princesse. » (*Mém. hist. et polit. du règne de Louis XVI*, T. II.)

Note (L), page 115.

« Les habits portés au sacre par les principales dignités sont, par leur richesse et leur forme antique, un des objets les plus curieux de cette solennité. Les pairs laïcs étaient vêtus d'une veste d'étoffe d'or qui leur descendait jusqu'à la moitié des jambes ; ils avaient une ceinture mêlée d'or, d'argent et de soie violette, et par-dessus leur longue veste un manteau ducal de drap violet, doublé et bordé d'hermine ; leur collet rond était aussi d'hermine ; ils avaient tous une couronne sur un bonnet de satin violet, et le collier de l'ordre du Saint-Esprit par-dessus leurs manteaux.

Le capitaine des cent-suisses de la garde du roi était habillé d'argent, avec un baudrier de pareille étoffe et brodé; un manteau noir doublé de drap d'argent et garni de dentelles, ainsi que ses chausses troussées, et une toque de velours noir garnie d'un bouquet de plumes. Le grand-maître et le maître des cérémonies étaient vêtus de pourpoints d'étoffe d'argent, de chausses retroussées de velours raz-noir, coupé par bandes, ayant des capots aussi de velours raz-noir garnis de dentelles d'argent, avec une toque de velours noir chargée de plumes blanches.

Tout étant disposé pour donner à la cérémonie du sacre l'éclat et la pompe convenables, le dimanche 11 juin, dès les six heures du matin, les chanoines tous en chape, arrivèrent dans le chœur, se placèrent dans les hautes stalles, et furent bientôt suivis de l'archevêque duc de Reims, des cardinaux et prélats invités, des ministres, des maréchaux de France, des conseillers d'État et des députés des différentes compagnies : chacun prit sans confusion la place qui lui avait été marquée.

Vers les six heures et demie, les pairs laïcs arrivèrent du palais archiépiscopal. Monsieur représentait le duc de Bourgogne ; M. le comte d'Artois celui de Normandie, et le duc d'Orléans celui d'Aquitaine. Le reste des anciens pairs de France, les comtes de Toulouse, de Flandre et de Champagne, furent représentés par le duc de Chartres, le prince de Condé et le duc de Bourbon qui portaient les couronnes de comte.

Les pairs ecclésiastiques, pendant toute la cérémonie, restèrent en chape et en mître.

Sur les sept heures, l'évêque duc de Laon et l'évêque comte de Beauvais partirent en procession pour aller chercher le roi. Ces deux prélats, vêtus de leurs habits pontificaux, et ayant des reliquaires pendus à leur cou, étaient précédés de tous les chanoines de l'église de Reims, entre lesquels était la musique. Le chantre et le sous-chantre marchaient après le

clergé, et devant le marquis de Dreux, grand-maître des cérémonies, qui précédait immédiatement les évêques duc de Laon et comte de Beauvais ; ils passèrent par une galerie couverte, et arrivèrent à la porte du roi, qu'ils trouvèrent fermée, suivant un usage qui remonte aux temps les plus anciens. Le chantre y frappe de son bâton ; aussitôt le grand-chambellan, sans ouvrir, lui dit : *Que demandez-vous ?* — *Nous demandons le roi*, répond le principal pair ecclésiastique. — *Le roi dort*, réplique le grand-chambellan. Alors le grand chantre recommence à frapper, et l'évêque continue à demander le roi, et la même réponse est donnée. Enfin à la troisième fois, le chantre ayant encore frappé, et le grand-chambellan répété que *le roi dort*, le pair ecclésiastique, qui a déjà porté la parole, dit ces mots qui lèvent tout obstacle : *Nous demandons Louis XVI que Dieu nous a donné pour roi*; aussitôt les portes de la chambre s'ouvrent, et une autre scène commence. Le grand-maître des cérémonies conduit les évêques auprès de Sa Majesté couchée sur un lit-de-parade : ils la saluent très-profondément. Le monarque est vêtu d'une longue camisole cramoisi, garnie de galons d'or, et ouverte, ainsi que la chemise, aux endroits où Sa Majesté doit recevoir les onctions. — Par-dessus cette camisole, le roi a une longue robe d'étoffe d'argent, et sur sa tête une toque de velours noir garnie d'un cordon de diamans, d'une plume et d'une double aigrette blanche. Le pair ecclésiastique présente l'eau bénite au roi et dit l'oraison suivante : « Dieu tout-puissant et
» éternel, qui avez élevé à la royauté votre serviteur Louis,
» accordez-lui de procurer le bien de ses sujets dans le cours
» de son règne, et de ne jamais s'écarter des sentiers de la
» justice et de la vérité. » Cette oraison achevée, les deux évêques prirent Sa Majesté l'un par le bras droit, l'autre par le bras gauche, et l'ayant soulevée de dessus son lit, ils la conduisirent processionnellement à l'église, par la galerie couverte, et dans le plus pompeux cortége, en chantant de certaines prières.

Le roi étant arrivé vers les sept heures à l'église, et tout le monde ayant pris place, la Sainte-Ampoule ne tarda pas à arriver à la principale porte. Elle avait été apportée de l'abbaye de Saint-Remy par le grand-prieur, en chape d'étoffe d'or, et monté sur un cheval blanc de l'écurie du roi, couvert d'une housse d'étoffe d'argent, richement brodée, et conduit par les rênes tenues par deux maîtres palefreniers de la grande écurie. Le grand-prieur était sous un dais de pareille étoffe, porté par quatre barons, dits chevaliers de la Sainte-Ampoule, vêtus de satin blanc, d'un manteau de soie noire et d'une écharpe de velours blanc, garnie de franges d'argent dont Sa Majesté les avait honorés et gratifiés; ils portaient la croix de chevalier passée au col et attachée à un ruban noir. Aux quatre coins du dais, on voyait à cheval les seigneurs nommés par le roi pour otages de la Sainte-Ampoule, et qui étaient précédés chacun de leur écuyer portant un guidon chargé, d'un côté des armes de France et de Navarre, et de l'autre de celles de leurs maisons. Les otages avaient prêté serment sur le livre des Évangiles, et juré entre les mains du prieur, en présence des officiers du bailliage de l'abbaye, qu'il ne serait fait aucun tort à la Sainte-Ampoule, pour la conservation de laquelle ils s'engagèrent à exposer leur vie; et en même temps ils s'étaient constitués *pleiges*, cautions solidaires, et avaient déclaré qu'ils demeureraient en otage jusqu'au retour de la Sainte-Ampoule. Par une suite de ce qui se pratique en pareilles circonstances, ils requirent néanmoins qu'il leur fût permis de l'accompagner, *et pour grande sûreté et conservation d'icelle*, sous le même cautionnement; ce qu'on leur avait accordé. — Toutes ces formalités sont si superflues qu'elles devenaient ridicules. La Sainte-Ampoule, qui joue un si grand rôle dans le sacre de nos rois, est une espèce de petite bouteille remplie, dit-on, d'un baume miraculeux, ne diminuant jamais, qui servit à oindre Clovis. On prétend qu'elle fut envoyée du ciel et apportée par une colombe à saint Remy, mort vers l'an 535 :

elle se conserve dans le tombeau même de cet ancien archevêque dont le corps est tout entier dans une châsse de l'abbaye qui porte son nom, et elle est renfermée dans un reliquaire de vermeil en or, enrichi de diamans et de pierres précieuses de différentes couleurs (1).

L'archevêque de Reims, ayant été averti par le maître des cérémonies de l'arrivée de la Sainte-Ampoule, alla aussitôt la recevoir à la porte de l'église : en la remettant entre ses mains, le grand-prieur, suivant l'usage, lui adressa ces paroles : « Je vous confie, Monseigneur, ce précieux trésor
» envoyé du ciel au grand saint Remy, pour le sacre de
» Clovis et des rois ses successeurs; mais je vous supplie, selon
» l'ancienne coutume, de vous obliger de me la remettre
» entre les mains après le sacre de notre roi Louis XVI. »
L'archevêque, conformément à la coutume, fait le serment exigé conçu en ces termes : « Je reçois avec respect
» cette Sainte-Ampoule, et vous promets, foi de prélat, de
» la remettre entre vos mains, la cérémonie du sacre
» achevée. » En disant ces mots, le cardinal de La Roche-Aymon prit la merveilleuse fiole, rentra dans le chœur, et la déposa sur l'autel. Quelques instans après, il s'approcha du roi dont il reçut le serment, appelé de protection, pour toutes les églises sujettes de la couronne : promesse que Sa Majesté fit assise et couverte. « Je promets, dit le roi, d'empêcher
» les personnes de tout rang de commettre des rapines et
» des iniquités, de quelque nature qu'elles soient. Je jure
» de m'appliquer sincèrement et de tout mon pouvoir, à
» exterminer de toutes les terres soumises à ma domination
» les hérétiques nommément condamnés par l'Église. »

---

(1) Depuis, cette fiole fut brisée sur le pavé de l'abbaye par le conventionnel Ruhl en mission; la châsse et les reliquaires, mis en pièces par son ordre, furent envoyés à la Monnaie.

(*Note des édit.*)

Après cette formule de serment, deux pairs ecclésiastiques présentent le roi à l'assemblée et lui demandent si elle agrée Louis XVI pour roi de France. Un silence respectueux, disent les livres qui contiennent les détails de cette cérémonie, annonça le consentement général.

L'archevêque de Reims présenta au roi le livre des Évangiles, sur lequel Sa Majesté posant les mains fit serment de maintenir et conserver les ordres du Saint-Esprit et de Saint-Louis, et de porter toujours la croix de ce dernier ordre, attachée à un ruban de soie, couleur de feu; de faire observer l'édit contre les duels, sans avoir jamais aucun égard aux représentations des princes ou seigneurs qui pourraient intercéder en faveur des coupables. La première partie de ce serment n'est guère importante, et la seconde est enfreinte tous les jours.

Lorsque le roi eut reçu, pour la seconde fois, l'épée de Charlemagne, il la déposa entre les mains du maréchal de Clermont-Tonnerre, faisant les fonctions de connétable, qui la tint la pointe levée pendant la cérémonie du sacre et du couronnement, ainsi qu'au festin royal. Pendant que le roi recevait et remettait cette épée de Charlemagne, on récita plusieurs oraisons. Dans l'une on demandait à Dieu que les saints monastères se ressentissent des libéralités du roi; que ses grâces se répandissent sur les grands du royaume, que la rosée du ciel et la graisse de la terre procurassent dans ses États une abondance intarissable de blé, de vin, d'huile et de toutes sortes de fruits, afin que sous son règne les peuples pussent jouir d'une santé constante, etc.

Quand ces prières furent finie, le prélat officiant ouvrit la Sainte-Ampoule, en fit tomber un peu d'huile qu'il délaya avec l'huile bénite, appelée saint-chrême. Le roi se prosterna devant l'autel sur un grand carreau de velours violet, semé de fleurs de lis d'or, ayant le vieil archevêque, duc de Reims, aussi prosterné à sa droite, et resta dans cette humble posture jusqu'à la fin des litanies chantées par quatre évêques, alternativement avec le chœur. On trouve dans ces litanies le verset suivant :

Ut dominum Apostolicum et omnes gradus Ecclesiæ in sanctâ religione conservare digneris. (Que vous daigniez conserver dans votre sainte religion le souverain pontife et tous les ordres de l'Église.)

A la fin des litanies, l'archevêque de Reims se plaça sur son fauteuil, et le roi, s'étant allé mettre à genoux devant lui, reçut les onctions sur le sommet de la tête, sur la poitrine, entre les deux épaules, sur l'épaule droite, sur la gauche, à la jointure du bras droit, à celle du bras gauche. Dans le même temps ce prélat récitait quelques oraisons dont voici la substance : « Qu'il réprime les orgueilleux ; » qu'il soit une leçon pour les riches ; qu'il soit charitable » envers les pauvres et le pacificateur des nations. » Un peu plus bas on remarque, parmi ces oraisons, les paroles suivantes : « Qu'il n'abandonne point ses droits sur les royau- » mes des Saxons, des Merciens, des peuples du Nord et des » Cimbres. »

Un auteur anonyme dit que par les Cimbres on entend le royaume d'Angleterre, sur lequel nos rois se réservent expressément leurs droits incontestables, depuis Louis VIII, auquel il fut conféré par la libre élection du peuple qui avait chassé Jean-sans-Terre.

Après les sept onctions l'archevêque de Reims, aidé des évêques de Laon et de Beauvais, referma avec des lacets d'or les ouvertures de la chemise et de la camisole du roi, qui, s'étant levé, fut revêtu par le grand-chambellan de la tunique, de la dalmatique et du manteau royal fourré et bordé d'hermine : ces vêtemens sont de velours violet, semés de fleurs de lis et broderies d'or, et représentent les habits de sous-diacre, de diacre et de prêtre : symbole par lequel le clergé cherche, sans doute, à prouver qu'il est uni à la puissance royale. Le roi se remit ensuite à genoux devant l'archevêque officiant qui lui fit la huitième onction sur la paume de la main droite, et la neuvième et dernière sur celle de la main gauche ; puis il mit un anneau au quatrième doigt de la main droite, comme signe représentatif de la toute-puissance et de l'union intime qui régnera désormais entre le roi et son peuple. L'archevêque prit alors sur l'autel le sceptre royal, et le mit dans la main droite du roi, et ensuite la main de justice qu'il lui mit dans la main gauche. Le sceptre est d'or émaillé, garni de perles orientales ; il peut avoir six pieds de haut. Charlemagne est représenté en relief, le globe en main, assis sur une chaire ornée de deux lions et de deux aigles. La main de justice est un bâton d'or massif, haut seulement d'un pied et demi, garni de rubis et de perles, et terminé par une main d'ivoire, ou plutôt de corne de licorne ; il y a de distance en distance trois cercles à feuillage tout brillans de perles, de grenats et d'autres pierres précieuses.

Voici cependant un moment où le clergé cesse de s'arroger le droit de conférer au roi la toute-puissance. M. le garde-des-sceaux de France, faisant les fonctions de chancelier, monta à l'autel, et s'étant placé du côté de l'Évangile, le visage tourné vers le chœur, il appela les pairs, pour le couronnement, de la manière suivante : « Monsieur, qui » représentez le duc de Bourgogne, présentez-vous à cet » acte, etc., etc. » Les pairs s'étant approchés du roi, l'archevêque de Reims prit sur l'autel la couronne de Charlemagne, apportée de Saint-Denis, et la posa sur la tête du roi. Aussitôt les pairs ecclésiastiques et laïcs y portèrent la main pour la soutenir : allégorie vraiment noble et expressive, mais qui serait bien plus juste, si des délégués du peuple soutenaient aussi cette couronne par le même esprit allégorique ; on emploie, dans l'une des oraisons récitées en cet instant, une expression orientale qui a beaucoup d'énergie : « Que le roi, dit-on, ait la force du rhinocéros, et » qu'il chasse devant lui, comme un vent impétueux, les

» nations ennemies jusqu'aux extrémités de la terre. » La couronne de Charlemagne, qui se conserve dans le trésor de l'abbaye de Saint-Denis, est d'or, et enrichie de rubis et de saphirs; elle est doublée d'un bonnet de satin cramoisi brodé en or, et surmontée d'une fleur de lis d'or, couverte de trente-six perles orientales.

Après toutes ces cérémonies, l'archevêque, duc de Reims, prit le roi par le bras droit, et suivi des pairs et de tous les grands-officiers de la couronne, il le conduisit au trône élevé sur le jubé, où il le fit asseoir, en récitant les prières de l'intronisation, dans la première desquelles il est dit : « Comme vous voyez le clergé plus près des saints autels » que le reste des fidèles, aussi vous devez avoir attention à » le maintenir dans la place la plus honorable. » En achevant les oraisons prescrites pour la circonstance, le prélat quitta sa mître, fit une profonde révérence au roi, le baisa, en disant : *Vivat rex in æternum.* Les autres pairs ecclésiastiques et laïcs baisèrent aussi Sa Majesté, l'un après l'autre, et dès qu'ils furent remis à leurs places, on ouvrit les portes de l'église ; le peuple y entra en foule, et, dans l'instant, fit retentir les voûtes des acclamations de *vive le roi!* que répéta en écho la multitude des assistans, dont toute l'enceinte du chœur était remplie en amphithéâtre ; un mouvement involontaire excita des battemens de mains qui devinrent universels ; les grands, la cour, le peuple, animés du même transport, n'eurent que la même manière de l'exprimer. La reine, trop vivement émue, ne put résister à l'impression qu'elle éprouvait, et fut obligée de sortir un moment. Lorsqu'elle reparut, elle partagea à son tour l'hommage que la nation venait d'adresser au roi.

Tandis que tout retentissait des cris de joie, les oiseleurs, selon un usage très-ancien, lâchèrent dans l'église une grande quantité d'oiseaux, qui, par le recouvrement de leur liberté, signifiaient l'effusion des grâces du monarque sur le peuple, et que jamais les hommes ne sont plus véritablement libres, que sous le règne d'un prince éclairé, juste et bienfaisant. » (*Corresp. secrète de la cour de Louis XVI.*)

Note (M), *page* 124.

« La seule passion que Louis XVI ait jamais développée, est celle de la chasse; elle l'occupait tellement, qu'en montant dans ses petits appartemens, après le 10 août, à Versailles, j'ai vu sur l'escalier six tableaux où l'on trouvait les états de toutes ses chasses, soit quand il était dauphin, soit quand il fut roi. On y voyait le nombre, l'espèce et la qualité du gibier qu'il avait tué à chaque partie de chasse, avec des récapitulations pour chaque mois, chaque saison et chaque année de son règne.

L'intérieur de ses petits appartemens était ainsi distribué : un salon orné de dorures offrait en évidence les gravures qui lui avaient été dédiées; les dessins de canaux qu'il avait fait creuser; le relief de celui de Bourgogne; le plan des cônes et travaux de Cherbourg.

La salle supérieure renfermait son magasin de cartes géographiques, ses sphères, ses globes et son cabinet de géographie. On y voyait les dessins des cartes qu'il avait commencées et ceux des cartes qu'il avait finies. Il était habile dans l'art de les laver. Sa mémoire géographique était prodigieuse.

Au-dessus était la salle du tour et des menuiseries, meublée d'instrumens ingénieux sur l'art de travailler le bois. Il en avait hérité de Louis XV, et il s'occupait lui-même avec Duret de les conserver propres et luisans.

Au-dessus était la bibliothèque des livres publiés sous son règne. Les heures et les livres manuscrits d'Anne de Bretagne, de François Ier, des derniers Valois, de Louis XIV, de Louis XV et du dauphin, formaient la grande bibliothèque, héréditaire du château. Louis XVI avait placé séparément, et dans deux cabinets qui se communiquaient, les ouvrages de son temps. On y distinguait une collection complète des éditions de Didot, en vélin, dont chaque volume était renfermé dans un étui de maroquin. Il avait beaucoup d'ouvrages anglais, entre autres, les Débats du Parlement britannique, en un grand nombre de volumes in-folio (c'est le Moniteur de l'Angleterre, dont la collection est si précieuse et si rare). On y voyait à côté une histoire manuscrite de tous les projets de descente dans cette île, notamment celle du comte de Broglie, et autres plans analogues.

Une des armoires de ce cabinet était pleine de cartons contenant des papiers relatifs à la maison d'Autriche, avec cette étiquette écrite de sa main : *Papiers secrets de ma famille sur la maison d'Autriche ; papiers de ma famille sur les maisons de Stuart et de Hanovre.*

Dans une armoire voisine étaient renfermés des papiers relatifs à la Russie. La méchanceté la plus raffinée a publié, contre Catherine II, contre Paul Ier, des ouvrages satiriques, vendus en France pour des histoires. Louis XVI avait recueilli et cacheté de son petit sceau les anecdotes scandaleuses de Catherine II, ainsi que l'ouvrage de Rhulières dont il avait une copie, pour s'assurer que la vie secrète de cette princesse, qui attirait la curiosité de ses contemporains, ne serait point manifestée par son moyen.

Au-dessus de la bibliothèque particulière du roi, on trouvait une forge, deux enclumes, mille outils en fer, différentes serrures ordinaires, mais fines et parfaites ; des serrures à secret ; des serrures ornées en cuivre doré. C'est là que l'infâme Gamin, qui depuis accusa le roi d'avoir voulu l'empoisonner, et fut payé de sa calomnie par une pension de douze mille livres, lui avait appris l'art du serrurier. Gamin, malgré sa grossièreté, avait conduit le roi à se laisser traiter comme un apprenti l'est dans son atelier par son maître. Ce Gamin, devenu notre guide par ordre du département et de la municipalité de

Versailles, ne se plaignait pas cependant de Louis XVI au 20 décembre 1792. Il avait été le confident de ce prince pour une infinité de commissions importantes : le roi lui avait envoyé de Paris le *livre rouge* dans un paquet ; et la partie cachée pendant l'Assemblée constituante l'était encore en 1793. Gamin la cacha dans un lieu du château, inaccessible aux recherches de tout le monde, où nous la trouvâmes. Ce fut de dessous des tablettes d'une armoire secrète qu'il la retira sous nos yeux. Cette anecdote persuaderait que Louis XVI espérait retourner dans son château.

Gamin, en apprenant son métier à Louis XVI, avait pris avec lui un ton d'autorité et de maître. « Le roi était
» bon, tolérant, timide, curieux, ami du sommeil, me
» disait Gamin ; il aimait avec passion la serrurerie, et se
» cachait de la reine et de la cour pour limer et forger avec
» moi. Pour porter son enclume et la mienne, à l'insu de
» tout le monde, il fallut user de mille stratagèmes dont
» l'histoire ne finirait pas. »

Au-dessus des forges et des enclumes du roi et de Gamin, était un belvédère établi sur une plate-forme couverte de plomb. Là, assis sur un fauteuil et les yeux aidés d'un immense télescope, le roi observait ce qui se passait dans les cours de Versailles, dans l'avenue de Paris et dans les jardins du voisinage. Il avait pris en amitié Duret qui le servait dans l'intérieur, affilait ses outils, nettoyait l'enclume, collait ses cartes, préparait ses lunettes et ses télescopes au point fixe de la vue du roi qui était myope. Ce bon Duret, et tous les domestiques de l'intérieur, ne parlaient de leur maître qu'avec regret, avec attendrissement et les larmes aux yeux.

Le roi était né d'une santé faible et délicate ; mais dès l'âge de vingt-quatre ans, il eut un tempérament très-robuste. A la cour, on citait de lui des tours de force qu'il tenait de sa mère, issue de la maison de Saxe, si célèbre par ses robustes générations.

Il y avait deux hommes dans Louis XVI, *l'homme qui connaît* et *l'homme qui veut.* La première de ces qualités était très-étendue et très-variée ; le roi savait à fond l'histoire de sa famille et des premières maisons de France. C'est lui qui composa les instructions pour le voyage autour du monde de M. de La Peyrouse, que le ministre crut dressées par plusieurs membres de l'Académie des Sciences.

Il avait dans la mémoire une infinité de noms et de localités. Il se ressouvenait à merveille des quantités et des nombres. On lui présentait un jour un compte rendu, dans lequel le ministre avait mis au rang de la dépense un article inséré dans le compte de l'année précédente. « Voilà un double emploi, dit le roi ; rapportez-moi le » compte de l'année dernière, je vous montrerai qu'il s'y » trouve. »

Quand le roi possédait parfaitement une affaire de détail, et lorsqu'il voyait la justice lésée, il était dur jusqu'à la brutalité. Une injustice criante le faisait sortir de son caractère ; alors il voulait être obéi sur-le-champ, pour être sûr de l'être et pour prévenir une négligence à cet égard.

Mais, dans les grandes affaires d'État, le roi *qui veut et qui ordonne* ne se trouvait nulle part. Louis XVI était sur le trône ce que sont dans la société ces tempéramens faibles que la nature a rendus même incapables d'une opinion. Dans sa pusillanimité, il donnait sa confiance à un ministre, et quoiqu'il connût dans la variété des avis de son conseil celui qui était le meilleur, jamais il n'eut la force de dire : *C'est l'avis d'un tel que je préfère.* Là fut la source des malheurs de l'État. (*Mém. hist. et polit. du règne de Louis XVI*, par Soulavie, tom. II.)

Note (N), *page* 149.

« Madame de Boufflers croyait avoir besoin de l'appui de madame la duchesse de Polignac, et sollicita sa faveur par toutes les offres que peut inspirer la reconnaissance la plus délicate et la plus empressée. Madame de Polignac, s'applaudissant des bons offices rendus à madame de Boufflers, crut pouvoir lui proposer sans indiscrétion de lui céder, pendant quelques mois, cette même maison d'Auteuil dont on l'avait tant priée de disposer toutes les fois que la cour serait au château de la Muette, qui en est fort près. Soit que madame de Boufflers ne s'attendît pas que sa reconnaissance fût mise à cette épreuve, soit que le service en question ne lui parût plus de la même importance, elle se permit de refuser très-poliment ce qu'elle avait offert de si bonne grâce, et termina ses excuses par les vers suivans :

> Tout ce que vous voyez conspire à vos désirs ;
> Vos jours toujours sereins coulent dans les plaisirs ;
> La cour en est pour vous l'inépuisable source,
> Ou si quelque chagrin en interrompt la course,
> Tout le monde soigneux de les entretenir,
> S'empresse à l'effacer de votre souvenir.
> Mon Amélie (1) est seule ; à l'ennui qui la presse,
> Elle ne voit jamais que moi qui s'intéresse,
> Et n'a pour tout plaisir qu'Auteuil et quelques fleurs,
> Qui lui font quelquefois oublier ses malheurs.

Ces vers, lus dans la société de madame de Polignac, furent trouvés généralement détestables ; mais, après les avoir jugés avec cette sévérité, on ne fut pas peu surpris d'y reconnaître la main d'un assez bon faiseur. Ils sont, pour

---

(1) La comtesse Amélie, sa belle-fille.

ainsi dire, mot à mot dans la troisième scène du second acte de Britannicus, entre Néron et Junie :

> Britannicus est seul : quelqu'ennui qui le presse
> Il ne voit dans son sort que moi qui s'intéresse,
> Et n'a pour tout plaisir, Seigneur, que quelques pleurs
> Qui lui font quelquefois oublier ses malheurs.

Mais sans partialité, quelque douceur, quelque harmonie qu'ait l'ensemble du morceau, s'il n'était pas de Racine, ne serait-on pas blessé, de nos jours, de l'espèce d'obscurité qu'il y a dans le régime du verbe *entretenir*, si éloigné du mot *plaisir* auquel il se rapporte; de la répétition des *qui*, *que*, *quelque chagrin, quelque ennui, quelques pleurs, quelquefois*, etc.? Ne faut-il pas l'autorité de Racine pour faire sentir le prix de tant d'heureuses négligences? Ne serait-ce pas le caractère de naïveté qui en résulte, et qui sied si bien à la timide Junie, qui en forme tout le charme? et ce charme n'est-il pas perdu dans l'application qu'en a faite madame de Boufflers? (*Correspondance de Grimm*, *mars 1781, T. V.*)

Note (O), *page* 170.

MADAME CAMPAN, en rapportant avec franchise et simplicité ce qu'il y a de vrai dans l'anecdote dénaturée depuis par M. de Lauzun, a détruit tout l'effet que sa malignité pouvait s'en promettre. On va lire cette anecdote dont sa fatuité même ne pouvait avoir sujet de s'enorgueillir beaucoup, et que sa vanité blessée a si étrangement travestie.

« Madame de Guéménée s'approcha de moi, et me dit, en riant, à mi-voix : Êtes-vous très-attaché à une plume de héron blanche qui était à votre casque lorsque vous avez pris congé? La reine meurt d'envie de l'avoir; la lui refuserez-vous? Je répondis que je n'oserais la lui offrir, mais que je me trouverais très-heureux qu'elle voulût bien la recevoir de madame de Guéménée. J'envoyai un courrier la chercher à Paris, et madame de Guéménée la lui donna le lendemain au soir. Elle la porta dès le jour suivant, et lorsque je parus à son dîner, elle me demanda comment je la trouvais coiffée. Je répondis, fort bien. Jamais, reprit-elle avec infiniment de grâces, je ne me suis trouvée si parée. Il eût assurément mieux valu qu'elle n'en eût pas parlé, car le duc de Coigny remarqua et la plume et la phrase ; il demanda d'où venait cette plume : la reine dit avec assez d'embarras que je l'avais rapportée à madame de Guéménée de mes voyages, et qu'elle la lui avait donnée. Le duc de Coigny en parla le soir à madame de Guéménée avec beaucoup d'humeur, lui dit que rien n'était plus ridicule et plus indécent que ma manière d'être avec la reine ; qu'il était inouï d'en faire aussi publiquement l'amoureux, et incroyable qu'elle eût l'air de le trouver bon. Il fut assez mal reçu, et songea aux moyens de m'éloigner. »

Si maintenant l'on rapproche la version de madame Campan de celle qu'on vient de lire, que verra-t-on ? Que M. de Lauzun offrit lui-même la plume de héron, et qu'elle ne lui fut pas demandée ; qu'on la porta par condescendance, et que, dans sa folle présomption, il osa prendre pour une faveur ce qui n'était rien qu'une chose polie. M. de Lauzun laisse bien entrevoir ses audacieuses espérances, mais il ne dit pas, dans ses Mémoires, quel en fut le prompt châtiment. L'humiliation qu'il dut éprouver quand la reine le bannit pour jamais de sa présence, explique le ressentiment d'un homme à bonnes fortunes, jaloux de sauver son amour-propre même aux dépens de l'honneur et de la vérité.

Note (P), *page* 177.

A une dame.

Madame,

Je ne crois pas qu'il soit dans les obligations d'un monarque d'accorder des places à un de ses sujets par la seule raison qu'il est gentilhomme. C'est cependant ce que l'on devrait conclure de la demande que vous m'avez adressée. Feu votre époux a été un général distingué, dites-vous, un gentilhomme de bonne maison ; et de cela vous concluez que mes bontés pour votre famille ne peuvent moins faire que d'accorder une compagnie d'infanterie pour votre second fils, arrivé naguère de ses voyages.

Madame, on peut être fils d'un général et n'avoir aucun talent pour commander. On peut être gentilhomme de bonne maison, et ne posséder d'autre mérite que celui que l'on tient du hasard, le titre de gentilhomme.

Je connais votre fils, et je sais ce qui fait le soldat ; cette double connaissance m'a convaincu que votre fils n'a pas le caractère d'un guerrier, et qu'il est trop préoccupé de sa naissance, pour que la patrie puisse espérer qu'il lui rende jamais des services importans.

Ce dont vous êtes à plaindre, Madame, c'est que votre fils n'est bon pour devenir ni officier, ni homme d'État, ni prêtre ; en un mot, qu'il n'est autre chose qu'un gentilhomme dans toute l'acception de ce mot.

Vous pouvez rendre grâce au sort qui, en refusant des talens à votre fils, l'a mis toutefois en possession de grandes propriétés qui peuvent l'en dédommager suffisamment, et qui lui permettent en même temps de se passer de mes faveurs.

J'espère que vous serez assez impartiale pour sentir les raisons qui m'ont porté à répondre à votre demande par un refus. Il peut vous contrarier, mais je l'ai regardé comme nécessaire. Adieu, Madame,

Votre bien affectionné,

JOSEPH.

Lachsenbourg, 4 août 1787.

Au Pape Pie VI.

Très-Saint Père,

Les fonds du clergé de mes États ne sont pas destinés, comme on s'est permis de le dire à Rome, à s'éteindre avec mon règne, mais plutôt à devenir un soulagement pour mon peuple; et comme leur continuité, aussi bien que le déplaisir qu'on a fait éclater à cet égard, appartiennent au domaine de l'histoire, la postérité s'en emparera sans notre coopération : ce sera donc un monument, et j'espère qu'il ne sera pas le seul de mon époque.

J'ai supprimé les couvens superflus et les congrégations plus superflues encore; leur revenu sert à l'entretien des curés et à l'amélioration des institutions primaires; mais parmi la comptabilité que je suis obligé de confier à des employés de l'État, le fonds de ce dernier n'a chez moi absolument rien de commun avec celui de l'Église. Un fait ne doit être jugé que par le but qu'on veut atteindre, et les résultats de ce fait ne pourront être appréciés que par leur succès qu'on ne connaîtra que dans quelques années.

Mais je vois bien qu'à Rome la logique n'est pas la même que dans mes États; et de-là vient ce défaut d'harmonie entre l'Italie et l'Empire.

Si Votre Sainteté eût pris le charitable soin de s'informer aux vraies sources de ce qui s'est passé dans mes États, bien des choses ne seraient pas arrivées; mais il est, ce me semble, des personnes à Rome qui voudraient que l'obscurité se prolongeât de plus en plus sur notre pauvre globe.

Voilà le court aperçu des causes qui ont nécessité mes dispositions; j'espère que vous excuserez la brièveté de ma lettre en considérant que je n'ai ni le temps ni le talent qu'il faudrait pour traiter un thème si vaste à la manière usitée dans un musée romain.

Je prie Dieu qu'il vous conserve encore long-temps à son

Église, et qu'il envoie un de ses anges devant vous pour vous préparer les chemins du ciel.

Votre très-obéissant fils en Jésus-Christ,

JOSEPH.

Vienne, juillet 1784.

A une dame.

Madame,

Vous connaissez mon caractère; vous n'ignorez pas que la société des dames est pour moi une simple récréation, et que je n'ai jamais sacrifié mes principes au beau sexe; j'écoute peu les recommandations, et je ne les prends en considération que lorsque le sujet en faveur duquel on me sollicite a un vrai mérite.

Deux de vos fils sont déjà comblés de faveurs. L'aîné, qui n'a pas encore vingt ans, est chef d'escadron dans mon armée, et le cadet a obtenu de l'électeur mon frère un canonicat à Cologne. Que voulez-vous donc de plus? Ne faudrait-il pas que le premier fût déjà général, et que le second eût un évêché?

En France, on voit des colonels en lisière, et en Espagne les princes royaux commandent, même à dix-huit ans, des armées; aussi le prince de Stharemberg les força-t-il tant de fois à la retraite, que, durant leur vie entière, ces messieurs ne purent plus concevoir une autre manœuvre.

Il faut être sincère à la cour, sévère en campagne, stoïcien sans dureté, magnanime sans faiblesse, et obtenir l'estime de ses ennemis même par des actions justes, et c'est le but, Madame, auquel je veux atteindre.

JOSEPH.

Vienne, septembre 1787.

(Extrait des *Lettres inédites de Joseph II*, publiées à Paris chez Persan, 1822.)

Note (Q), *page* 201.

« Maurepas (Jean-Frédéric Phelippeaux, comte de), issu d'une famille originaire de Blois, reconnue comme noble depuis 1399, était fils de Jérôme, ministre et secrétaire d'État, petit-fils du chancelier de Pontchartrain, dont le père et l'aïeul avaient été eux-mêmes dans le ministère ; en sorte que ces places restèrent dans la même famille pendant cent soixante-onze ans (depuis 1610 jusqu'en 1781). Le comte de Maurepas, né en 1701, avait été chevalier de Malte de minorité. A l'âge de quatorze ans, il fut pourvu de la charge de secrétaire d'État, à la place de son père qui venait de donner sa démission. Le marquis de La Vrillière fut chargé d'exercer la charge, et de former aux détails de l'administration ce jeune ministre, son parent, et peu après son gendre. Le comte de Maurepas perdit son beau-père en 1725, et c'est alors seulement que commença son ministère qui embrassa plusieurs grandes provinces, Paris, la cour et la marine. Il n'avait encore que vingt-quatre ans, et ce fut alors qu'il développa réellement ce caractère léger, insouciant et frivole dont il ne se corrigea, ni par les leçons de la disgrâce, ni par la maturité de l'âge, dans le cours d'une existence brillante que la nature et la fortune prolongèrent à l'envi jusqu'à une époque très-avancée. Un de ses contemporains le dépeint ainsi : « Superficiel et incapable d'une
» application sérieuse et profonde, mais doué d'une facilité
» de perception et d'une intelligence qui démêlait dans un
» instant le nœud le plus compliqué d'une affaire, il sup-
» pléait dans les conseils, par l'habitude et la dextérité, à ce
» qui lui manquait d'étude et de méditation. Accueillant et
» doux, souple et insinuant, flexible, fertile en ruses pour
» l'attaque, en adresse pour la défense, en faux-fuyans
» pour éluder, en détours pour donner le change, en bons
» mots pour démonter le sérieux par la plaisanterie, en ex-

» pédiens pour se tirer d'un pas difficile et glissant : un œil
» de lynx pour saisir le faible ou le ridicule des hommes ;
» un art imperceptible pour les attirer dans le piége, ou les
» amener à son but ; un art encore plus redoutable de se
» jouer de tout, et du mérite même, quand il voulait le
» dépriser ; enfin l'art d'égayer, de simplifier le travail du
» cabinet, faisait de M. de Maurepas le plus séduisant des
» ministres. »

On le crut un grand homme d'État, parce qu'il avait fait quatre vers assez méchans contre une favorite détestée. « S'il
» n'avait fallu, dit Marmontel, qu'instruire un jeune
» prince à manier légèrement et adroitement les affaires, à
» se jouer des hommes et des choses, et à se faire un amu-
» sement du devoir de régner, Maurepas eût été, sans au-
» cune comparaison, l'homme qu'on aurait dû choisir.
» Peut-être avait-on espéré que l'âge et le malheur auraient
» donné à son caractère plus de solidité, de constance et
» d'énergie ; mais naturellement faible, indolent, person-
» nel, aimant ses aises et son repos, voulant que sa vieillesse
» fût honorée et tranquille, évitant tout ce qui pouvait
» attrister ses soupers ou inquiéter son sommeil, croyant à
» peine aux vertus pénibles, et regardant le pur amour du
» bien public comme une duperie ou comme une jactance;
» peu jaloux de donner de l'éclat à son ministère, et faisant
» consister l'art du gouvernement à tout mener sans bruit,
» et consultant toujours les considérations plutôt que les
» principes, Maurepas fut dans sa vieillesse ce qu'il avait
» été dans ses jeunes années, un homme aimable, occupé
» de lui-même, et un ministre courtisan. » (*Biographie universelle*, tom. XXVII.)

Note (R), page 228.

MARIE-ANTOINETTE ne pouvait pas être accusée de démentir sur le trône l'idée avantageuse qu'on s'était faite de ses vertus dans un rang moins élevé. Elle continua également à montrer, dans l'intérieur de sa cour, la même aversion pour l'étiquette. Elle ne discontinua ni ses promenades à pied ni ses voyages à Paris. Hors des solennités, elle aimait à s'habiller avec la plus grande simplicité, mais l'air de dignité qui lui était particulier, laissait toujours deviner son rang.

On commença à censurer vivement cette simplicité, d'abord parmi les courtisans, ensuite dans le reste du royaume; et, par une de ces contradictions qui sont plus communes en France qu'ailleurs, en même temps qu'on blâmait la reine, on la copiait avec fureur. Chaque femme voulait avoir le même déshabillé, le même bonnet, les mêmes plumes qu'on lui avait vus. On courait en foule chez une dame Bertin, sa marchande de modes; ce fut une véritable révolution dans l'habillement de nos dames, qui donna une sorte d'importance à cette femme. Les robes traînantes, toutes les formes qui pouvaient donner une certaine noblesse aux parures, furent proscrites; on ne distingua plus une duchesse d'une actrice.

La folie gagna les hommes; les grands avaient depuis long-temps quitté les plumets, les touffes de ruban, les galons au chapeau, pour les laisser à leurs laquais. Ils quittèrent alors les talons rouges et les broderies sur les habits; ils se plurent à parcourir nos rues, vêtus d'un gros drap, un bâton noueux à la main, et chaussés avec des souliers épais.

Cette métamorphose valut à plus d'un d'entre eux des aventures humiliantes. Jetés dans la foule, et n'ayant rien qui les distinguât des hommes du peuple, il arriva que des rustres prirent querelle avec eux, et, dans ce genre de combat, ce n'était pas le noble qui avait la supériorité. Voilà comme insensiblement le second ordre se dépouillait de la considération qu'on lui avait toujours portée, et avançait le règne de cette égalité qui lui a été si funeste.

Ces changemens avaient un inconvénient plus grave encore, en ce qu'ils influèrent considérablement sur les mœurs; car, d'une part, on prit trop de goût pour les manières, les habitudes du peuple, ainsi que pour les maximes démocratiques qui mettaient tout de niveau, tandis que, de l'autre, on l'accoutumait au mépris, à l'insubordination, à l'indolence. C'est une grande leçon pour ceux qui règnent. Ils oublient trop souvent qu'on ne fait rien de bon, si on ne connaît parfaitement le génie de la nation qu'on gouverne ; et qu'il en est des usages imités par les peuples voisins, comme de certaines plantes qui, en changeant de climat, deviennent vénéneuses. » (*Histoire de Marie-Antoinette*, par Montjoie.)

Note (S), *page* 230.

« La reine, dans le choix de ses divertissemens, ne se montrait pas plus soumise au cérémonial ; on jouait la comédie dans l'intérieur de ses appartemens : elle ne dédaignait pas d'y accepter des rôles, et ces rôles n'étaient pas les plus nobles ; elle jouait aussi dans des opéras-comiques. Ce genre d'amusement fut, comme la simplicité de ses habits, blâmé et imité : le goût pour les représentations théâtrales passa dans toutes les classes de la société ; il n'y eut pas un homme de qualité, pas un financier, pas un bourgeois un peu aisé, qui ne voulût avoir chez lui une salle de spectacle, et y copier les manières des acteurs. Autrefois un simple gentilhomme eût été déshonoré, si l'on eût cru qu'il se fût métamorphosé en comédien, même dans l'intérieur d'une maison. La reine ayant détruit, par son exemple, ce préjugé salutaire, le chef même de la magistrature, oubliant la dignité de sa place, apprit par cœur et joua des rôles bouffons.

Cette manie, devenant générale, combla peu à peu l'intervalle qui avait toujours séparé les comédiens des autres classes de la société : on les fréquenta plus que jamais, et les mœurs ne gagnèrent pas à ce rapprochement.

La reine remplissait assez gauchement les rôles qu'elle adoptait ; elle ne pouvait guère l'ignorer, par le peu de plaisir que faisait sa manière de jouer. Quelqu'un osa même dire assez haut, un jour qu'elle se donnait ainsi en spectacle : *Il faut convenir que c'est royalement mal jouer.* Cette leçon fut perdue pour elle, parce que jamais elle ne sacrifiait à l'opinion d'autrui rien de ce qu'elle croyait indifférent en soi-même, et devoir lui être permis.

Louis XIV avait le même goût ; il dansait sur le théâtre ; mais il avait prouvé, par des actions éclatantes, qu'il savait contraindre au respect, et d'ailleurs il renonça sans hésiter à cet amusement dès qu'il eut entendu réciter les beaux vers où Racine lui représentait combien de pareils passe-temps étaient indignes de lui.

La reine n'eut pas la même docilité. Quand des personnes sages lui dirent que, par la trop grande modestie de ses vêtemens, que par le genre de ses divertissemens et son aversion pour l'éclat qui doit toujours accompagner une reine, elle se donnait une apparence de légèreté qu'une partie du public interprétait mal, elle répondait comme madame de Maintenon : « Je suis sur le théâtre, il faut bien qu'on me » siffle ou qu'on m'applaudisse. » (*Histoire de Marie-Antoinette*, par Montjoie.)

Note (T), page 233.

« FRANKLIN naquit à Boston, dans la Nouvelle-Angleterre, le 17 janvier 1706. Son père était fabricant de chandelles, et il apprit d'abord cette profession. A l'âge de 14 ans, brûlant du désir de s'instruire, il partit de la maison paternelle pour Philadelphie, et sut se faire admettre chez le seul imprimeur qu'il y eût alors dans cette ville et dans toute l'Amérique septentrionale. Il y vécut de pain et d'eau pendant un an, afin de pouvoir acheter les livres dont il avait besoin pour étudier les sciences. Ses progrès et ses découvertes, principalement dans la physique, lui firent une grande réputation. On sait que c'est à lui que l'on doit l'usage des paratonnerres, et la hardiesse d'attirer et de diriger le feu du ciel. L'étude ne lui fit pas négliger le soin de sa fortune. Il gagna long-temps sa vie à imprimer et à vendre des livres. Estimé de ses concitoyens, il devint directeur-général des postes de l'Amérique septentrionale, place qui lui fut très-lucrative. Il l'occupait encore lorsqu'il parut, en février 1766, devant la Chambre des communes de Londres, au sujet de la révocation de l'accise du timbre. Il soutint avec fermeté le droit des colonies anglaises à s'imposer elles-mêmes, comme n'étant pas représentées par le Parlement d'Angleterre.» (*Anecdotes historiques du règne de Louis XVI*, tom. IV.)

Le même ouvrage contient plus bas les détails qu'on va lire :

« MM. Déane et Franklin, députés des insurgens en 1777, vivaient à Paris sans appareil, sans luxe, sans ostentation ; ils étaient dans une honnêteté bourgeoise. Le docteur Franklin était très-couru, très-fêté, non-seulement des savans, ses confrères, mais de tous les gens qui pouvaient le posséder ; car il se communiquait avec difficulté, et vivait dans une réserve qu'on lui croyait prescrite par son gouvernement. Il s'habillait avec une extrême simplicité. Il avait une belle physionomie, des lunettes toujours devant les yeux ; peu de cheveux, un bonnet de peau qu'il portait constamment sur sa tête; point de poudre, mais un air propre ; du linge extrêmement blanc et un habit brun étaient toute sa parure. Il portait pour seule défense un bâton à la main.

» La cour de France, puissamment sollicitée par Silas Déane et Franklin, commença à s'occuper des intérêts de l'Amérique insurgente. Beaumarchais, intriguant auprès du comte de Maurepas, sut profiter des circonstances. Il fut autorisé secrètement à faire des armemens de commerce pour les colonies anglaises. Elles durent, en partie, au crédit, à l'activité de cet agent, l'avantage inespéré de se procurer les approvisionnemens nécessaires pour leurs premières campagnes. Beaumarchais gagna des sommes immenses en leur vendant très-cher son zèle et ses services, et se moqua de l'accusation, vraie ou mal fondée, de leur avoir envoyé des armes de rebut, et les plus mauvais armemens en tout genre.

» M. Déane, fatigué des lenteurs et même des défaites de M. de Sartine, alors ministre de la marine, lui écrivit qu'il se décidât, sous deux fois vingt-quatre heures, à faire signer le traité de l'union de la France et de l'Amérique septentrionale; qu'autrement il s'accommoderait avec l'Angleterre. Il prit ce parti brusque et irrégulier sans la participation de son collègue. A peine lui en eut-il fait confidence, que le docteur Franklin crut tout perdu. « Vous avez offensé la » cour de France et ruiné l'Amérique! s'écria le philoso- » phe. — Tranquillisez-vous jusqu'à ce que nous ayons » une réponse, répliqua le négociateur. — Une réponse! » nous allons être mis à la Bastille. — C'est ce qu'il fau- » dra voir. »

» Au bout de quelques heures, le premier secrétaire de M. de Sartine paraît. « Vous êtes priés, Messieurs, de vous » tenir prêts pour une entrevue à minuit; on viendra vous » chercher.

» — A minuit! (s'écrie le docteur Franklin, dès que le » secrétaire est parti), ma prédiction est vérifiée : M. Déane, » vous avez tout perdu. »

» On ne manqua pas de venir les prendre à l'heure indiquée. Les envoyés américains montent dans une voiture, et arrivent à une maison de campagne, à cinq lieues de Paris, où M. de Sartine voulut les recevoir pour mieux couvrir cette démarche d'un voile mystérieux. On les introduit auprès du ministre, et la déclaration demandée si impérieusement par M. Déane est signée à l'instant même.

» Les députés américains rentrèrent chez eux triomphans, et M. Franklin avoua qu'en politique il ne fallait pas toujours s'armer de patience.

» Lorsqu'on apprit en France, le 11 juin 1790, la perte que venaient de faire les États-Unis d'Amérique, Mirabeau monta à la tribune de l'Assemblée nationale, et prononça ces paroles : « Franklin est mort ; il est retourné au
» sein de la Divinité.... Le sage que les deux mondes récla-
» ment, l'homme que se disputent l'histoire des sciences et
» l'histoire des empires, tenait sans doute un rang élevé
» dans l'espèce humaine. Assez long-temps les cabinets po-
» litiques ont notifié la mort de ceux qui ne furent grands
» que dans leur éloge funèbre ; assez long-temps l'étiquette
» des cours a proclamé des deuils hypocrites; les nations
» ne doivent porter que le deuil de leurs bienfaiteurs.... Le
» congrès a ordonné, dans les États de la confédération, un
» deuil de deux mois pour la mort de Franklin.... Ne serait-
» il pas digne de vous, Messieurs, de nous unir à cet acte
» religieux, de participer à cet hommage rendu, à la face
» de l'univers, et aux droits de l'homme et au philosophe
» qui a le plus contribué à en propager la conquête sur toute
» la terre? L'antiquité eût élevé des autels à ce puissant
» génie qui, au profit des mortels, embrassant dans sa pen-
» sée le ciel et la terre, sut dompter la foudre et les tyrans. »

» A l'unanimité des voix, l'Assemblée nationale décréta un deuil public de trois jours.

» La municipalité de Paris, voulant rendre un hommage éclatant à la mémoire de cet homme qu'enflammèrent le génie des sciences et l'amour de la liberté, fit prononcer son oraison funèbre par l'abbé Fauchet, président du conseil-général de la commune, dans la vaste et superbe rotonde de la Halle aux blés, au milieu de laquelle était élevé un catafalque. Tout l'intérieur de la rotonde était tendu en noir; un candélabre à chaque pilier, un cordon de lampions au-dessus de la corniche; un amphithéâtre autour de la rotonde rempli d'auditeurs en deuil, présentaient un spectacle aussi majestueux qu'imposant. L'Assemblée nationale s'y était rendue par députation. »

Note (U), *page* 252.

« LE roi (de Naples), ayant atteint sa dix-huitième année, épousa Marie-Caroline d'Autriche, fille de l'illustre Marie-Thérèse (1768). Ce mariage promettait à la nation napolitaine qu'on ne verrait plus désormais l'Autriche prétendre au trône de Naples, et que de long-temps cette puissance ne menacerait son repos. Mais, dès ce moment, cessa l'influence du cabinet de Madrid. L'Angleterre avait uni ses intérêts à ceux de l'Autriche; et celle-là, par son commerce, et celle-ci, par ses alliances, avaient déjà pris le plus grand ascendant sur les affaires d'Italie. L'Autriche, pour assurer le sien sur la cour de Naples, ne négligea pas le moyen puissant que lui offrait la fortune; il fut stipulé, dans le contrat de mariage de Ferdinand et de Caroline, qu'après la naissance de son premier fils, la jeune reine entrerait au conseil, en ferait partie, et qu'elle y aurait même voix délibérative; droit qu'elle n'omit pas d'exiger lorsque le temps en fut venu. Ce fut alors que Tanucci reconnut, mais trop tard, la faute qu'il avait faite, en ne s'opposant pas de tout son crédit à une pareille clause. Il voulut néanmoins l'éluder; mais la reine, aussi pénétrante qu'ambitieuse, et qui tous les jours acquérait de l'ascendant sur son époux, découvrit la cause des obstacles qu'apportait à ses vues un trop imprévoyant ministre, et résolut de s'en débarrasser. Bientôt, abreuvé de dégoûts, tourmenté de regrets, Tanucci fut renvoyé du ministère (1777). Comme tant d'autres qui l'avaient précédé dans la plus dangereuse des carrières, il alla finir dans la retraite des jours que du moins il avait glorieusement employés. Si la cour fut ingrate, le peuple fut reconnaissant; et même aujourd'hui sa mémoire est en vénération. Ce fut le Sully, le Colbert de ce pays.

La reine sut trouver un homme docile qui se prêta à ses volontés. Le marquis de Sambuca fut nommé pour remplacer le ministre disgracié; et c'est ainsi que, suivant un usage assez constant, la médiocrité remplaça le mérite. Dès ce moment la puissance et le crédit de la reine furent inébranlablement établis.

Jamais un royaume n'éprouva plus le besoin d'une marine militaire que le royaume de Naples. Quand même elle n'y serait pas aussi importante qu'elle l'est pour protéger le commerce, et assurer les rapports entre l'une et l'autre Sicile, elle y est indispensable, soit pour réprimer l'audace des corsaires africains, soit pour empêcher ces barbares d'attenter à la sûreté et à la tranquillité des rivages de ce royaume. On sentit donc la nécessité de créer une marine ou d'améliorer l'ancienne. Il ne s'agissait plus que de trouver un marin habile; mais on ne voulait le prendre ni en Espagne ni en France. Le chevalier Acton avait bien servi quelque temps dans la marine; mais il y avait éprouvé des dégoûts et s'était éloigné. Il fut proposé à la reine et accepté.

Cet officier commandait alors les forces navales du grand-duc de Toscane. Il avait acquis quelque réputation dans diverses expéditions contre les Barbaresques, et principalement dans une entreprise contre les Algériens, où figuraient les Espagnols, les Napolitains et les Toscans réunis. Jeune encore, ambitieux, mais sans génie, et ne connaissant guère que l'art maritime, il était doué, par compensation, d'une grande docilité et de beaucoup d'adresse : aussi ne tarda-t-il pas à s'ouvrir ce que l'on appelle une carrière brillante, en secondant les desseins de la reine à qui il devait sa fortune.

Caroline, née ambitieuse, avait l'esprit novateur de son frère Joseph, sans en avoir ni les talens, ni la philosophie. Il lui manquait et sa mâle persévérance et son impassible caractère. Elle ordonna d'abord qu'on ouvrît des routes nécessaires au commerce intérieur, et, pour en payer les frais, elle établit un impôt qui devait rapporter annuellement trois cent mille ducats. Mais ces utiles travaux furent presque aussitôt suspendus que commencés : le produit du nouvel impôt fut employé à d'autres besoins, et, quoiqu'il dût être momentané, la perception en continua toujours.

Cependant Acton fut chargé du ministère de la marine. On attendait de lui la régénération ou plutôt une création nouvelle de la marine napolitaine; et il débuta par la plus funeste méprise. L'objet d'une marine militaire à Naples devait être de protéger contre les Barbaresques le commerce, qui, en grande partie, consiste dans l'exportation des denrées du pays. Acton s'attacha tout entier à l'idée de donner des vaisseaux de haut-bord et des frégates à un État qui avait principalement besoin de petits bâtimens qui prissent peu d'eau, et qui pussent conséquemment combattre les corsaires partout où ils se retirent dans les anses et dans les plus petits ports. Cette erreur coûta à la nation de fortes sommes, et l'on sacrifia, avec la plus insigne imprudence, les petits bâtimens qu'elle possédait déjà, et qui, armés en corsaires, s'étaient rendus redoutables aux pirates africains.

Malgré le peu de succès de ces innovations, les changemens, les perfectionnemens existaient toujours à la cour de Naples, et l'on songea à porter la réforme dans l'état militaire. D'après les ordonnances de Charles III, l'armée ne devait pas dépasser trente mille hommes; mais, comme il arrive presque toujours en temps de paix, quand le gouvernement n'y veille pas attentivement, le nombre effectif de l'armée ne s'élevait qu'à la moitié du nombre établi, c'est-à-dire à quinze mille hommes. Le chevalier Acton, après s'être fait donner, outre le ministère de la marine, celui de la guerre, augmenta le nombre des soldats, mais ne changea point le système de dilapidation établi, et ne travailla point à introduire parmi les troupes le bon ordre ni la discipline.

Mais, avant de retracer les moyens dont le ministre Acton se servit pour donner à l'armée une organisation nouvelle, jetons un coup-d'œil rapide sur les événemens politiques qui occupèrent la cour de Naples pendant les huit à dix années qui précédèrent l'époque où on la verra jouer un rôle parmi les puissances liguées contre la nation française.

Sans doute le roi d'Espagne ne voyait pas sans peine que, depuis qu'une Autrichienne était entrée dans le conseil du roi son fils, il y avait perdu toute espèce d'influence; que l'Angleterre était favorisée au détriment de la France, à qui tant de motifs, et surtout l'intérêt du commerce, devaient si fortement lier le royaume de Naples. Mais long-temps Charles III se contenta de donner, par ses lettres, ou par ses ambassadeurs, de simples avis, ou de faire des reproches modérés : bientôt il fallut parler en père irrité et presque en maître.

La France était dans l'usage d'acheter dans les Calabres des bois de construction; sous prétexte que ces bois étaient nécessaires à la marine que l'on s'occupait à former, Acton empêcha la France d'en exporter du royaume. La cour de Versailles dissimula son ressentiment.

Précisément à cette époque, arriva cet épouvantable tremblement de terre de la Calabre, où périrent tant de milliers d'hommes, où tant d'autres restèrent sans asile et sans pain. A la nouvelle de ce désastre, la cour de France, oubliant tous motifs de mécontentement, fit expédier une frégate chargée de blé, afin que le roi de Naples pût procurer promptement des secours aux malheureux habitans des pays ravagés. Le ministre fit refuser sèchement un don qui certes n'avait rien d'injurieux et qui ne pouvait être que désintéressé : tant la haine est déraisonnable !

Cette conduite envers la France irrita tellement le roi

Charles, qu'abandonnant son système de modération, il ordonna à son fils de renvoyer un ministre qui abusait ainsi de sa confiance. Acton, soutenu par la faveur de la reine, brava le courroux du roi d'Espagne, aux ordres de qui on résista. Le favori n'en resta que plus puissant. L'Autriche et l'Angleterre devinrent les seules puissances qui furent accueillies avec intérêt, considérées à la cour de Naples : les agens de l'Espagne et de la France n'y éprouvèrent que des refus et souvent des insultes. » (*Mémoires sur le royaume de Naples*, par M. le comte Grégoire Orloff; t. II.)

Note (V), *page* 265.

CHANSON

FAITE IL Y A QUINZE ANS, EN 1788, PAR M. LE COMTE D'ADHÉMAR, DEPUIS AMBASSADEUR EN ANGLETERRE.

Sur l'air du vaudeville du Tableau parlant.

Dans un monde trompeur
J'eus de la bonhomie;
Je parlai de l'honneur,
   J'offris mon cœur;
La bonne compagnie
Persifla ma folie :
Ma foi, vive le vin
   Et la catin !

Je fus fort bien traité,
Quand j'attaquai Silvie;
Mais je fus débouté
   Pendant l'été.
La bonne compagnie
De l'absence s'ennuie;
Ma foi, vive le vin
   Et la catin !

D'une prude à grands frais
Je me fis une amie,
Même encore je l'aurais
Sans son laquais.
La bonne compagnie
Souvent se mésallie :
Ma foi, vive le vin
Et la catin !

(*Correspondance de Grimm*, tome IV, page 563.)

FIN DES ÉCLAIRCISSEMENS HISTORIQUES ET DES PIÈCES OFFICIELLES.

www.ingramcontent.com/pod-product-compliance
Lightning Source LLC
Chambersburg PA
CBHW050914230426
43666CB00010B/2155